인류세의
포스트휴먼 공생

몸문화연구총서 15

인류세의
포스트휴먼 공생

인간중심 세계관의 붕괴를 맞은 지금,
우리에게 가장 필요한 공생의 인간학

몸문화연구소 지음

헤겔의휴일

머리말

인류세는 단순히 시대의 이름이 아니다

김종갑

　인류세는 더 이상 자연과 인간의 이분법적 구도가 유효하지 않은 시대, 인간이 지질학적 힘으로 작동하는 전 지구적 전환의 시기를 지칭한다. 인간의 행위가 지구 시스템에 근본적인 영향을 미치는 이 시대에, 우리는 과거의 휴머니즘적 전제에 기초한 세계관으로부터 급진적인 사유의 전환을 요구받고 있다. 이 용어의 등장과 더불어서 인류는 자신이 지구의 주인이나 만물의 영장이 아니라 지구의 아주 작은 일부로서 다른 존재와 영향을 주고받으면서 살아가는 아주 연약한 존재라는 사실을 깨닫기 시작했다. 인간 중심적이었던 근대의 세계관이 와르르 소리를 내며 붕괴하기 시작한 것이다. 르네상스 시대 이후로 인간은 지구와 자연을 지식의 대상으로서 정보화하고 과학기술을 통해서 그것을 통제하고 지배할 수 있는 권한과 능력이 있다고 믿어왔다. 아는 것은 지혜가 아니라 힘이었다. 근대적 지식은 겸손이 아니라 오만을 키워주었다. 이와 같은 인간과 비인간의 위계적 구별은 주체와 대상, 정신과 물질, 능동성과 수동성, 행위자와 피행위자와 같은 대립쌍을 반복 재생산하였다. 물론, 인류세는 그와 같은 인간 중심적 세계관에 대한 근본적인 도전을 제기한다. 그러나 그렇게만 생각한다면 우리는 인류세의 본질을 놓치고 있는 셈이 된다. 이미 20세기 중후반 이후로 인간중심주의에 대한 비판의 담론들이 반인본주의의 이름으로 쏟아져 나오기 시작했기 때문이다. 이러한 반휴머니즘과 인류세의 차이는 담론과 실재의 차이이다. 반휴머니스트들은 비교적 생태적으로 안전한 지구에서 인간의 지적 오만, 인간예외주의, 과학 제국주의, 자연을 착취하는 자본주의의 위험 등을 경고했었다. 그러나 우리는 더 이상 그러한 생태적 특권을 누리고 있지 않다. 지구의 생태적 균형이 깨진 환경파괴의 시대, 생물다양성의 급격한 감소의 시대에 우리가 살고 있기 때문이다. 이 모든 증상은 기후위기로 요약될 수 있다. 하늘이 영원하고 지구가 변치 않는다는 천장지구天長地久는 더 이상 우리에게 유효하지 않다. 이제 기우杞憂는 강박증이 아니라 현실적 사안이 되었기 때문이다.

　최근 우리나라에서 발생한 대규모 산불은 기후변화의 심각성을 여실히 드러낸다. 지나치게 건조한 기후에서 동시다발적으로 발생한 산불은 진화가 어려웠으며, 피해 규모도 상상을 초월했다. 산림청과 소방청은 강한 바람과 강수 부족이 산불을 걷잡을 수 없이 확산시킨 주요 원인이라고 설명하였다. 그러나 그것이 천재天災가 아니라 인재人災임은 두말할 나위 없다. 인간이 변화시킨 환경 속에서 발생한 인류세적 사건이기 때문이다. 이러한 위기 속에서 "우리는 무엇을 잘못했는가?"라고 묻는 것으로는 충분하지 않다. 우리는 이제 존재의 조건에 대해 근본적인 질문을 던져야 한다. 인간이 이 세계에서 차지해야 할 자리는 무엇인가? 그리고 그 자리는 얼마나 유동적이고 상호작용적인가? 우리는 인간이 자연의 일부일 뿐만 아니라, 자연도 인간과 마찬가지로 주체성과 행위성을 가지고 있다는 사실을 인정해야 할 시점에 서 있다. 그럼에도 불구하고 우리에게는 여전히 자신을 독립적이고 자율적인 존재로 생각하면서, 당면한 기후위기에 대한 해결책도 온전히 과학기술의 힘으로 해결하려는 경향이 있다. "인류가 초래한 위기는 인간의 몫"이라는 사고가 바로 그 예다. 이러한 입장은 비인간 존재의 행위성을 인정하지 않는 인간 예외주의Human Exceptionalism의 또 다른 판본이라 할 수 있다. 인간이 비자연 존재와 복합적으로 상호작용하는 존재라는 사실을 부정하는 것이다. 이러한 점에서 인류세는 단순한 생태적 사건이 아니라 존재론적 재정립과 비인간 존재와의 공생을 모색하는 윤리적 결단을 요구한다.

『인류세의 포스트휴먼 공생』은 바로 이 윤리적 요구를 충족하기 위한 지적 탐험이다. 이 책은 우리가 인간 중심의 세계관에서 벗어나, 비인간 존재들과의 상호의존적인 관계 속에서 살아가는 방식을 모색하려는 노력의 결과물이다. 그동안 우리는 인간을 중심으로 한 이성적, 경제적, 기술적 관점에서만 세상을 바라보았다. 세계의 중심으로서 인간은 비인간 존재들을 자신의 이익을 위한 자원이나 도구로만 여겼다. 하지만 이제 우리는 인간만의 고유한 특권을 넘어서야 할 시점에 있다. 공생은 더 이상 인간만을 위한 개념이 아니며, 우리가 이 세상에서 어떻게 비인간과 더불어 공존할 것인가에 대한 깊은 성찰을 요구한다. 지구는 인간과 더불어서 식물, 동물, 미생물, 그리고 인공지능과 같은 비인간 존재들이 얽혀서 살아가는 생태환경이다. 각기 다른 존재들이 서로의 존재를 인정하고 그것들의 권리와 특징을 존중하며 공생을 모색하는 것은 단순한 이상적 비전이 아니다. 그것은 직면한 현실의 요청이며 우리가 해결해야 하는 절박한 과제이기 때문이다. 우리가 과거의 인본주의적 언어와 문법, 통사에 매어있는 한 우리는 현실의 요청에 제대로 응답할 수가 없을 것이다. 여기에서 우리가 말하는 공생은 단순히 물리적으로 함께 살아가는 공존이 아니라, 다양한 존재들이 각자의 특성과 권리를 인정하며 상호작용하는 복잡한 과정을 전제하는 개념이다.

  이 책의 중심 화두인 공생은 단지 서로 다른 생물 종 사이의 생존 전략이 아니라, 포스트휴먼 시대를 살아가는 존재들이 마주한 필연적 과제이자 윤리적 요청이다. 포스트휴먼 공생은 더 이상 인간이 중심이 되어 타자를 수단화하는 위계적 관계가 아니라, 다양한 존재들이 상호 얽히며 삶을 구성해나가는 동시적·상호작용적 네트워크의 형성을 지향한다. 이러한 사유는 도나 해러웨이의 심포이에시스sympoiesis 개념과도 맞닿아 있으며, 생성적이고 협력적인 존재 방식이 새로운 삶의 패러다임으로 요청된다는 점에서 더욱 중요하다. 이러한 개념은 더 이상 인간 주체가 모든 윤리적 기준의 중심이 되는 것이 아니라, 생태계 속 다양한 존재들-동물, 식물, 미생물, 기술 인프라, 인공 지능 등-이 각기 다른 방식으로 연결되고 작용하는 윤리적 장場이 필요하다는 것을 암시한다.

이 책은 신유물론, 포스트휴먼 페미니즘, 체계이론, 문학과 미디어 연구 등 다양한 이론적 경로를 따라 공생적 삶의 조건을 탐색하고 있으며, 이러한 사유들은 오늘날의 기후위기, 기술발전, 생태파괴, 정체성의 혼종성과 같은 위기의 지형을 횡단한다. 과학기술의 발달은 인간의 능력을 확장시켰지만 동시에 인간을 기술체계의 일부로 편입시키고 있으며, 생태적 위기는 인간 이외의 존재들이 더 이상 배경이나 자원이 아니라 적극적인 협상자이자 생존의 조건으로 작용하고 있음을 드러낸다. 이러한 인식은 우리가 이제까지 취해온 존재론적·윤리적 태도를 근본적으로 성찰하게 만든다.

우리는 이제 더 이상 인간을 중심으로 삼는 실체적 주체 개념이나, 세계를 수동적 객체로 간주하는 전통적 이분법으로는 오늘의 위기를 설명할 수도, 해결할 수도 없다는 데에 이르고 있다. 인간은 지구적 스케일의 행위자이지만, 동시에 자신이 만들어낸 기술적·생태적 조건에 의해 규정되는 피행위자이기도 하다.『인류세의 포스트휴먼 공생』은 바로 이러한 주체의 재구성, 윤리의 확장, 감각의 전환을 통해 새로운 인간-비인간 연대의 가능성을 탐색한다. 공생은 존재의 방식이자 감각의 훈련이며, 이 책은 이러한 전환적 감수성을 구축하는 데 기여하고자 한다. 공생적 사고는 단순한 생물학적 생존전략이 아니라, 존재론적 연루와 윤리적 책임에 대한 새로운 사고틀을 제시하며, 이는 동시에 지식 생산 방식, 문화적 실천, 제도적 틀까지도 재구성할 것을 요청한다.

세 개의 부로 구성된 이 책은 각각 공생의 윤리적 토대, 문학적 상상력, 일상적 실천이라는 차원에서 이러한 탐색을 구체화하고 있다. 각 부는 독립적인 주제를 다루면서도 서로 유기적으로 연결되어 있으며, 이론과 실제, 상상과 실천을 가로지르는 교차지점을 형성하고 있다. 특히 이 책은 다양한 학문 분야의 연구자들이 참여하여 구성되었기에, 단일한 관점이나 방법론에 고정되지 않고 풍부한 시각과 해석을 제공한다. 이로써 독자들은 포스트휴먼 공생이라는 거대한 주제를 다면적이고 총체적으로 이해할 수 있는 기회를 얻게 될 것이다. 이는 곧 포스트휴머니즘을 단순한 철학적 유행이나 추상적 담론으로 환원하지 않고, 현실 속에서 작동하는 구체적인 삶의 기획으로 실현해나갈 수 있는 길을 여는 작업이다. 또한 이 책은 단지 학문적 성찰에 머무르지 않고, 인류세라는 개념이 지닌 복합적인 문화적, 사회적, 정치적 함의를 다각도로 조명한다. 우리는 인류세를 단지 지질학적 시대 구분이 아닌, 인간

중심적 세계관의 한계가 극명하게 드러나는 거울로 삼아야 하며, 이 책은 그 거울 앞에서 우리가 어떤 존재였고, 어떤 존재가 되어야 하는지를 다시 묻는다. 포스트휴먼 공생은 '다름'과 '타자'를 배제하거나 통합의 대상으로 삼기보다는, 차이를 유지한 채 함께 살아가는 법을 모색하는 노력이다. 이러한 맥락에서 이 책은 단지 이론서가 아니라, 미래를 상상하고 공동체적 삶을 재구성하기 위한 사유의 출발점이자 나침반이 되기를 바란다.

1부 '공생과 실천윤리'는 포스트휴먼 시대의 윤리적 토대를 다각도로 검토하는 세 편의 글로 구성되어 있다. 「휴머니즘적 존엄성에서 포스트휴먼적 존엄성들로」에서 최정호는 전통적인 휴머니즘의 핵심으로 간주되어온 인간의 존엄 개념을 비판적으로 재조명한다. 그는 인간만이 자유의 법칙에 따라 자율적으로 살아갈 수 있다는 칸트적 관념이 어떻게 자연과 비인간 존재의 가치를 도외시해왔는지를 지적하며, 포스트휴먼 시대의 윤리는 이러한 이분법을 넘어서는 다원적이고 혼종적인 존엄성의 체계를 필요로 한다고 주장한다. 특히 자연의 권리와 존엄성을 법적·윤리적으로 제도화하는 움직임에 주목하며, 인간과 비인간이 공존할 수 있는 새로운 윤리적 기반의 가능성을 탐색한다.

「신유물론 포스트휴먼 페미니즘과 공생적 에토스」에서 주기화는 마가렛 애트우드의 『매드아담』 3부작을 중심으로, 기후위기와 팬데믹이라는 재난의 조건 속에서 생존하고 연대하는 여성들의 모습을 분석한다. 이 글은 도나 해러웨이의 퇴비주의적 사고와 신유물론적 페미니즘의 통찰을 결합하여, 인간 중심의 이성과 합리성으로부터 벗어난 다종적·감각적 존재들의 공생적 삶의 양식을 탐구한다. 주기화는 애트우드의 서사가 드러내는 공포와 절망을 넘어선 '함께 살아가기'의 윤리적 가능성을 문학적 상상력을 통해 구현한다고 평가한다. 이 글은 재난의 시대에 문학이 수행할 수 있는 생태윤리적 교육의 장으로서의 역할을 다시금 부각시킨다.

「인간-환경-동물의 복잡한 네트워크와 폐쇄적인 사회 체계의 커뮤니케이션」에서 최은주는 기후위기에 대한 사회적 무감각성과 대응 실패의 원인을 '체계 간의 소통 불가능성'이라는 개념을 중심으로 진단한다. 그는 루만의 사회체계 이론을 원용하여, 사회가 자연과 환경에 대해 반응하지 못하는 이유를 설명하고, '원헬스'와 같은 생태적 사고방식이 왜 사회 제도로 뿌리내리기 어려운지를 분석한다. 이 글은 복잡계적 사고를 바탕으로 한 생태사회학의 가능성을 열어주며, 기술적 해결이나 제도적 처방에 앞서 사유방식 자체의 전환이 필요함을 강조한다. 체계 이론과 생태철학을 접목시킨 이 글은 인류세 윤리의 실천적 과제를 깊이 있게 제시한다.

2부 '공생과 문학적 상상력'은 전통적 인간 중심 서사를 넘어서는 새로운 상상력을 모색하는 세 편의 글로 구성된다. 김종갑은 전래민담 「구렁덩덩 신선비」를 중심으로 인간과 비인간 사이의 경계가 얼마나 유동적인지를 탐색한다. 그는 이 민담에 등장하는 '변신'의 모티프가 단순한 환상이나 신화적 장치가 아니라, 존재의 혼종성과 상호작용을 드러내는 심층 구조임을 밝힌다. 또한 근대 합리주의가 억눌러왔던 주술적 상상력의 회복을 통해, 포스트휴먼 시대의 인간과 자연, 인간과 비인간 존재들 사이의 새로운 윤리적 관계 맺기를 모색한다. 이 글은 신화와 민담을 단순히 과거의 산물이 아니라, 오늘날의 생태적 전환을 위한 감각적 자원으로 되살리는 시도이다.

이지용은 「비인간들이 그려내는 인간-비인간 네트워크의 세계」에서 한국 SF 콘텐츠에 나타난 다양한 비인간 캐릭터들—로봇, 인공지능, 동물, 무형 존재들—을 분석하면서, 이들이 단지 인간성의 투영물이 아닌 고유한 행위자임을 강조한다. 그는 SF라는 장르가 제공하는 상상력의 자유로움을 통해 인간-비인간 네트워크의 윤리와 정동적 구조를 구성하는 과정을 추적한다. 이 글은 특히 한국 사회의 문화적 맥락 속에서 비인간 존재들이 어떻게 수용되고 의미화되는지를 분석함으로써, 대중문화가 공생의 감각을 형성하고 확산시키는 중요한 장이 될 수 있음을 보여준다. SF는 단순한 오락을 넘어, 현실을 전복하고 미래를 재구성하는 윤리적 실험실이 될 수 있다는 가능성을 제시한다.

「외계-식물-인간의 지구 공생기」에서 임지연은 천선란의 『나인』을 통해 외계 존재이자 식물이자 인간인 주인공을 중심으로 한 다층적 공생 서사를 해석한다. 이 글은 인간과 식물, 외계와 지구, 주체와 타자 사이의 경계를 유예하는 방식으로 이야기가 구성된다는 점에 주목한다. 특히 식물적 존재들이 지닌 감각과 인식, 기억의 방식은 인간 중심의 의식 모델을 넘어선 존재론적 전환을 요청하며, 비인간 타자의 세계에 접근할 수 있는 새로운 방법론을 제시한다. 임지연은 이 작품을 통해 타자의 고유성과 소통의 불가능성을 인정하면서도, 그것을 전제로 한 공생의 윤리를 사유할 수 있음을 보여준다.

3부 '공생과 일상'은 일상 속에서 실현 가능한 공생의 방식과 감각을 제안하는 세 편의 글로 구성된다. 「인류세 시대의 비혼, 공생자 행성에서 더불어 사는 방식」에서 윤지영은 '비혼'이라는 삶의 양식을 포스트휴먼 시대의 공생적 삶의 방식으로 읽는다. 그는 비혼이 단지 개인적 선택이나 사회적 탈규범이 아니라, 지구적 차원에서의 지속가능성과 연결된 윤리적 선택일 수 있음을 강조한다. 비혼은 전통적인 가족 제도나 생식 중심의 공동체 관념에서 벗어나, 새로운 형태의 관계 맺기와 공동체성의 가능성을 시사한다는 것이다. 이 글은 비혼을 둘러싼 사회적 편견과 제도적 한계를 지적하면서도, 그 안에서 공생적 삶의 대안을 모색하는 데 중점을 둔다.

배홍철은 「미디어는 인류세를 어떻게 소비하는가」에서 인류세라는 개념이 한국 사회의 미디어 공간에서 어떻게 수용되고 소비되는지를 분석한다. 그는 언론 보도, 방송 콘텐츠, SNS 담론 등을 종합적으로 검토하며, 인류세가 단지 하나의 유행어로 소진되는 위험을 경계한다. 이 글은 특히 기후위기와 생태 문제에 대한 언론 보도의 서사 구조와 정동적 장치를 분석하면서, 미디어가 단지 정보를 전달하는 수단이 아니라, 감각과 태도를 구성하는 장이라는 점을 강조한다. 인류세 담론의 양적 확산이 반드시 질적 성찰로 이어지지는 않으며, 따라서 미디어 리터러시와 생태 윤리의 결합이 필요하다는 것이 이 글의 핵심 주장이다.

「인류세 시대 포스트휴먼 심포이에시스」의 서윤호는 인공지능 챗봇과의 대화를 통해 인간-비인간 간 협업과 상호작용의 가능성을 실험한다. 그는 챗GPT와 같은 인공지능이 단순히 인간의 도구나 보조적 존재가 아니라, 독자적인 정보 처리와 응답을 통해 상호주체적 관계를 형성할 수 있는 잠재력을 지닌다고 본다. 이 글은 기술적 존재와 인간이 공생할 수 있는 조건을 탐색하면서, 포스트휴먼 윤리의 실천적 함의를 구체화한다. 특히 심포이에시스 sympoiesis라는 개념을 활용하여, 공생이란 단순한 협력이 아니라 공동 창조의 과정임을 강조한다. 기술과 인간, 인식과 감각, 정보와 생명이 함께 얽히는 새로운 존재 방식을 상상하는 이 글은 공생 윤리를 현재진행형의 실천으로 확장시킨다.

『인류세의 포스트휴먼 공생』은 인류세라는 전 지구적 위기 시대에, 우리에게 요구되는 윤리적 감각과 존재방식을 성찰하고, 문학적 상상력과 이론적 사유, 그리고 일상의 실천을 통해 새로운 공생의 인간학을 구축하려는 시도이다. 이 책이 제안하는 포스트휴먼적 공생은 고립된 주체가 아닌, 끊임없이 교차하고 상호작용하며 생성되는 존재들의 세계 속에서 다시금 '함께 살아가기'의 감각을 회복하는 일이다. 독자들은 이 책을 통해 인류세 이후의 인간됨과 공동체됨, 그리고 공존의 윤리를 사유하는 귀중한 출발점을 얻게 되리라 믿는다.

목차

004 머리말

1부
공생과 실천윤리

1. 휴머니즘적 존엄성에서 포스트휴먼적 존엄성들로 | 최정호

023 존엄이라는 퍼즐 하나가 빠졌다!
026 자유의사를 빼놓고 권리론을 주장하기
030 존엄 대신 자연법을 통해 정당화하기?
032 존엄을 확장해보려던 시도들
037 확장된 존엄에 대한 평가
042 존엄이란 무엇이며 어떻게 정당화되는가?
048 인간만의 존엄을 확장할 필요성과 정당성
052 탈인간중심적으로 존엄개념을 재구성할 수 있을까?
056 자연의 존엄을 인정하고 지금의 법을 새롭게 배치하기

2. 신유물론 포스트휴먼 페미니즘과 공생적 에토스 | 주기화

061 신유물론 포스트휴먼 페미니즘
067 해러웨이의 퇴비주의와 퇴비적 에토스

074 방탕한 딸의 상업적 여정과 이례적인 생태적 삶
084 쑬루세: 다종의 난잡한 공생
091 인간 퇴비화와 생명의 순환: 다종 퇴비 공동체
096 인류세를 단축할 새로운 인간상

3. 인간-환경-동물의 복잡한 네트워크와 폐쇄적인 사회 체계의 커뮤니케이션 | 최은주

104 자연 개념의 원헬스(one health)와
    실천 개념의 원헬스(One Health)
108 생태적 위험에 대한 커뮤니케이션
112 기능 분화된 체계의 구조적 차원
118 원헬스와 커뮤니케이션의 활성화
123 타 체계와의 '사이'적 상호의존

2부 공생과 문학적 상상력

1. 인간의 비인간되기, 비인간의 인간되기: 전래민담 「구렁덩덩 신선비」를 중심으로 | 김종갑

133 변신 이야기와 포스트휴머니즘의 관계
138 휴머니즘과 인간 중심주의의 한계
154 포스트휴머니즘적 관점에서 본 변신 이야기
166 새로운 관계 맺기의 가능

2. 비인간들이 그려내는 인간–비인간 네트워크의 세계 | 이지용

- 172 SF 작품에서 확인하는 현대 포스트휴머니즘 담론의 맥락
- 177 로봇과 인공지능이 주체가 된 세계
- 185 우화나 의인화가 아닌 동물 캐릭터
- 194 비신체 캐릭터들이 보여주는 세계
- 201 비인간 캐릭터들이 그리는 세계의 새로운 가능성

3. 외계–식물–인간의 지구 공생기 | 임지연

- 212 천선란의 SF『나인』을 생태적으로 읽는다는 것
- 215 사물을 탈인간화하기: 박쥐의 딜레마
- 220 비인간 타자의 경험을 기술하기: 외계–식물–인간은 어떻게 소통하는가?
- 225 백스터 효과: 과학과 비과학의 경계
- 229 흔들거리고 얼룩덜룩한 '공생적 실재'로서의 생태관
- 235 공생적 실재로부터 단절된 존재들을 위하여

3부
공생과 일상

1. 인류세 시대의 비혼, 공생자 행성에서 더불어 사는 방식 | 윤지영

- 245 인류세와 지속 가능성
- 250 국민 국가 담론과 인구 절벽론의 밀접한 연관성
- 254 인구 절벽, 인구 소멸, 인구 재앙이라는 인구를 둘러싼 공포 담론들

257 비혼의 정치적 함의
260 대안적 집합 실천으로서의 비혼/반혼 공동체
263 비혼의 생태학적 의미
267 아기가 아닌 친족 만들기
269 인간-비인간의 공생적 실재(symbiotic real)와 인간 너머의 민주주의

2. 미디어는 인류세를 어떻게 소비하는가 | 배홍철

281 2004년과 2024년의 인류세
284 지식의 수용과 활용
287 대상과 방법
292 단어 빈도로 살펴본 기사 동향
295 인류세를 주도한 주제들
308 인류세의 수사학(rhetoric)

3. 인류세 시대 포스트휴먼 심포이에시스 | 서윤호

316 인류세에 대한 기본적 입장
324 인간중심주의 비판과 비인간존재들의 권리
333 인류세, 포스트휴먼, 신유물론의 상호관계
341 인류세 시대 '포스트휴먼 공생 윤리'

1부

공생과 실천윤리

휴머니즘적 존엄성에서 포스트휴먼적 존엄성들로 _최정호
신유물론 포스트휴먼 페미니즘과 공생적 에토스 _주기화
인간-환경-동물의 복잡한 네트워크와
폐쇄적인 사회 체계의 커뮤니케이션 _최은주

휴머니즘적 존엄성에서 포스트휴먼적 존엄성들로

최정호

✦ 존엄이라는
퍼즐 하나가 빠졌다!

    수년 사이 여러 나라에서 강, 석호, 유인원 등 비인간 자연과 그것을 구성하는 생물과 무생물(이하에서 '자연'이라고 묶어 지칭함)에 권리를 인정하는 사례가 나타나고 있다. 2024년 말 우리나라에서도 제주에 서식하는 남방큰돌고래를 염두에 두고 이에 법인격을 인정하여 권리를 행사할 수 있도록 하는 내용의 '제주특별자치도 설치 및 국제자유도시 조성을 위한 특별법 일부개정법률안'(이하에서 '생태법인법안'이라 지칭함. 의안 번호: 2207167)이 국회에 발의되었다. 이것이 통과하면 사연의 권리를 인정하는 최근 국제적 흐름에 동참하게 되는 것이다. 인간에게만 인정되던 권리를 자연에도 인정한다니! 하지만 우리는 기껏 "동물은 물건이 아니다"라는 문구 하나 민법에 넣지 못했던 2023년을 기억하고 있다. 당시 법원행정처는 이 규정이 주체와 객체를 구분한 법의 근간을 흔드는 문제처럼 여기며 신중한 검토를 주문했고, 입법과정은 여기에서 제동이 걸렸다. 사실 저 조항은 동물을 일반 물건과 달리 생명이 있는 '새로운 객체'로 보는 것으로서 객체 차원에서의 수평적 분화를 시도했을 뿐이다. 그런데도 동물을 주체로 인정하지도 동물에게 권리를 인정하지도 않은 저 조항 하나로 주체-객체 이분법 논쟁까지 등장했다.[1] 하물며 자연에 법인격, 다시 말해 법에서 '주체'로의 자격을 부여하겠다는데 앞으로가 걱정되긴 한다. 이 상황을 타개할 만한 좋은 참고 사례는 없을까?

사실 권리의 문제는 주체(법인격)의 문제와 관련되고 그 정당화는 존엄성 인정에 닿아 있다. 따라서 포스트휴먼 사회에서 공생 윤리는 존엄성 인정 문제를 빼놓고는 이야기할 수 없다. 이처럼 권리와 존엄은 밀접한 관련이 있는 데도 그동안 자연의 권리 운동을 이끌어온 진영에서조차 존엄성에 대해선 큰 관심이 쏠리지 않는 듯하다. 예를 들어 자연의 본래적 가치를 인정하는 중요한 담론으로서 '지구법학Earth Jurisprudence'이나 일부 동물법 분야에서는 자연의 권리와 동물의 권리라는 다소 급진적인 주장을 펼치면서도 그 기초를 토마스 베리의 우주 신학이나 토마스 아퀴나스의 자연법론 또는 피터 싱어와 탐 리건의 동물윤리에서 찾을 뿐 이들의 존엄성과 연계하지는 않는다.

놀라운 점은 위와 같이 자연의 권리를 인정하면서도 존엄성을 고민하지 않는 나라 또는 논의진영이 있는가 하면, 이와 반대로 어떤 나라에서는 자연의 권리를 인정하지 않음에도 자연의 존엄성을 인정하고 있다는 사실이다. 스위스 연방헌법은 동식물과 유기체에 존엄을 명시하고 있으며, 우리 동물보호법도 동물 생명의 존엄성을 규정하고 있다는 점이다. 존엄성을 특별히 염두에 두지 않은 권리를 어떻게 이해하고 또 법에서 인정한 자연의 존엄은 어떻게 이해해야 할까? 한 걸음 더 들어가 고민해보자.

✦ 자유의사를 빼놓고
권리론을 주장하기

비인간 자연의 본래적 가치를 인정하는 법적 논의의 대표적 입장으로 지구법학 의 입장을 살펴보자. 우선 지구법학은 아직 분명한 학문으로 정립되었다기보다는 담론으로 볼 수 있고 구체인 내용도 주장하는 이마다 차이가 있다. 그러나 자연의 권리를 주장한다는 큰 줄기는 인정할 수 있다. 지구법학에서 말하는 자연의 권리는 자연을 법적 주체로 인정하는 획기적 주장이고 인류세와 기후-생태위기 시대에 적절한 방향을 제시하고 있다. 그러나 그 중심에는 중남미 선주민 문화 등 서구의 윤리학이나 법학과는 다른 사상이 힘을 발휘한다. 물론 안데스 선주민 문화에서도 존엄한 대우를 요구하는 나름의 언어는 있었겠지만, 우리와 같은 존엄개념이 잘 작동했다고 보기엔 조심스럽다. 이 점은 세속화되고 서구화된 한국 사회에서 포스트휴먼 공생윤리로서의 존엄개념을 말할 때에는 설득력을 떨어뜨린다.

 이어지는 논의과정에서 자연의 권리는 이른바 '이익설'과 결합하는 모습을 보인다. 이익설은 권리의 본질에 관한 논의 중 의사설과 대립하는 이론으로 소개된다. 흔히 의사설은 권리의 본질이 인간의 이성적 자유의사에 있다고 보며, 이익설은 인간의 이익 보호에 있다고 보는 것으로 이해된다. 이익설에서 대표적 입장으로 원용되는 라즈J. Raz에 따르면 다른 조건이 동등하다는 전제에서 "X의 이익이 타인에게 의무를 부과할 충분한 이유가 된다면 그때 비로소 X는 권리를 갖는다."[2] 린네아 루우팔라Linnea Luuppala는 이 입장을 받아들인다. 그에 따르면 의사설은 권리자가 스스로의 권리를 결정하고 요구할 능력을 요구하는 점이 그리고 이익설은 이익이나 복지를 가지더라도 그러한 대상에서 자연을 배제하는 점이 자연의 권리 인정을 어렵게 한다. 다만 이익설이 '권리를 가질 수 있는 능력의 원칙'을 수정한다면 자연의 더 많은 부분을 권리 보유자로 인정할 수 있을 거라고 본다.[3]

 이익설을 통해 권리를 뒷받침하는 입장은 그럴듯해 보이지만 근본적 한계에 봉착한다. 첫째로 이익설은 자유의지를 배제한 논의가 아니어서 그 자체로 자연의 권리를 뒷받침하지 못하기 때문이다. 사실 의사설과 이익설 논쟁은 19~20세기 권리의 본질 자체가 논쟁 대상이었던 시기와 1970년대 인권 문제가 제기됐던 시기로 구분해서 파악할 수 있는데, 논쟁을 들여다보면 그 이름이 주는 인상과 달리 '의사' 대 '이익'이라는 평면적 대립은 아니었음을 알 수 있다. 19~20세기 논쟁은 제르송에서 시작되어 칸트에까지 이어지는 논의를 통해 권리의 본질에서 개인의 의사를 중요하게 본 시기였다. 이것이 처음 등장한 의사설이다. 그런데 이후 법전을 편찬하는 작업(법전화)이 이루어졌다. 법조문을 놓고 권리가 무엇이냐를 논하는데 굳이 근원까지 쫓아가 이미 당연한 전제로 여겨진 인간의 자유로운 의사에 대해 언급하기보다는 그 내용에 권리주체의 어떤 이익을 담아야 하는지가 중요해졌다. 즉 강조점의 변화였다. 여기에 벤담의 공리주의적 정형화가 가세하면서 이익설이 등장한 것이다.

마찬가지로 1970년대 논쟁은 인권의 정당화를 어떻게 할 것인지를 둘러싸고 하트의 의사설, 맥코믹과 라즈의 이익설이 대립한 것으로 설명된다. 이때의 의사설은 인간의 존엄성에 기초한 자유로운 의사를 통해 인권을 근거짓는다. 반면 이익설은 인간의 이익과 필요는 보호되어야 한다는 요청에 기반하여 따라서 국제적인 약소국, 약소 민족, 각국의 소수자들에 대한 보호의 요청을 통해 인권을 정당화한다.[4] 이때는 무엇이 인권을 인정하기에 탄탄하냐는 논쟁이었다. 따라서 모든 이론은 '인간의 자유의사'를 빼놓고 이야기한 적이 없고 오히려 이를 당연한 전제로 여겼다. 반면, 지구법학에서 주장하려는 '의사 없는 권리' 주장은 이익설과는 거리가 있다.

그렇더라도 이익설을 발전시켜 루우팔라가 이야기하는 것과 같은 새로운 권리의 토대로 발전시킬 수는 있지 않을까? 만약 그렇더라도 권리의 토대에 놓인 존엄개념과 다시 대결해야 한다. 지금 받아들여지는 존엄개념은 휴머니즘적 자유의지에 밑바탕을 두고 있기 때문이다. 이 이야기는 조금 뒤에 살피도록 하자. 아무튼 이 익설을 통해서는 자연의 권리가 충분히 뒷받침되지 않고 결국 존엄을 빼놓고 이야기한 탓에 기존의 존엄개념에 인정된 자유의지와 대결을 피했을 뿐이다.

◆ 존엄 대신 자연법을 통해 정당화하기?

지구법학은 이를 정당화하기 위한 초실정적 기준을 마련하면서 '21세기의 자연법'을 표방하기도 한다. 이는 인간과 비인간 자연 사이에 주체-객체의 위계를 설정하는 실정법을 넘어서는 자연의 질서를 설정하고, 이를 인간 법질서의 상위에 둠으로써 현실의 문제를 교정하려는 시도로 풀이된다. 특히 피터 버든Peter Burdon은 위계를 이룬 두 법질서를 두고 토마스 아퀴나스의 자연법 이론체계에 비유하여 '인간의 법'과 '위대한 법'이라 명명한다. 인간의 법은 위대한 법에 구속되어야 한다는 것이다.[5]

자연법을 통한 정당화는 장점만큼이나 단점도 분명하다. 역사적으로 자연법 개념은 국가가 제정한 실정법의 부당함에 대항하기 위한 역할을 충실히 했다. 실정법을 부정할 상위의 법이 있다는 주장은 부당함에 대항하는 큰 힘이 있지만 그만큼 실체가 없는 주장 속에 이데올로기화 하기도 쉬운 게 문제였다. 물론 실정법이 아닌 '비실정적 정당화 기준'도 인정해야 한다. 그러나 오늘날 비실정적 정당화 기준을 끌어들이기 위해 자연법을 주장하는 이는 없을 것이다. 즉 규범을 정당화하는 규범을 다시 정당화하는 무한 연쇄를 풀기 위해 자연법과 같은 상위질서를 세우기보다는 '규범의 최종적 근거설정'을 어떻게 할지의 문제로 풀고 있다. 그것은 크게 계약이론과 인정이론 사이의 대립으로 전개되고 있다.[6] 계약이론과 인정이론의 실제적 결론은 크게 다르지 않고, 양자 모두에서 출발점으로 삼을 수 있는 핵심개념은 바로 (인간) 존엄이다. 인정이론에 대해서는 조금 뒤에 이야기하고, 다시 자연법과 법실증주의 논쟁으로 돌아와 보자. 둘 사이엔 어떤 차이가 있을까? 오랜 논쟁 끝에 둘의 차이는 법의 개념에 도덕의 개념이 필연적으로 포함되는지에서만 발견된다. 법실증주의도 법의 개념에 도덕이 필연적으로 포함되지 않는다고 할 뿐 법윤리라는 이름으로 도덕적 고려를 하고 있다. 굳이 자연법 논의로 회귀할 필요가 있을까? 그보다는 비실정적 정당화 기준의 필연성을 인정하고 그 정당화 기준으로 받아들여진 계약이론이나 인정이론에서부터 이야기를 풀어가는 편이 나아 보인다.

◆ 존엄을 확장해보려던 시도들

　물론 지구법학과 자연의 권리를 연구하면서 존엄개념을 확장해야 할 필요성을 언급하거나 재해석하려는 시도들은 종종 있었다. 오동석은 한국 헌법을 인간과 비인간 그리고 지구의 공존을 위해 새로 해석해야 함을 강조한다. 새로운 해석의 대상 중에는 헌법 제10조에 규정된 인간의 존엄과 가치도 포함된다. 인간존엄은 왕과 같은 특별한 지위에만 인정되던 것이 점차 모든 사람에게 확장되는 역사적 변천을 겪었다. 그는 확장과정이 보인 실천적 의미를 지적하며 "이제 지구상 모든 존재의 존엄함을 인정하고 인류가 책임져야 할 의무를 인식하고 실천함으로써 인간의 존엄함을 증명해야 할 때"라고 한다.[7] 헌법 문언의 한계를 고려하면서 인간 아닌 존재로까지 존엄성을 확장해서 인정하는 그의 시도는 인류세에 반성적 성찰을 담고 있다는 점에서 바람직해 보이지만, 어떻게

종을 넘어서까지 확장되는지를 자세히 언급하진 않는다.[8]

한편 실정법에 자연의 존엄이 등장한 경우도 있다. 실제로 존엄을 확장하려는 시도인 만큼 이는 현실에 싹튼 맹아로서 눈여겨 볼 만하다. 우선 스위스 연방헌법 제120조 제2항은 유기체의 존엄Die Würde der Kreatur을 규정한다. 그 내용은 다음과 같다.

> 스위스 연방헌법 제120조(인간 이외의 영역에서의 유전공학) ② 연방은 동물, 식물 및 다른 유기체의 배아형질 및 유전형질의 사용에 관한 법률을 정한다. 이를 통해 연방은 모든 유기체의 존엄과 인간, 동물, 환경의, 안전을 고려하고 동식물종의 유전적 다양성을 보호한다.

스위스 법의 독창적 성과로서 받아들여지는 이 조항이 도입된 계기는 1987년 인간에 대한 이식공학과 유전공학의 남용에 대응하는 데 있었으나 그 개정 과정에서 그러한 대응을 동식물 등 유기체로 확대하기에 이르렀다. 유기체의 존엄을 언급한 제120조 제2항의 문언으로만 보자면 그 적용범위는 어디까지나 '유전공학'의 문제로 국한되지만, 해석상으로는 이를 넘어서 헌법 전반에 적용되는 일반원칙으로 받아들여지고 있다. 다시 말해 법치국가, 사회국가, 연방국가(연방주의), 민주주의 등과 같은 반열에 오른 것이다. 유기체의 존엄을 통해 보호하려는 것은 동물과 식물 그리고 유기체이다. 또한 존엄은 종이나 유 차원이 아니라 개별 동식물의 존엄을 직접 향한다.

그렇다면 유기체의 존엄에서 말하는 존엄은 무엇인가? 그리고 이것은 인간중심적 존엄개념을 벗어날 수 있는가? 로렌츠 엥기 Lorenz Engi는 이때 존엄은 자연발생적 존재라는 점에서 인정된 것이라고 한다. 인간이 물건과 비교되는 점은 제조되지 않고 자연적으로 발생한다는 점인데, 이 점에 착안하면 동물과 식물을 포함한 전체 자연의 유기체로 존엄개념을 확장하지 않을 이유는 없게 된다.[9] 그리고 그 철학적 근거는 아리스토텔레스의 물리학 제2권 서두에 언급된 "모든 것은 그 자체 스스로 변화와 존재의 시원을 갖는다"는 문구에서 찾고 있다.

엥기는 존엄개념의 내용을 원칙적 처분 불가능성으로서의 지위라고 파악한다. 이때 처분 불가능성은 원칙적인 지향점을 가리킬 뿐이지만, 부정적으로 개념을 파악한다면 타자가 주체에 대해 마음대로 결정할 수 없음을 뜻한다고 한다. 이러한 내용은 우리도 쉽게 받아들일 수 있는 것이다. 문제는 인간에게 존엄성은 원칙적인 형량 불가능성을 뜻하지만, 유기체의 존엄 다시 말해 동물과 식물 개체에 대한 존엄성은 처음부터 형량의 대상으로 포착된다는 점이다. 실제로 유기체의 존엄을 구체화 한 것으로는 유전공학법과 동물보호법이 대표적인데, 양자는 모두 처음부터 동물과 식물의 존엄을 형량의 대상으로 규정한다.[10]

우리 동물보호법에서도 제47조에서 동물 생명의 존엄성이라는 문구를 도입했다.

동물보호법 제47조(동물실험의 원칙) ① 동물실험은 인류의 복지 증진과 동물 생명의 존엄성을 고려하여 실시하여야 한다.

사실 이에 앞서 구법 제3조(동물 보호의 기본 원칙)에서 "누구든지 동물을 사육·관리 또는 보호함에 있어서는 생명의 존엄성과 가치를 인식하고 그 동물이 본래의 습성과 신체의 원형을 유지하면서 정상적으로 살 수 있도록 노력해야 한다."는 규정을 두었다. 2011년 동물보호법이 전부개정되면서 이 내용은 세계동물보건기구가 제시한 동물복지 가이드라인의 각 호의 내용으로 대체되었고, 그 결과 현행과 같이 제47조가 동물 생명의 존엄성을 언급한 유일한 조문이 되었다.

이 조문에서도 동물의 존엄성은 처음부터 형량의 대상으로 규정되어 있다. 이때 동물은 동물보호1법의 규정에 따라 지각력이 있는 척추동물에 한정될 것이며, 실제로는 실험동물로 자주 이용되는 쥐, 개, 토끼 등이 주로 보호 대상이 될 것이다. 동물의 존엄이 아닌 동물 생명의 존엄이라는 규정은 개정사를 통해 미루어볼 때 구법 제3조에 언급된 바와 같이 생명체로서 보호가치를 언급하고자 했던 것으로 볼 수 있으며, 이 점에서 스위스 연방헌법의 태도와 유사점을 찾을 수 있다.

이런 현실의 규정을 우리는 어떻게 평가해야 할까? 그것은 과연 인간중심적이지 않은 포스트휴먼 사회에서 공생을 위한 윤리적 토대를 마련하고 있는 것일까? 현실에 움튼 싹은 여전히 인간중심주의 진영으로부터 비판을 받는다. 예를 들어 동물을 여전히 '물건'으로 취급하더라도 그에 대한 '보호'를 통해 실천적으로는 같은 결과에 이를 수 있다는 식이다.[11] 하지만 인간과 자연의 관계를 재정립해야 한다는 요청이 제기되는 가운데 이미 우리가 맺고 있는 관계를 존중의 질서로 정립하려는 노력으로 존엄 확장의 의미를 이해하는 한, 기존 비판적 입장들을 재론하고 오히려 포스트휴먼 진영에서 발전적 비판이 더해져야 한다.

✦ 확장된 존엄에 대한 평가

유기체의 존엄 규정에 대해서는 존엄성이 갖는 호소력에 착안하여 이의 법제화가 동물보호에 대한 인식 면과 법해석 면에서 긍정적인 영향을 미칠 것이라는 견해가 있고, 고통을 느끼는지와 같은 지각론적 접근방식보다 동물을 더 잘 보호할 수 있다는 장점을 부각하기도 한다. 모든 동물을 존엄하게 보아 인간의 이용목적이나 야생성과 관계없이 가치를 인정하는 것도 장점이다. 한편 그 규정이 헌법 차원에서 이뤄졌다는 점에서도 전체 법질서를 구속하는 면이 있을 것이다.

그러나 그에 대한 문제도 많이 제기되고 있다. 이런 입장은 '존엄'이 갖는 의미가 인간일 때와 동물 등 비인간일 때 의미와 보호 강도 면에서 다름을 지적하며 이를 체계적 측면과 내용적 측면에서 비판하는 것으로 정리된다. 첫째로 같은 법개념은 같은 의미여야 하는 게 법의 일반원칙이므로 존엄개념에서도 통일적 해석이 요구되는데 인간존엄과 유기체존엄 사이에 개념 불일치가 발생한다는 것이다. 둘째로 유기체의 존엄으로 인해 인간존엄이 상대화되는 것에 대한 우려가 제기된다. 인간존엄이 그동안 근본규범으로서 기능해왔고 이로써 많은 현실의 부정의를 극복하는 동력이 되었는데 이것이 차등적으로 서열 매겨지는 것은 그 자체 문제이며, 또한 자칫 하향 평준화로 이어질 것이라는 우려가 섞인 것으로 보인다. 마지막으로 존엄성 개념이 기준 없이 무분별하게 확장될 것이라는 지적도 있다.

그러나 이런 지적들은 부당하다. 우선 존엄개념이 인간과 자연에서 다르게 취급되는 점에 대해서는 자신을 발현하는 삶의 방식이 종마다 그리고 개체마다 다르므로 그 내용도 달라짐이 당연하다. 이때 비판적 입장들은 인간을 전제로 논의된 존엄개념을 당연한 전제로 삼고서 그에 완전히 일치하지 않는 타자의 존엄개념을 부정하는 오성적 사고에 머무른 것으로 보인다. 오히려 개념 불일치의 문제는 그동안 우리가 받아들인 존엄의 전제가 인간중심적이었음을 다시 반성하는 계기로 삼을 필요가 있다. 이제는 이성에 유일한 가치를 인정하기보다 자연이 각자의 삶을 발현하는 존재로서 가치를 인정받고 그에 맞는 주체적 내용이 인정되어야 한다. 지구법학에서 말하는 존재할 권리, 서식지에 관한 권리, 생태계의 전체 진화 과정에서 자기 역할을 할 권리와 같은 것들은 그러한 내용을 정당화하는 자기실현으로서 존엄이 인정될 수 있음을 보여준다.

다음으로 실제 내용이 보호에 불과하다는 비판은 보호받는 이가 시혜의 대상인지 아니면 권리의 주체인지의 문제를 경시했다. 인간과 자연은 시민사회의 인간 대 인간과 달리 대등한 위치에 있지도 않고 '상호'작용도 불가능하다는 비판도 있을 것이다. 그러나 법에서 연대의 원리가 작동하듯 비대칭적 관계에서의 주체는 법적으로 수용 가능하다. 그리고 이때 주체로서 자연을 왜곡하지 않고 올바로 연대할 가능성은 자연물을 표상representation해온 과학이 상당 부분 제공할 수 있을 것이다.[12] 나아가 인간중심적인 기존 입장이 제시하는 보호의 정도는 때로 자연의 존엄을 인정할 때와 같은 정도로 높을 수 있겠지만, 자연이 갖는 자기다움의 실현에 관심을 두지 않는 이상 강한 보호는 임의적인 결과일 뿐이다. 반면 존엄을 인정한다면 그러한 강한 보호는 자연의 자기실현을 고려한 필연적 결과라는 점에서 차이가 크다.

존엄개념의 상대화와 그에 따른 하향 평준화 가능성 역시 과도한 비판인 것으로 보인다. 신과 국가로부터의 주체적 삶을 수호하려던 인간존엄 개념의 가치와 기능은 여전히 유효하다. 다만 이것이 자연과의 관계에서는 오히려 강자의 논리였고 우리 모두가 존엄을 독점한 왕이었다. 이 점을 고려하여 이제는 다른 존재의 존엄도 인정하려는 것이며 그런다고 인간의 존엄이 쇠락하지는 않는다.

보다 구체적으로 존엄은 두 가지 층위에서 파악할 수 있다. 하나는 법적 주체로서 지위를 인정하고 권리를 정당화하는 존엄이고 다른 하나는 그러한 존엄을 구체적으로 실현하는 권리로 구체화된 존엄이다.

　우선 첫째 측면에서는 다른 이의 존엄을 인정한다고 해서 나의 존엄이 침해되는 문제가 발생하지 않는다. 마치 소수자의 권리를 우대한다고 하여 제로섬 게임과 같이 더한 만큼 빼야 하는 문제가 아닌 것과 같다. 존엄개념의 확장은 단지 인간-비인간 공동체에서 서로를 존중하는 태도를 반영한 것이다. 오히려 이 지점에서 필자는 상대화와 하향 평준화 우려를 비틀어 상향 평준화로 끌어갈 필요가 있다고 본다. 그간 인간에게만 인정된 절대적인 '존엄'이 자연에게까지 확장될 때, 새로운 존엄의 대상도 가치 있는 존재로서 자기 삶을 주체적으로 실현하도록 법이 보장해야 한다.

　다른 한편, 둘째 층위에서 존엄의 구체적 내용을 실현하며 발생하는 이익형량은 사실 우려할 정도의 문제를 낳지 않는다. 이 단계에선 이미 인간의 존엄은 언제나 형량 대상이었다고 봐야 할 것이다. 다만 수단으로서만 대해져선 안 되며 구체적 판단 속에 균형점을 찾는 익숙한 작업이 수반될 뿐이다. 동물과의 관계에서 하나의 예를 들어보자. 종종 사람들은 동물의 존엄이나 권리를 인정하면 모두가 채식주의자여야 한다는 주장을 한다. 존엄한 존재를 죽인다는 것은 인간의 생명에 대한 우리의 인식에 비추어 받아들이기 힘들다는 점을 고려한 입장으로 보인다. 이때 존엄은 동물을 섭취하여 생존하려는 인간의 이익을 극단적으로 침해하는 개념이 될 거란 혐의를 받을 수 있다. 과연 그럴까? 이 지점에서 호주의 에코페미니스트 발 플럼우드Val Plumwood의 지적을 참고할 수가 있는데,

그녀는 '모든 살아 있는 생명체는 먹이이고 동시에 먹이 그 이상'임을 강조하며, '우리는 인간의 멋진 삶에서 우리 음식의 재료가 되는 이들과의 친족 관계를 인정하는 방식으로 먹이를 얻어야' 한다고 본다.[13] 이 표현은 마치 '수단으로만' 대우하지 말라는 칸트의 명령을 떠오르게 하는 면이 있다. 플럼우드의 견해에서처럼 우리는 자연의 존엄을 인정한다고 식량이 되는 것과 같은 수단화를 곧바로 부정으로 평가하게 되지는 않을 것이고, 축산업의 대상이 된 동물이 어떤 삶을 살건 '효율'과 '공급'만 추구하며 순전한 음식으로서만 대우해온 축산업과 육류 소비문화가 비판의 대상이 될 것임을 알 수 있다.[14] 이와 같은 동물에 대한 존엄한 대우는 인간의 이익을 중심에 놓는 '보호'적 접근만으로 곧바로 도출되지는 않을 것이고, 또 이러한 결론이 인간의 존엄을 침해한다고 볼 수도 없다.[15] 우리는 자연의 존엄을 인정하기에 앞서 강자의 못마땅함을 표출하는 것이 아닌지 돌아봐야 하며, 자연과 인간이 상호 의존적 관계 속에서 서로에게 도움이 되는 구체적 결론을 만들어가야 할 것이다.

따라서 유기체나 동물에 존엄을 인정한 국내외 법률 규정에 대한 그동안의 비판은 인간중심성을 끝내 포기하지 못한 견해에서 비롯되었거나 과도한 우려에 기인하는 면이 크다고 보인다. 人보다는 동물이나 유기체로 제한된 범위만 포괄한다는 점, 우리 동물보호법의 경우 단순 이익형량을 규정하여 권력비대칭을 제도적으로 해결하지 못하거나 존엄성 실현을 위한 구체적 규정은 미비한 점이 기존 비인간 존엄개념 실정화에서의 한계로 보인다.

◆ 존엄이란 무엇이며
어떻게 정당화되는가?

 지금까지 우리의 논의를 통해 존엄성을 빼놓고 권리를 이야기할 수 없다는 점을 알 수 있었다. 그리고 실정법에 도입된 자연의 존엄은 자연의 존엄을 충분히 보장하지 못하고, 그마저도 인간중심적 존엄개념을 주장하는 측으로부터 과도한 비판을 받고 있음을 살펴봤다. 그렇다면 이제 인간에게만 인정되어오던 존엄개념과 본격적으로 대결해보자. 모든 (법)철학적 개념이 그렇듯 추상적인 개념에 대한 만족할 만한 설명을 하는 게 쉬운 일은 아니지만, 존엄개념은 "인간은 자기책임능력이 있는 인격이며 그 결과 인간을 객체로 취급해서는 안 된다"는 명제로 정리할 수 있다.[16] 여기까지만 보면 자율적 인격체에 과연 자연이 포함될 수 있을지에 대한 부정적 전망을 해볼 수 있다. 그러나 존엄성을 뒷받침해온 여러 견해와 함께 최근 역사적 사건과의 관계 속에서 그 의미를 되새긴다면 비인간의 존엄을 인정할 단초를 포착할 수 있을 것이다.

과연 존엄한 존재와 그렇지 않은 존재를 구분하는 지점은 무엇일까? 다시 말해 인간은 왜 존엄한가? 이에 대해 세 가지 입장이 있다. 지참금이론Mitgifttheorie에 따르면, 인간이 신의 형상을 닮았다거나 이성을 가지고 있다는 등의 이유를 든다. 능력이론Leistungstheorie은 자아형성과 자기발현의 능력을 든다. 마지막으로 인정이론Anerkennungstheorie은 인간이 서로를 자유롭고 평등한 존재로서 인정하고, 그 인정을 통해 국가공동체를 인정과 연대의 공동체로서 구성하는, 그러한 인정 속에서 존엄의 근거를 찾는다. 이런 내용을 전체적으로 아우르면 인간을 주체로서 인정하고 자기동일성을 유지하는 가운데 평등과 실존을 보장받을 것이 요구된다. 이는 오늘날 널리 인정되는 기본적 인권의 큰 줄기를 이루는 내용이며 바로 이러한 점에서 존엄은 권리의 토대임이 다시금 확인된다.

그런데 이런 근거들을 납작하게 이해해선 곤란하다. 존엄성이 처음부터 모든 사람에게 인정된 것은 아니다. 오늘날 존엄성은 당연히 '인간'의 존엄을 말하지만, 처음에는 인간 내부에서도 존엄한 인간과 그렇지 않은 인간이 있었다. 애당초 존엄dignitas은 왕에게만 인정되던 것에서 신의 형상imago dei에 따라 빚어 만든 인간에게로 확장된다. 계몽기를 거쳐 근대 칸트철학에서 존엄은 보편법칙에 스스로 종속될 수 있는 자율성에서 존엄의 근거를 찾았다. 그리고 2차 세계대전을 겪으며 역사적 반성 속에 UN은 세계인권

선언에서 모든 사람의 존엄과 인권을 말한다. 비슷한 시기 통일 전 서독 본 기본법 제1조에서 인간의 존엄Würde은 불가침이라 규정하고 우리나라를 비롯한 많은 나라에서 인간 존엄성이 규정된다. 여기서 주목할 점은 유엔과 독일에서의 존엄개념이다. 유엔은 모든 사람의 존엄을 말한다. 이는 존엄하지 않은 존재를 만들었던 역사에 대한 반성에서 나온 합의의 산물이다. 본 기본법에서 시작해 현재의 독일 연방기본법에까지 이어진 존엄 역시 인간을 인간 이하로 취급한 역사적 반성의 산물로서 하나의 구체적 인간이 객체, 단순한 수단, 대체할 수 있는 대상으로 전락하게 되는 경우를 인간존엄의 침해로 보았다. 이런 입장은 처음에는 칸트의 존엄개념을 구체화한 것이다. 칸트적 입장은 개인의 능력이나 속성을 통한 적극적 전당화의 한 형태인데, 훗날 아비샤이 마갈릿Avishai Margalit이 『품위 있는 사회』[17]에서 비판을 받은 후로 독일 법학계에서도 소극적 정당화가 수용된 것으로 이해된다.[18]

앞서 살핀 '지참금 이론'에서는 인간존엄에 관한 적극적 정당화 시도 중 신의 형상iImago dei으로부터의 정당화와 이성의 귀속능력을 통한 정당화가 시도된다. 전자는 다원화되고 세속화된 현대 사회에서는 보편적으로 받아들여지기 어려운 가치라는 한계가 있고, 후자에서는 자칫 특정한 능력을 기준으로 삼음으로써 이를 충족하지 못한 인간을 보호범위에서 배제하는 결과를 낳을 우려도 있다. 이런 한계에 덧붙여 궁극적으로 적극적 정당화 이론들은 모종의 형이상학적인 전제를 설정하면서 인식론적 독단에 빠진다는 점이 지적된다. 즉, 인간의 특성을 존재론화 함으로써 지지를 얻기 어려운 형이상학적 본질 주장으로 빠지게 되며, 더욱이 그러한 특정한 형이상학적이거나 혹은 신학적인 전제에 얽매이지 않은 논의에서는 결코 설득력이 없다는 것이다. 그 밖에 논증과정이 자연주의적 오류에 빠지거나 규범적 척도가 실천적으로 모호하다는 점도 지적된다.

반면, 소극적 정당화 이론에서는 존엄을 존재본질론적인 것이 아니라 관계적인 것으로 파악한다. 즉 적극적으로 정당화되는 실체 내용이 있다기보다는 관계론적으로 형성되는 사회적 합의의 산물로 이해하는 것이다.[19] 그렇게 하면 특정한 이론적인 입장으로부터 가능한 보호영역을 연역적으로 규정하려는 대신, 존엄침해에 대한 일상적인 경험들로부터 귀납적으로 존엄이해에 다다르게 된다. 이때 사회적 합의를 경험적 합의로 보는 한계를 극복한다면, 이에 부합하는 이론은 인정이론이다. 인정이론에서는 이미 관계에 들어서 있는 각자를 상호 인격으로 인정하는 토대를 받아들이지 않고서는 규범을 정당화할 수 없음을 전제로 인정하고 그러한 관계적 규범 요청을 법으로 인정하는 이중의 인정관계를 통해 규범의 최종적 근거를 정당화하는데, 인간존엄도 마찬가지의 정당화를 거치게 된다.

이러한 인간존엄의 적극적 및 소극적 정당화는 유기체의 존엄이나 동물의 존엄 등 사례에서 비판적 입장들이 가진 전제를 보다 분명히 드러내준다. 그러한 입장들은 (인간)존엄개념을 본질존재론적 적극적 정당화를 통해 이해하는 연장선에 있으므로 그동안 인간존엄의 토대가 되어 온 일정한 능력과 속성 이외의 것은 처음부터 존엄이 귀속될 수 없는 다른 범주의 문제로만 보는 것이다. 따라서 고정된 인간존엄의 형상을 두고 이와 다른 존엄개념의 등장 앞에서 상대화와 통일성에 대한 과한 우려로 이어졌다고 보아야 할 것이다. 또한 같은 전제에 서 있으면서 동물의 존엄성을 부정하고 대신 동물을 존중하는 인간의 역할을 '인간존엄'의 범주로 포함시키려는 시도 역시 그 동물존엄이 말하려던 역동적 관계를 반영하지 못하고 기존의 인간중심적 틀에 다시 갇히는 한계를 보여준다. 이러한 태도는 아마도 자연의 권리와 존엄을 부정하면서 인간의 '책임'을 강조하는 입장들에서도 전제되어 있을 것이다. 물론 비인간의 존엄을 인정하는 새로운 인정관계에서의 책임을 말한다면 이 글의 취지와 부합할 수 있다.

결국 인정이론을 발전적으로 해석해낼 때 그 관계가 인간 사이의 관계를 넘어 비인간과의 관계로도 무리 없이 확장될 여지가 생긴다.[20] 개체나 종이 가지는 능력이나 속성이 아니라 구체적 관계에서의 마땅한 존중을 논할 논의 구도를 제공하기 때문이다. 그렇게 할 때 인간 상호 간에서와 마찬가지로 비인간 자연을 포함한 공동체를 전제로 서로를 인격적 존재로 인정하는 토대에서 요구 가능한 규범의 수용이라는 이중의 인정이 가능해진다. 그러한 인정관계를 전제하지 않고서는 규범적 요구를 할 수 없음을 받아들이고, 이러한 인정관계 속 자연을 인정하는 과정에서 존엄은 인정된다. 그 내용은 자기 발현 내지는 자기다움의 실현이라는 기존의 것과 같다. 물론 인간과 동식물 등 자연이 다른 속성을 가지는 점이 무시되지는 않는다. 이때 속성은 존엄 인정의 근거가 아니라 구체적인 자기다움의 내용으로 들어온다. 다만 헤겔에서 시작된 인정이론도 칸트주의에서처럼 이성적 존재로서 인간의 의사 자유를 전제로 전개된 이론인 만큼, 그러한 관계적 접근을 통한 인정관계를 확장하는 단초를 제공할 뿐, 여기에서 더 나아가 비인간 자연과의 인정관계까지 곧바로 정당화하긴 어렵다. 따라서 이 지점을 보완하기 위한 전회가 필요하다.

인간만의 존엄을 확장할
필요성과 정당성

　인간존엄의 가치는 오늘날에도 인정되어야 한다. 그렇지만 존엄이 오직 인간만의 것일까? 이 질문이 필요한 이유부터 살펴보자. 인류세와 기후·생태 위기는 인간과 비인간이 서로 연결된 관계 속에 이미 들어서 있다는 점을 우리에게 일깨워준 사건이다. 그동안 인간은 자연을 무시하고 자연과 관계를 맺을 때도 인간에게 지나치게 무게를 두었던 게 사실이다. 물론 이런 상황은 자연과의 공존을 추구하는 공동체와 도시화·산업화 된 지역에서는 차이가 있을 것이니 일률적으로 비판하긴 어려울 수 있다. 그렇더라도 우리가 사는 수도권 중심의 대한민국은 그렇게 지내왔다. 또 지구 전체를 보면 주로 북반구에 있는 나라가 자연을 대했던 방식은 인간이 그어놓은 국경을 넘어 자연과 비교적 잘 공존하는 나라에까지 영향을 미친다. 따라서 일단 인간중심적 관계 설정은 적어도 모두의 관심사가 된다.

　인류세와 기후·생태위기는 단순 자연현상 측면에 국한되지 않고 인권에도 직접 영향을 미친다. 최근 들어 환경파괴와 인권파괴가 연계되는 방식으로 인권침해의 양상과 규모가 변한 것이다. 마치 경제·사회적 권리를 경제발전과 성장을 통해 달성하려던 시도가 무한성장이라는 지속불가능한 패러다임을 따르는 한계를 경계해야 하듯, 기존의 인권이론과 실천방식으로는 인류세에서 발생하는 수많은 문제에 대응하기 어렵다는 비판도 커졌다는 점도 지적된다. 자연에 대한 다른 시각은 인간을 위한 것이기도 하다. 물론 필자가 말하려는 바는 이 순간에조차도 끝끝내 자연을 그대로 보지 못하고 인간 생존을 위한 도구로서만 보는 입장을 강화하려는 것은 아니다. 오히려 이런 상황으로부터 우리는 인간과 자연의 상호의존성을 볼 수 있고, 이는 지금까지의 관계망을 새롭게 이해하는 계기가 되었음을 깨달아야 한다.

　연결망은 어떻게 달라졌을까? 과거 인간과 비인간의 공존은 지금보다 근접하면서도 서로의 영역이 인정되는 형태였다면, 오늘날 인류세에서는 점유 공간과 세력 면에서 인간이 '지배종'으로서 자멸에 이를 정도로 큰 힘을 발휘하고 있다. 시대마다 인간-비인간의 얽히는 방식이 있는데, 오늘날은 인간의 결정에 비인간이 많이 종속되는 방식으로 강하게 얽히지만, 오히려 비인간은 비가시화되는 권력불균형 상태에 있다고 진단할 수 있다. 특별히 자연을 파괴하는 행위를 하지 않아도 그저 일상을 지내는 것만으로도 우리는 자연을 파괴하는 비대칭적 힘을 발휘하는 생태계 교란종이 되었다. 따라서 인간-비인간 관계망은 마치 '민주주의의 역설'에 비유할 수 있다. 한 국가공동체의 주권적 결단이 다른 국가공동체에도 영향을 미치는 상황에서 새로운 국제관계가 요청되듯, 인간공동체 결단에도 그동안 성원으로 인정되지 못하고 인간의 결단에만 종속되었던 자연을 존엄을 주체로서 인정해야 한다.

다만 자연의 존엄을 인정함은 종전과 같은 양적 확장이 아니고 '사람' 범주에 들지 않던 존재로의 질적 확장이라는 점에서 사람 범주 안에서 확장 적용하던 때와는 다른 논증이 요구된다. 우리에겐 세 가지 선택지가 놓여 있다. 의사 자유와 이성적 능력을 전제로 만들어진 존엄개념을 자연에 확장하기 위해 자연도 그러한 능력을 가졌다고 하거나, 인간 아닌 존재에는 이성에 대비되는 다른 근거로 존엄하다고 보거나, 아예 존엄개념을 재구성하는 것이다. 첫째 시도는 인간과 비슷한 고등 동물들만 존엄하다고 보는 위계적 논변으로 전락할 수 있다. 둘째 시도는 자연에도 쾌고감수능력, 모든 생명체의 내적 목적성 등이 존엄성 인정을 위한 기준이 될 수 있다고 보거나, 전체 자연의 조화, 복잡성, 생명다양성 등이 제시되기도 한다. 이는 존엄개념을 다원화할 수 있는 좋은 시도이긴 하지만 자연주의적 오류와 결부된다는 지적이 있으므로 이를 넘어설 수 있어야 한다.[21] 동시에 오늘날 인간존엄을 존재론적이 아니라 관계론적으로 인정하려는 경향이 있음을 고려하면 존엄성 확장을 위해 여전히 속성을 토대로 시도된 정당화는 그 자체 의문

스러운 면이 있다. 우리는 마지막으로 존엄개념 자체를 재구성하는 시도에 희망을 걸어볼 수 있다.

◆ 탈인간중심적으로 존엄개념을 재구성할 수 있을까?

　탈인간중심적 존엄개념의 기초는 전통적인 휴머니즘의 반성에서 출발한 포스트휴머니즘의 법적 수용을 통해 다질 수 있을 것이다. 물론 이 논의의 가능성을 더 구체화하고 법적으로 구성해 나가려면 앞으로 지속적인 노력이 필요할 것이다. 그러나 오늘날 인간과 비인간 사이의 관계를 다시 고찰하여 설정하려는 노력에서 포스트휴머니즘의 관점은 많은 통찰력을 주고 있다. 따라서 포스트휴머니즘이 확장된 인정관계와 법공동체의 가능성을 보여주고 있음을 부정할 수 없을 것이다.
　인간과 비인간의 관계를 새롭게 정립하려는 여러 시도는 인간과 비인간 사이의 본질적 이분법적 접근을 반성하며 연결망 속에서 파악하려는 공통점을 갖는다.[22] 인간과 비인간은 혼종적인 준대상으로 존재하며 순도 100%의 자연이나 문화는 오히려 예외적이다.[23] 인간과 비인간은 관계망 속에 있으면서 단지 영향을 주고받는 데에 그치지 않고 서로를 불가분적으로 구성하는 것이다. 또한 이때 비인간은 수동적 존재가 아니라 자기실현적 존재로 파악될 수 있다. 마치 라투르가 사물들의 의회를 제안했듯,[24] 이미 연결망에 들어 있는 인간과 자연은 서로의 관계를 인정의 구조 속에서 파악하는 인정관계 속에서 요구 가능한 규범을 인정하는 데에로 나아가야 할 것이다.

오늘날 인류세와 기후·생태위기라는 현실의 문제상황에서 우리가 깨달은 것은 인간과 비인간 모두 네트워크 속의 중요한 행위자이며, 이때 각자의 자기실현을 존중하고 서로에게 마땅한 몫을 인정해야 한다는 것이다. 또한 이런 교훈은 인간의 존엄을 공리로 삼고 휴머니즘의 토대 위에 쌓아 올려진 법학에서도 수용되어야 할 것이다. 필자는 지구법학과 자연의 권리도 토마스 베리의 우주신학이나 새로운 자연법론에 과도하게 의존하기보다는 현실의 문제를 통해 드러난 관계망에서 마땅한 각자의 몫을 고민하는 접근법을 취할 때 탈형이상학적이면서 세속화된, 그리고 탈인간중심적 접근이 가능하다고 본다. 그리고 이때 생명중심적이거나 지구중심적과 같은 다른 중심을 만들기보다는 탈중심적이고 수평석 관계를 어휘 면에서도 추구해야 할 것으로 보인다.

이러한 포스트휴머니즘적 존엄개념으로서 서윤호는 '평평한 존엄론'을 제안한다.[25] 그는 존엄개념을 인정이론적으로 이해하는 토대에서 존엄은 독일어 Würde라는 표현에서 알 수 있듯 '자기다움의 실현'으로 이해해야 함을 지적한다. 그리고 인간관계만이 아닌 비인간도 포함한 관계를 포착할 수 있는 존재론적 출발점으로서 인간과 비인간 사이의 '얽힘entanglement'을 원용하며, 여기에서 인간과 비인간 모두에 통용되는 상호인정 원리의 가능성을 보고 있다.

이러한 태도는 기존 이성중심적이고 인간중심적인 존엄개념을 넘어서 인간과 비인간의 공동체적 관계를 수용하는 가운데, 이때의 인정관계를 추구한다는 점에서 타당해 보인다. 나아가 앞서 통용되어 온 인간존엄이나 스위스의 '유기체의 존엄'에 대한 이해에서도 받아들여진 자기다움의 실현이 유지되고 있다는 점에서도 기존 법체계와 잘 조화되며 널리 수긍될 만한 내용이기도 하다. 이때 인간의 자기실현은 지금까지 받아들여진 '인간존엄'에서와 같이 이성적 능력도 고려한 실현을 지원하는 형식이 되겠지만, 자연의 경우에는 그와는 다른 존엄이 구체적인 자연의 자기다움 실현이라는 관점에서 구성되고 요청될 것이다. 양자는 상승적으로 이해되어 각자의 실현을 도울 수 있어야 하고, 그런 점에서 기존 생태론적 접근이 요구하던 자연질서에 크게 거스르지 않는 인간활동의 한계 역시 수용된다. 아울러 그러한 존엄개념의 바탕에서 '의사 없는 권리론'도 이익설에 기댈 필요 없이 보다 쉽게 논증이 가능해진다. 즉 인간 나름의 또 자연 나름의 자기다움을 온전히 실현하도록 보장하되 그것이 주관적 측면에서 인정된 것이 권리가 된다. 인간에겐 그것이 이성적 자유의지(의사설)를 토대로 인격적 이익(이익설)을 실현하는 것으로 포착되었다면, 자연에겐 자연 나름의 자기다움이 발현되는 구체적 내용을 포착해서 그것을 권리로 포착할 수 있다.

◆ 자연의 존엄을 인정하고
지금의 법을 새롭게 배치하기

　이상과 같은 토대가 마련된다면, 마치 우리 헌법에 명시적 근거가 없더라도 인간의 존엄성이 법철학적 토대에서 당연히 인정되어야 하는 것처럼 자연의 존엄성도 규정과 무관하게 불문의 헌법 원칙으로서 인정될 수 있어야 한다.[26] 다시 말해 탈인간중심적으로 재구성된 존엄개념은 실정법적 규정을 도입하지 않더라도 수용 가능한 비실정적 정당화 기준으로 받아들일 수 있다.

　포스트휴머니즘으로 재구성한 인정관계는 인간만을 대상으로 한, 더 정확히는 인간만 존엄한 주체로 여기고 자연은 토지와 재산, 물건 등 도구적 존재로 파악하던 법질서에 새로운 해석 가능성을 부여한다. 이때 비인간 자연에 대해서도 존엄한 주체로서 자기다움의 실현을 위한 권리를 인정할 토대가 마련됨으로써 최근 시도되는 남방큰돌고래의 법인격을 인정하려는 법률안에 이론적 토대를 놓아줄 수 있다. 실무적으로도 기존 실정법의 여러 '보호' 규정을 지구법학적으로 해석하는 자양분이 된다. 예를 들어 헌법을 지구법학적으로 해석하기 위한 오동석의 시도처럼 인간의 이익과 자연의 이익 사이의 이익형량이 인간의 단기이익에 경도되지 않도록 하는 해석의 준거가 될 수 있다. 또한 이성적 능력과 결합되었던 존엄개념은 어디까지나 인간존엄에만 국한시키고 여러 자연이 갖는 자기다움의 실현을 구체적으로 인정하여 그들의 존엄으로서 인정한다면, 현행법에서 자연의 이익을 고려한 원칙조항도 존엄성 규정으로 파악될 수 있다. 예를 들어 동물보호법 제3조(동물보호의 기본원칙) 제1호는 동물이 본래의 습성과 몸의 원형을 유지하면서 정상적으로 살 수 있도록 할 것을 규정하는데, 이것은 동물보호법의 적용을 받는 개별 동물의 자기다움을 실현하기 위한 조항으로서 동물존엄 조항으로 격상된다. 스위스 연방헌법에서 비인간 자연으로 확대된 존엄개념은 규정 형식 면에서 특정 영역을 전제로 한다는 한계에 불구하고 전체 헌법원칙으로 확장하여 이해되었는데, 존엄개념의 근본성과 예를 들어 앞서 언급한 동물보호법 규정을 비롯한 다양한 존엄조항을 결합하면 비슷한 확장도 가능할 것이다. 물론 이러한 해석론은 언제나 논쟁의 대상이 될 수 있다. 보다 안정적으로 자연의 존엄을 인정하고 그들의 권리를 '복권'하기 위해서는 헌법에 자연의 존엄을 도입하는 것이 필요하다.

※ 이 글은 최정호, "탈인간중심적 존엄개념의 가능성", 『법철학연구』 제27권 제3호(한국법철학회, 2024)를 보완하고 총서의 취지에 맞게 재구성한 것이다.

─────────────── 미주 ───────────────

1) 사실 "따라서 인간은 물건이 아니다"라고 했던 칸트의 말을 기억한다면 존엄성의 소극적 표현으로 해석할 여지는 있다. 물론 법원행정처가 여기까지 생각했던 것 같지는 않다.
2) 박태현, "자연의 권리론", 『환경법연구』 제44권 제3호(한국환경법학회, 2022), 106~107쪽 참조.
3) L. Luuppala, "Rights-Based Restoration", Daniel P. Corrigan and Markku Oksanen (ed.), Rights of Nature. a Re-Examination(Routledge, 2021), p. 124.
4) 김현철, "권리에 관한 의사설과 이익설", 『강원법학』 제16권(강원대학교 비교법학연구소, 2003), 434쪽.
5) 이러한 내용은 박태현, "인류세에서 지구 공동체를 위한 지구법학", 지구법학회 지음, 김왕배 엮음, 『지구법학』(문학과지성사, 2023), 88~92쪽에서 자세히 소개하고 있다.
6) 자연법론에 대한 분석과 규범의 최종적 근거설정에 대해서는 K. Seelmann/D. Demko, Rechtsphilosophie, 7. Aufl.(C.H.Beck, 2019), S. 158 ff. 그리고 S. 170 ff. 참조.
7) 오동석, "지구법학 관점에서 한국 헌법의 해석론", 지구법학회 지음, 김왕배 엮음, 『지구법학』(문학과지성사, 2023), 126쪽.
8) 최근 동물법 분야에서 존엄성을 연구한 사례가 있다. 그러나 동물의 존엄성을 인정하기보단 인간 종을 넘어선 존중을 인간존엄의 내용으로 구성하는 결론에 이른다. 이 지점을 연구한 것은 그 자체로 환영할 일이지만 칸트가 동물에게 인정한 간접 의무에 머무는 결론이 아쉽다. 허창환, "동물은 존엄한가 -'존엄성'의 확장 가능성-", 『공법연구』 제52집 제2호(한국공법학회, 2023) 참조.
9) L. Engi, Was verbietet die Wrde der Kreatur? Zur den praktischen Konsequenzen der Verfassungsnorm(Schulthess: Zrich·Basel·Genf, 2015), S. 27~28.
10) 유전공학법 제8조 ① 동물과 식물에서는 유전물질의 유전자적 변형에 의해 유기체의 존엄이 침해되어서는 안 된다. 이는 특히 종 특유의 속성, 기능 또는 삶의 방식이 중대하게 침해되고 이것이 우월하게 보호가치가 있는 이익에 의해 정당화되지 않을 때 침해된다. ② 유기체의 존엄이 침해되었는지는 개별적인 경우에 동물과 식물이 받은 침해의 중대함과 보호할 가치가 있는 이익 사이의 형량을 통해 판단된다.
동물보호법 제1조 이 법은 동물의 존엄과 복지를 보호함을 목적으로 한다.
제3조 이 법에서 용어는 다음을 뜻한다. a. 존엄: 동물을 다룰 때 존중되어야 하는 동물의 고유 가치. 동물의 존엄은 동물의 부담이 우세한 이익에 의해 정당화될 수 없을 때 침해된다. 부담은 동물에게 특히 고통이나 상해가 가해지거나, 동물을 두려운 상태에 두거나, 또는 욕보여진 때에, 근본적으로 그의 발현상이나 그의 능력이 침해된 때 또는 대단히 도구화된 때에 존재한다.
제4조 ② 누구도 부당하게 동물에게 고통 또는 상해를 가하거나, 동물을 두려운 상태에 두거나 또는 다른 방식으로 그의 존엄을 침해해서는 안 된다. 동물에 대한 학대, 무시, 불필요한 과로는 금지된다.

11) K. Seelmann/D. Demko, 앞의 책(주 6), § 13 Rn. 5; 허창환, 앞의 논문(주 8)도 마찬가지 입장이다.
12) 민주주의에서 대표(representation)의 문제와 과학적 표상(representation)의 문제에 대해서는 브뤼노 라투르 (홍철기 역), 『우리는 결코 근대인이었던 적이 없다』(갈무리, 2009), 82~87쪽 참조.
13) 발 플럼우드 (김지은 역), 『악어의 눈: 포식자에서 먹이로의 전락』(연두, 2023) 참조.
14) 발 플럼우드, 앞의 책 (각주 13) 참조. 플럼우드는 우리 모두가 생태적 먹이사슬에서 서로에게 먹이인 동시에 각자가 내적 가치를 갖는 존재라고 보며, 따라서 인간은 좀 더 생태적으로 위치시키고 자연은 좀 더 윤리적 고려 속으로 위치시켜야 한다고 본다.
15) 이때 당연한 귀결로서 인간과 자연(물) 사이에 '제약'받는 이익은 있겠지만, 제약을 곧바로 '침해'라고 보지 않는 법의 일반적 태도를 고려할 때, 침해인지 여부는 구체적으로 따져봐야 할 것이다. 다른 한편, 자유에 대한 제약을 늘 부정적으로 보는 자유주의적 입장에선 모종의 제약에 대해 일단의 부정적 평가를 내릴 수 있겠지만, 인정관계에 바탕한 공동체주의를 취한다면 그러한 제약은 타자에 대한 인정을 반영한 것으로서 공동체 안에서 참된 자유의 형식이 될 수 있음도 밝혀둔다.
16) 홍성방, 『헌법학(중)』 제2판(박영사, 2015), 7쪽.
17) 아비샤이 마갈릿 (신성림 역), 『품위 있는 사회』(동녘, 2008), 참조.
18) 김영환, "인간의 존엄에 대한 논의의 재구성: "형이상학 없는 인간의 존엄"", 『법철학연구』 제23권 제1호(한국법철학회, 2020), 10쪽. 그 영향으로 헤어데겐이 참여한 독일연방기본법 주석서의 서술 변화가 있음을 지적하는 서윤호, "포스트휴먼 사회에서의 인간존엄의 문제", 『통일인문학』 제90집(건국대학교 인문학연구원, 2022), 239~240쪽.
19) Herdegen, in: Maunz/D rig, Grundgesetz-Kommentar(C.H.Beck, M nchen, 2019), Art. 1 Abs. 1; Hoffmann, "Die versprochene Menschenw rde", A R(1993), 3 ff.; 고봉진, "상호승인의 결과로서 인간존엄", 『법철학연구』 제10권 제2호(한국법철학회, 2007) 등 참조.
20) 서윤호, "자연은 권리를 가지는가?", (몸문화연구소 편), 『인류세와 에코바디』(필로소픽, 2019), 206쪽 이하.
21) K. Seelmann/D. Demko, 앞의 책(주 6), § 13 Rn. 12 ff. 참조.
22) 신유물론, 객체지향 존재론 등 비인간에 대한 다양한 이론적 시도에 대해서는 김왕배, "'비인간 존재'에 대한 사유와 정치의 재구성", 지구법학회 지음, 김왕배 엮음, 『지구법학』(문학과지성사, 2023), 197쪽 이하 참조.
23) 브뤼노 라투르, 앞의 책(주 12), 335쪽 등 참조.
24) 브뤼노 라투르, 위의 책(주 12), 355~356쪽.
25) 서윤호, 앞의 논문(주 18), 특히 248~249쪽.
26) L. Engi, 앞의 책(주 9), S. 69.

신유물론 포스트휴먼 페미니즘과 공생적 에토스

주기화

신유물론
포스트휴먼 페미니즘

    유럽의 페미니스트이자 비판적 포스트휴머니스트인 로지 브라이도티Rosi Braidotti는 2024년 한국여성학회 창립 40주년 기념 강연에서 자신의 신유물론적 포스트휴먼 페미니즘에 대해 자세히 이야기했는데, 그에 따르면 근대 휴머니즘이 지향하는 최고의 가치인 '인간'은 보편적인 용어, 중립적인 용어가 아니다. 인간이라는 용어는 특정한 권력·가치·규범·특권·자격에 접근할 수 있다는 사실을 가리킨다. 이 권한들은 어떤 인간의 형상으로 재현되는데 우리의 근대적 문화에서는 이를 남성, 이성적 백인 남성으로 재현한다. '그'가 인간을 대표하는 경향이 우리 문화를 지배한다. '그'의 이미지와는 다른 모든 인간, 즉 비남성·비백인·비이성애자·비부유층·비시민권자 등은 이성적 인간보다 조금은 인간답지 않다. 우리의 근대적 문화가 인간을 이성적 인간으로 재현하기 때문이다. 이렇게 조금 인간답지 못한 사람들을 성적으로 고착되고 인종으로 분류되고 그게 본래의 모습처럼 여겨지는 타자라고 할 수 있다. 백인 남성, 이성적 인간으로 재현된 인간 관념과 비교했을 때, 여성·성소수자·토착민·탈식민지인·비유럽인과 모든 비인간 즉, 식물과 동물, 전체로서의 지구는 동일한 권리를 갖지 못하고 동등한 인정을 받지 못한다.

바로 '그'로 대표되는 '휴먼'이 인류세Anthropocene의 주범이다. 그래서 우리는 휴먼을 넘어 포스트휴먼 지평으로 이동해야 한다. 포스트휴먼에서 '포스트'post는 인간에 대한 전통적 이해 너머로 나아가는 움직임을 의미하는 것으로, 포스트휴머니즘은 그동안 인간 개념이 수반하는 권리와 특권을 온전히 누리지 못한 이들, 즉 타자를 참조해야 한다. 근대 문명이 야기한 인류세의 기후위기와 팬데믹 폐허에서 새로운 세계 만들기를 시도하는 부활의 춤은 우리 사회의 가장자리에서 주변화되고 착취된 "여성, 유색인, 자연, 노동자, 동물, 간단히 말해 자아를 비추는 거울 노릇을 하라고 구성된 타자로 이루어진 모든 이들"[1]이 있는 가장자리, 세상의 끝에서 춰야 한다. 세상을 견뎌내면서, 기존 질서의 한계를 직시하는 타자들의 위치가, '그'로 대표되는 '휴먼'은 감히 생각할 수 없는 다른 생각, 인류세를 단축할 전복적 사고와 대안적 개념을 제시하여 세상의 변화를 이끌어낼 수 있는 잠재력을 지닌다. 그래서 여성을 비롯한 타자들은 오늘날 인류세를 위한 투쟁에서 선두에 서야 한다. 삶의 형태를 다시 만들고, 공동체를 재구성해야 할 지금,

'포스트휴먼으로의 전환'posthuman turn 시기에 그 전략이 되는 것은 페미니즘이라고 할 수 있다. 그렇다면 어떤 페미니즘이란 말일까?

순혈주의적인 자기생산autopoeisis과 자기애적 복제를 생각하고, 만들고, 강제하는 쪽은 쭉 남성이었다. 잡종, 사이보그, 뱀파이어, 몬스터 등과 같이 온갖 비인간nonhuman과의 공동생성sympoiesis을 상상하고 만드는 쪽은 쭉 여성이었다. 공동생성이란 해러웨이가 'autopoiesis'에서 'auto'를 'sym'으로 바꾸어, 다종multispecies의 공구성적co-constitutive 관계, '함께 만들기'making-with, '함께 생산하기'를 나타내기 위해 제안한 용어이다.[2] 여성이 차별되고 억압된 사회에서 페미니즘이란 다종과 협력하여 공동생성되고자 하는 여성적 열망이자, 남성/여성, 주인/노예, 포식자/먹이, 인간/비인간 이분법을 알지 못하는 다종의 정치학이라고 할 수 있다. 인간을 포함한 다종의 손상된 물질-기호론적 관계들을 복구하고 새로 만들기, 즉 남성과 여성, 주인과 노예, 포식자와 먹이, 인간과 비인간의 착취 관계를 공생symbiosis 관계로 재구성하는 새로운 여성적 열망을 필자는 신유물론적 포스트휴먼 페미니즘New Material Feminism이라고 본다.

신유물론적 포스트휴먼 페미니즘은 다종의 세속적인worldly 설합articulation과 동맹alignment, 즉 공생에서 필수적인 에토스ethos인 의존성, 취약성vulnerability, 수동성, 공감, 신뢰, 공유, 관대함, 상냥함, 유순함, 수락, 돌보기, 헌신, 감사, 용서, 사과, 간청, 버티기holding, 방탕함prodigality, 난잡함promiscuity, 기회주의opportunism 등과 같은 기존에 무시되었던 여성성을 재정의하고, 이것을 근대 휴머니즘을 넘어설 대안 담론의 중심에 놓으면서 패러다임을 전환하고자 한다. 그 선두에 페미니즘 사상가이자, 과학학자, 문화비평가인 도나 해러웨이Donna Haraway가 있다. 해러웨이는 "인류세라 불리는 이 시대는 인간을 포함한 다종에게 긴급성의 시대이다. 대규모 죽음과 멸종의 시대이다. 응답-능력response-ability의 역량을 이해하고 배양하기를 거부하는 시대이다"[3]라고 진단하면서, 기술적 해법(혹은 기술 묵시록)의 희망이나 패배주의적 냉소와 절망에 굴복하여 종말의 신화를 쓰려는 "미래주의"futurism를 경고하는 한편, "트러블과 함께하면서"staying with the trouble 응답-능력을 키우는 '퇴비주의'compostism를 주장한다.[4]

해러웨이가 비판하는 미래주의와 그가 주장하는 퇴비주의의 구체적 삶형태form of life가 어떠한지 잘 보여주는 SF가 마가렛 애트우드Margaret Atwood의 매드아담MaddAddam 3부작이다. 3부작인『오릭스와 크레이크』(Oryx and Crake, 2003), 『홍수의 해』(The Year of the Flood, 2009), 『매드아담』(MaddAddam, 2013) 이야기의 핵심은 인류세의 기후위기와 팬데믹에서 우리가 흔히 대안으로 여기는 미래주의가 결코 해법이 아닐 뿐만 아니라 오히려 인류 절멸을 초래하는 것이며, 다종이 강력한 연대를 만들어 협력하면서 가능한 회복에 헌신하는 것만이 공통의 삶을 양육하여 간신히 생존과 번성을 기대해 볼 수 있다는 것이다.

3부작의 내용을 간단히 요약하면 다음과 같다. 근미래는 인류세와 자본세의 정점에서 생태계 파괴와 멸종, 인구과잉, 자원고갈, 기후위기, 극단적인 사회적 불평등 등으로 지속불가능한 디스토피아 사회이다. 남성 중심의 미래주의자들은 고도로 발달한 유전공학 기술로 유전자변형생물GMO들을 돈 때문에 혹은 유희적으로 마구 제작하고 폐기한다. 이들은 디스토피아 공포 속에서 기술과 신이 구원하러 온다는 추상적인 믿음과 희망으로, 인류에 대한 불신과 절망으로 종말의 신화를 다시 쓴다. 즉, '트러블과 함께하기'보다는 일소하기 위해 손상된 지구를 재부팅하고자 초강력 팬데믹 바이러스를 만들어 인류 종말을 초래한다. 그리고 팬데믹 폐허 위에서 소수의 생존자들이 상처 입은 여성들과 실험실에서 탈출한 GMO들을 중심으로 새로운 공동체를 구축하기 시작한다.[5]

　매드아담 3부작에서 가부장적인 신자유주의적 자본주의가 초래한 기후위기와 팬데믹으로 폐허가 된 세상의 끝에 사는 실로 많은 여성은 아이든 어른이든 상품(생명자본)으로 전환되어 모든 종류의 예기치 않은 언제나 위험한 시공간 속을 여행한다. 그 여정들 속에서 남성들을 포함한 다종과 협력하면서 공통의 삶, 생태적 삶을 양육한다. 이 여성들은 남성 포식자와도 강력하게 연대하여 적을 친구로 만들어버리고, 비인간인 GMO 인간들과도 성교하여 혼혈 괴물 아기를 생산한다. 주인/노예, 포식자/먹이, 인간/비인간 이분법을 알지 못하는 이 여성들은 다종과의 방탕하고 "난잡하고 기회주의적인"promiscuous and opportunistic 공생 속에서 생존하고 번성하는 낯설고 기이한 삶형태를 만든다.[6] 이 글은 매드아담 3부작에 상상된 인류세의 기후위기와 팬데믹 재난을 살아가는 여성들의 삶을 신유물론적 포스트휴먼 페미니즘인 해러웨이의 퇴비주의를 빌려 분석하고, 대규모 죽음과 멸종의 시대에 애트우드가 이 작품을 통해 다종과 방탕하고 난잡하고 기회주의적으로 협력하는 공생적 에토스를 가진 새로운 인간상을 제시하고 있음을 신유물론적 포스트휴먼 페미니즘 관점에서 살펴본다.

✦ 해러웨이의 퇴비주의와 퇴비적 에토스

데카르트의 이항대립적 이분법 때문에 여성의 몸은 물질(자연)과 연결되어 생물학적 결정론으로 환원되었고, 페미니스트들은 물질(자연)에 대한 공포에 시달렸다. 여성과 자연을 분리하려는 전략은 오히려 이원론을 강화하면서, 물질적인 몸을 평가절하하여 배경으로 만들어버렸다. 페미니스트들은 이 이분법에서 벗어나 물질(몸)에 대한 새로운 이해를 확보할 수 있는 토대, "그 자체로 활동적이고 때로 저항적인 힘인 몸의 물질성에 대해 우리가 말할 방식이 필요하나"고 보았다.[7] 유물론직 애니미스트이지 에코페미니스트인 발 플럼우드Val Plumwood 또한 "우리는 우리 모두가 서로에게 물질(예를 들어 음식)인 물질적 세계 안에서 물질적으로 체현된 존재로서 우리 자신에 대한 더 나은 인식, 더 많은 물질주의가 필요하다"라고 보았다.[8] 이제 페미니스트들은 물질과 단절하려는 기존의 전략과는 반대로 오히려 물질을 강조하고 재정의하면서 그 행위능력에 주목하게 되었다. 이들은 닐스 보어Niels Bohr의 양자역학, 사이버네틱스 이론, 스피노자Baruch Spinoza와 화이트헤드Alfred North Whitehead의 정신-물질 일원론, 그리고 새로운 애니미즘 등을 페미니즘적, 탈인간중심적으로 독해하면서 이원론에서 빠져나와 '신유물론'을 선도하는데, 이 흐름이 바로 '신유물론적 포스트휴먼 페미니즘'이며, 그 최전선에 해러웨이가 있다.[9]

해러웨이는 "우리는 부식토humus이지, 호모Homo나 인간anthropos이 아니다. 우리는 퇴비compost이지, 포스트휴먼posthuman이 아니다"라고 선언하면서[10] '퇴비주의'라는 "윤리-존재-인식-론"ethico-onto-epistem-ology[11]을 제안한다. 그에 따르면 인간은 신에 가까운 예외적인 인간이 아니라, 원래 땅속에서 온갖 크리터들critters과 함께 뒤얽혀 공구성되는 존재, 퇴비이다. 크리터들critters이란 "미국에서 온갖 종류의 성가신 동물을 가리키는 일상적인 관용어"로, 해러웨이는 그 의미를 "미생물, 식물, 동물, 인간과 비인간, 그리고 때로는 기계까지 잡다한 것들로" 확장하여 사용한다.[12] 퇴비는 함께 식탁에서 먹고 먹히는 식사 동료인 반려종companion species들의 공생적 얽힘을 보여주는 구체적 형상figure이다. '형상'이란 우리의 물질적 삶의 조건과 복잡성에 대한 적절한 이해를 바탕으로 투사한 것으로, 복잡한 쟁점들을 가지고 작업할 수 있도록 하는 개념적 페르노사, '사유의 보조물'이라고 할 수 있다. 해러웨이는 형상화figuration를 '논쟁에 부칠 수 있는 세계들을 압축한 지도'라고 정의

한다. 그가 제시하는 형상으로는 반려종 이외에도 그 유명한 '사이보그'가 있다. 참고로 로지 브라이도티Rosi Braidotti의 대표적 형상은 '유목적 주체' '포스트휴먼'이고, 미국의 인류학자인 애나 칭Anna Tsing의 형상은 '송이버섯'이다. '반려종'은 생물학적인 '종'species을 넘어서는 크리터들의 '난잡한' 반려 관계를 단위로 한다. 반려companion는 라틴어로 식탁에서 함께 빵을 나눈다cum-panis는 의미로서, 퇴비는 반려종들의 먹고 먹히기, 죽고 죽이기 같은 포식을 포함한 공생 관계를 나타낸다. 공생이란 상이한 생물들이 함께 사는 것으로, 해러웨이에 따르면 "한쪽에 이롭든 양쪽에 이롭든, 혹은 그 이상이든 이롭지 않든 관계없이" 모두 '공생'이며[13], "공생은 "상호 이익이 되는"이라는 말과 동의어가 아니다"[14].

반려종 크리터들은 여행자들wayfarers이든, '땅에 뿌리박은 것들'earthbound이든 잠시 한 식탁에 둘러앉아 함께 빵(몸)을 나누는 한 종류kind로 묶인 친척kin일 뿐, 곧 다른 몸(땅)을 찾아 떠나는 여행자들일 뿐이다[15]. 해러웨이는 이 여행자들을 "방탕한 딸Prodigal Daughter"이라고 부르는데[16], 카렌 드브리스Karen deVries의 박사논문에서 가져온 '방탕한 딸' 형상은, 성경에 나오는 '향후 언제까지나 순종할 돌아온 빙딩한 아들, 법정상속인'의 대척점에 있다. "방탕한 딸은 세속적인 지식과 지혜를 탐색하는 여행법으로 자신의 길을 만드는"[17] 자로서 땅에 뿌리박은 것들과 반려 자매companion sibling이다. 필자는 드브리스와 해러웨이의 '방탕한 딸' 형상에서, '방탕한'을 '계속 여행하는'이라는 의미뿐만 아니라, 크리터들과 함께 빵(몸)

을 나눌 때, 즉 먹고 먹히고, 죽고 죽이고, 이용하고 이용될 때 '아낌없는, 풍부한, 선심(남에게 베푸는 후한 마음) 있는, 통이 큰' 태도를 의미하는 것으로 확장하는 것이 올바른 독해라고 생각한다. 그래서 '방탕한 딸'은 다종과의 세속적인 절합과 동맹에 헌신하기 위해, 선심 있게 통이 큰 태도로 아낌없이 협력하는 퇴비들, 크리터들과 동의어라고 할 수 있다. 생물학적인 인간 여성만을 가리키지 않는 이들은 근대인들이 그어 놓은 성/젠더, 남성/여성, 인간/동물, 포식자/먹이, 주인/노예의 경계를 알지 못한다.

해러웨이는 "기회주의적인 사회적 종들은 많이 돌아다니는 경향이 있다. 속박당하지 않은 인간들은 언제나 특별한 생태사회적 기회주의자이고, 여행자이고, 길을 만드는 자였다"라고 말한다[18]. 여기서 '기회주의자'는 자신의 이익을 위해 기회가 있을 때만 앞으로 나서는 인간이 아니라, 자신의 상황을 좋게 하려고 기회를 만들고 이용하는 자를 의미한다. 그래서 세속적 번성을 위해 기회를 잘 만들고 이용하는 방탕한 딸들은 무구하지innocent 않다. 무구하다는 말은 아무 해도 끼치지 않는다, 무해하다는 뜻인데, "서로 사용하는 관계"[19] 속의 크리터들이 어찌 무구할 수 있겠는가.

퇴비는 다종이 함께 만들고, 함께-되는becoming-with 성공적인 '삶'을 이야기함과 동시에 '죽음, 유한성, 필멸성'의 문제를 포함한다. 왜냐하면 남의 살을 먹고, 내 살을 내주는 관계, 죽이고 죽임을 당하는 관계를 포함하기 때문이다. "불평등한 힘의 관계와 이해관계가 (틀림없이) 있고 무구하지도 투명하지도 않은"[20] 안개 낀 세속적인 공생 관계에서, 어떻게 하면 착취가 공생을 깨트리는 문턱을 넘지 않게 만들 것인지, 어떻게 하면 이런 비대칭의 관계성을 제대로 된 관계성으로 만들 것인지가 중요하다. 서로에 대한 응답-능력을 배양하여 영양분이 풍부한 퇴비더미를 만들어서 공통의 삶을 양육하려면, 다음과 같은 공생적(퇴비적) 에토스 3가지가 강조되어야 한다. 에토스ethos란 성격, 성품, 습관, 관습을 의미하는 데 두루 사용되는 고대 그리스어로서, 윤리ethics 또한 에토스에서 유래한다. 윤리가 인간으로서 마땅히 행하거나 지켜야 할 도리라는 의미에서 이성, 규범, 도덕과 친화적인 개념이라면, 에토스는 신체 및 정동affect과 더 친화적인 개념이라고 할 수 있다.

첫째, 받는 대신 주는 것을 더 잘해야 한다. 먹는 대신 먹히는 것을 더 잘해야 한다. "죽이는 대신 죽는 것을 더 잘해야"[21] 한다. 받기, 먹기, 죽이기를 선호하고 강조한 근대 문명의 결과가 인류세의 기후위기이고, 코로나19 팬데믹이기 때문이다. 그래서 '주기, 먹히기, 죽기'와 더불어 우리에게 지금 절실한 것은 다종이 동맹할 때 필수적인 의존성, 취약성, 수동성, 공감, 신뢰, 공유, 관대함, 상냥함, 유순함, 수락, 돌보기, 헌신, 감사, 용서, 사과, 간청, 버티기, 방탕함, 난삽함, 기회주의 등과 같은 기존에 폄훼되었던 여성성이다. 인류세에는 이러한 여성성이 더 많이 필요하므로 신유물론적 포스트휴먼 페미니즘 관점에서 재정의하여 근대 휴머니즘을 넘어설 대안 담론의 중심에 놓아야 한다.

둘째, 인간은 "책임 있게 죽이기", "더 나은 모습으로 죽이기"를 배워야 하며, "받을 수 없는 용서 구하기를 멈추지 말아야 한다"[22]. 왜냐하면 어떤 존재든 다른 존재를 부분이든 전체든 죽여서 먹어야만 생존할 수 있기 때문이다. 동물보다 훨씬 더 강하고 끈질긴 생명력과 감수성, 의사소통 능력을 가진 식물의 고통을 감안하여 물과 공기만으로 살아갈 수는 없는 노릇이다. 인간은 식물이든 동물이든 죽여서 먹어야만 생존할 수 있는 존재이다. 그러므로 공장식 축산업에서 흔히 볼 수 있는 것처럼 먹지도 않을 거면서 죽인다거나, 필요 없는 고통을 유발하면서 끔찍하게 죽인다거나, 당연히 죽여도 마땅한 존재로 여겨서는 안 된다. 우리는 생명 빚짐에 대한 감사와 용서의 마음, 예의를 갖춘 죽임을 에토스로 장착해야 한다.

셋째, "살아가기 위해서 크리터들은 크리터들을 먹지만 어느 쪽도 일부밖에 소화할 수 없다"[23]. 모든 유기체(먹이)는 상당 부분이 소화되지 않은 채로 남은, "일부만 소화된 식사"라고 할 수 있다. "소화불량으로 남은 일부"가 생태계의 얽힌 연관 속에서 공생적 관계를 만든다[24]. 예를 들어 소는 풀을 먹지만 셀룰로오스를 직접 분해하지 못한다. 소의 내장 속 미생물이 이 소화되지 않은 셀룰로오스를 분해한다. 미생물은 이 과정에서 번식하고, 소는 분해된 영양분을 흡수한다. 이처럼 소가 소화하지 못한 부분이 미생물과의 공생 관계를 형성한다. 생태계의 복잡성과 상호작용을 고려할 때, 완전한 소화는 거의 불가능하다. 이는 단순히 생물학적 소화 과정의 한계 때문만이 아니라, 생태계 자체가 불완전한 소화를 기반으로 작동하도록 설계되어 있기 때문이다. 생태계는 완전한 소화보다는 불완전한 순환을 중심으로 작동한다. 동물이 배설한 분변은 분해자(박테리아, 곰팡이 등)의 먹이가 되고, 이 과정에서 생성된 영양분은 식물이 흡수하여 다시 생태계로 돌아간다. 즉, 한 생물이 소화하지 못한 잔여물은 다른 생물의 먹이 또는 자원이 된다. 진화적으로도 완전한 소화는 필요하지 않다. 오히려 불완전한 소화가 다양한 생물군 사이의 상호작용을 가능하게 하고, 이는 생태계의 복잡성과 안정성을 높이는 데 기여한다. 각자의 소화 불량이 다른 존재들에게 새로운 가능성을 열어주는 방식으로 작동한다. 그러므로 소화불량, 소화에서의 구멍은 필수적이며, 이 구멍과 틈이 영양분이 풍부한 생태계를 만들며, 포식자와 먹이 관계를 전혀 다르게 변환시킬 여지를 만든다. 생태계는 먹고 먹히는 공생체(퇴비더미)이다. 포식 관계 또한 일종의 동맹 관계이며 공생 관계 중 하나라고 할 수 있다. 관건은 구멍과 틈이 거의 없는 착취적인 포식이, 동맹을 깨트리는 문턱을 넘어 관계들을 손상시키거나 절단하는, 영양분이 고갈된, 즉 공동의 생명(삶)을 양육할 수 없는 퇴비더미인가 아닌가이다.

해러웨이는 위와 같은 윤리-존재-인식-론, 즉 퇴비주의가 대규모 죽음과 멸종으로 긴급한 이 시대에 지금 우리에게 필요하다고 본다. 멸종 위기의 다종은 영양분이 풍부한 뜨거운 퇴비더미 속에서 예기치 않게 협력하면서 서로가 절실히 필요하다.

◆ 방탕한 딸의 상업적 여정과
이례적인 생태적 삶

　이상에서 설명한 신유물론적 포스트휴먼 페미니즘 관점에서, 애트우드가 매드아담 3부작을 통해 다종과 방탕하고 난잡하고 기회주의적으로 협력하는 공생적 에토스를 가진 새로운 인간상을 제시하고 있음을 살펴보자.
　오릭스Oryx의 고향 마을, 동남아 오지로 추정되는 지역의 사람들은 기후위기로 생존이 갈수록 불가능해진 반면, 아이들이 많다. 아버지가 죽은 후, 어머니는 생계를 꾸려가기 위해 공동체의 관습대로 어린 오릭스를 판다. 팔린 후 소식을 전해오거나 돌아온 아이들은 없었으므로 이 '판매'는 사실상 '죽임'과 동의어이다. 이후 오릭스는 남성 포식자들의 생명자본으로 유통되어 상업적 여정에 들어선다.
　작금의 인류세 현실 속에서 흔히 접하는, 남성 포식자들의 여성아동 성착취라는 이 잔혹하고 거대한 네트워크는 우리를 언제나 분노하게 만든다. 그러나 분노해봐야 생각할 수 있는 것은 아무것도 없다. 이 되풀이되는 역사의 근원적 트라우마를 마주하여, 우리는 충분히 남성 포식자들에게 절망하고 분노하면서 설득하고 비판하지만, 이 네트워크는 더 치밀해지고 강고해지면서 더 많은 여성과 아이들을 옭아매 잡아먹고 있을 뿐이다. 어떻게 하면 이 네트워크를 내파할 수 있을까? 차라리 그들을 주적主敵이 아니라 친구로 만들어버리면 어떨까? 해러웨이식으로 이야기하자면, 주된 행위자를 자본주의, 인간, 남성이라는 "너무나 큰 이야기들 속의 너무나 큰 플레이어들에게만 국한하면"[25], 냉소주의와 패배주의에 가담하기 쉽다. 그는 "강력한 연대를 통한 함께 살기와 함께 죽기는 인간과 자본의 명령에 대한 치열한 대응일 수 있다"라고 본다[26]. 그렇다면 극한의 착취 관계 속에서 차라리 남성 포식자와 연대하여 그들의 착취(먹기)에 구멍(틈)을 만들어, 기존의 착취적인 포식자-먹이 관계를 우호적인 협력 관계로 돌려세우는 건 어떨까?

오릭스는 주인이자 포식자이자 적인 남성을 친구로, 반려로 만들어 공존·공생한다. 그녀의 여정을 따라가 보자. 오릭스는 화폐 가치를 지닌 존재가 되어 남성들의 성착취 네트워크에서 유통된다. 그녀의 화폐 가치를 이용해 이익을 챙기려는 사람들이 음식을 주고 해를 입지 않게 보호해준다. 그녀는 영화를 만드는 남자에게 팔려 세계적인 아동 포르노 사이트에서 포르노를 찍는다. 카메라

맨인 백인 남자 잭Jack은 "엄청나게 많은 고기를 먹어치우는" "체취가 강한" "육식주의자"로서 포식자를 상징한다.[27] 그는 어린 오릭스를 성적으로 탐한 후에는 "슬퍼하며 미안하다고 말한다"(OC 173). 슬퍼하고 미안해하는 그의 죄책감은 포식과 착취의 틈새, 구멍, 소화불량을 나타내는 것이라고 할 수 있다. 그녀는 이 소화에서의 구멍, 소화불량을 이용해 대신 그로부터 영어를 배운다. "상냥함과 뭐든 수락하는 태도"로 신뢰를 얻고, 자신의 필요와 욕망을 주장하면서 남성의 욕망과 "거래"한다(OC 174). 불평등한 권력 관계에 구멍을 내어 글을 깨우치는 것은 대단한 성과라고 할 수 있다. 그녀는 과도한 착취 관계를 견딜만한 포식 관계로 돌려세운다. 포식자-먹이 관계를 협력 관계로 전환시킨다. 오릭스와 잭 같은 "크리터들은 테라폴리스terrapolis라고 불리는 n-차원의 틈새 공간에 산다"[28]고 할 수 있다. 테라폴리스란 땅, 지구를 의미하는 'terra'와 정치체를 의미하는 'polis'를 합성한 말로, 크리터들이 얽혀 있는 정치 지대를 의미한다. 오릭스는 소화불량이 만든 틈새 공간에서 적을 친구로 만드는 세속적인 기예를 발휘하는 꾀바른 퇴비라고 할 수 있다.

이제 오릭스는 자신의 포르노를 보고 찾아온 부유한 남성 약사에게 팔려 함께 비행기를 타고 샌프란시스코로 간다. 그녀는 차고에 감금된 채 발각되어 뉴스에 등장한다. 그러나 인터뷰에서 주인 남자에 대해 부정적인 말은 한마디도 하지 않고 오히려 전보다 생활이 더 나았다면서 항상 감사할 것이라며 변호해준다. 남자는 무죄로 석방되었고, 오릭스를 즉시 학교에 보내라는 명령을 받는다. 그녀는 유아심리학을 공부하고 싶다고 말했고, 남자가 매우 고마워하면서 학비를 대어 그녀를 공부를 시켰음이 암시된다. 이후 그녀는 왓슨크릭 대학의 학생편의국을 통해 유전공학을 전공하는 대학원생 크레이크Crake와 계약해 성적 서비스를 제공한다. 그리고 크레이크가 만든 GMO 인간인 크레이커들Crakers에게 "식물학과 동물학"을 가르치는 선생님이 된다(OC 371). 그녀는 많은 급료와 특전을 받았을뿐만 아니라 자신의 전공과 적성에 맞아 헌신적으로 일한다. 이전까지의 그녀의 상업적 여정이 자의가 아니었다면, 크레이커들을 가르치는 선생님 역할은 자신의 호기심과 판단에 따라 내려진 결정이라고 할 수 있다.

크레이커들이라는 의외의 반려종을 조우하는 퇴비더미에 가차 없이 뛰어든 오릭스는, 백지 상태의 그들에게 "무엇을 먹지 않을지, 무엇이 그들을 물어뜯는지, 무엇을 해치지 말아야 하는지"에 관해 가르친다(OC 371). 크레이커들은 자신들을 헌신적으로 돌보는 그녀를 전폭적으로 신뢰하게 된다. 그녀는 그들에게 다종과 협력할 때 꼭 필요한 "관대함", "자진해서 돕고자 하는 마음", "신뢰" 등과 같은 생태적인 씨잇(에토스)을 뿌린다(OC 197). 이후 크레이커들은 그녀의 생태적인 가르침에 따라 팬데믹 이후의 폐허에서 멸종 직전의 인간들을 돕기 위해 애쓴다. 오릭스가 뿌린 씨앗들은 크레이커들과 협력하는 생존자들에게 이식되어, 취약한 다종과 함께 난잡하게 돌보고 협력하면서 공생하게 만든다. 이것은 독일에서 돌봄 혁명을 주도했던 단체 '더 케어 컬렉티브the care collective'가 이야기하는 돌봄의 에토스와 같은 것으로, 그들은 『돌봄 선언: 상호의존의 정치학』에서 "인간, 비인간을 막론하고 모든 생명체 간에 이루어지는 모든 형태의 돌봄이 필요와 지속가능성에 따라 공평하게 그 가치를 인정받고 사용되어야 한다. 이것을 우리는 난잡한 돌봄의 윤리라고 부른다"라고 말한다[29]. 이제 오릭스는 자신을 사모하는 지미Jimmy를 유혹하여 즐기기 위한 상대로 삼는다(OC 376). 자신의 성적 욕망을 숨기지 않고 드러내고, 이를 향유할 줄 아는 그녀는 단지 고통 받는 수동적인 피해자, 성노예로만 남지 않는다.

오릭스가 판단하기에 천재 유전공학자인 크레이크는 매우 똑똑해서 세계의 "문제점"을 발견했는데, 그것은 "세상은 사람들이 너무 많기 때문에 사람들을 나빠지게 만든다"라는 것이다(OC 386). 자신은 삶을 통해 그것을 알고 있으며 그가 옳다고 생각한다. 그래서 크레이크가 만든, 사람들을 불임으로 만드는 환희이상 blysspluss 알약을 세계 곳곳에 배포하여 더 적은 인구를 만들기 위해 "판매 전문가"가 되어 헌신적으로 일한다(OC 377). 크레이크가 알약 속에 인류를 절멸시킬 팬데믹 바이러스를 넣은 것을 전혀 몰랐던 그녀는, 자신의 일이 세계를 더 나아지게 만드는 일이며, "사람들을 돕는 것"이라고만 여겼었다(OC 389). 인구과잉이라는 트러블을 해결하기 위해 절멸까지도 대안일 수 있다고 여긴 크레이크의 기술맹신적 '미래주의'에 속아 이용된 것이다.[30] 팬데믹이 발발하자 크레이크는 바이러스에 감염되었을 오릭스의 고통을 덜어준다는 명목으로 살해하고, 타인에 대한 "공감"empathy이 없는 자신 또한 팬데믹 이후의 세상에서 크레이커들을 돌볼 수 없다고 생각하여(OC 385), 지미로 하여금 자신에게 총을 쏘게 하여 "조력 자살"assisted suicide한다(OC 409). 결국 일종의 "순장"suttee이자 페미사이드femicide에 의해 오릭스의 상업적 여정과 이례적인 생태적 삶은 마감한다(OC 385).

가부장적인 신자유주의적 자본주의가 만든, 생명자본과 생명정치의 복잡한 포획장치 속에서도 버티고 살아남았던 오릭스는 모든 종류의 예기치 않은 언제나 위험한 시공간 속을 여행하면서 적응하고 번창했다. 오릭스는 자신이 넘겨받은 요청하지도 않은 실뜨기 패턴, 즉 되풀이되는 역사의 근원적 트라우마인 여성아동 성착취에 직면해서도, 그것을 팽겨쳐버리지 않고 손에 걸고 견디면서 유지했었다. 어린 그녀는 상상 이상의 육체·정신적 학대와 착취를 경험했을 것이고, 그 고통을 견디는 것, 트러블과 함께하는 것은 아마도 자살보다 더 어려운 일이었을 것이다. 그녀는 견디고 버티는 것 또한 일종의 능동적 활동임을 잘 보여준다.

약자인 그녀는 마치 식물처럼 먹히면서 견디는 방식(피식, 被食)으로 살아갈 수밖에 없다. 그래서 그녀는 오히려 선심 있게 동이 큰 태도로 아낌없이 자신을 이용하고 먹으라고 내어준다. 그리고 그녀의 '상냥함과 뭐든 수락하는 태도', 감사, 관대함, 신뢰, 공감, 헌신, 돌봄에 무장해제된 포식자 남성들이 자신을 돕도록 협상하고 거래한다. 자신을 돌보지 않고 착취만 하려는 남성들을 돌려세워자의건 타의건 자신을 돌보도록 만든다. 자신을 더 나아지게 할 기회를 놓치지 않는 이 기회주의적인 방탕한 딸은 주인-노예, 포식자-먹이 관계에서 소화에 구멍을 내어 적마저 친구로 만들어버리는 공존과 공생의 낯선 길을 연다. 공생 관계에서는 의도가 선한가 악한가는 아무런 의미가 없다. 코로나19 바이러스와 인류의 작금의 공생이 악한지 선한지 묻는 것은 의미가 없다. 이기적, 이타적 구분도 마찬가지이다. 생태계는 먹고 먹히는 공생체(퇴비더미)이다. 포식 관계 또한 일종의 동맹 관계이며 공생 관계 중 하나라고 할 수 있다. 관건은 착취적인 포식이 동맹을 깨트리는 문턱을 넘어 관계들이 손상되고 끊어져 영양분이 고갈된, 공통의 생명(삶)을 양육할 수 없는 퇴비더미인가가 아닌가이다.

 방탕하고 기회주의적인 오릭스는 자신의 생존과 번성은 물론 세계를 변혁하기 위해 헌신적으로 일하는, 세속적인 기예를 배운 꾀바르고 재기 넘치는 퇴비라고 할 수 있다. 지능을 간단히 '삶이 제기하는 생존과 관련된 문제를 해결할 수 있는 능력'이라고 정의한다면, 가난한 나라의 배우지 못한 어린 오릭스는 단지 지능을 갖는 정도가 아니라 엄청나게 영리하다고 볼 수 있다. 그녀는 피식을 통해서도 생존하는 세속적인 지식과 지혜와 강인함을 지닌 방탕하고 기회주의적인 딸이다. 오릭스의 애인인 지미는 오릭스 같은 소녀들은 보기보다 강하며 "비정한 지혜"를 가지고 있다고 놀란다(OC 316).

 오릭스의 이러한 식물적이고 퇴비적인 공생적 에토스가 뿜어내는 "순수, 경멸, 이해"(OC 309)가 뒤섞인 모습은 동일자이자 포식자인 지미로 하여금 마치 절벽 끝에 선 듯 아래로 떨어질 것 같은 어지럼증을 느끼게 만든다. 여성을 악랄하게 착취하는 가부장적 자본주의 세상의 끝에서, 백인남성성인의 자기동일성이 "위태롭게"(OC 309) 전복되고 와해되는 순간이라고 할 수 있다. 오릭스는 자신을 타자로 낙인 찍은 남성 동일자와 공생하여 그를 변형시킨다. 이것은 주체/객체, 포식자/먹이, 주인/노예, 남성/여성의 관계가 전혀 다르게 재구성되면서, 그 속에서 새롭게 공동생성되는(함께-되는) 새로운 존재들을 잘 보여준다. 이것을 필자는 포식(공생)관계에 기반을 둔 타자의 정치학, 여성의 정치학, 방탕한 딸들의 정치학, 퇴비들의 정치학, 신유물론적 포스트휴먼 페미니즘으로 본다.

그녀의 상업적 여정에서 실로 많은 아동이 오릭스보다 더 열악한 상황과 처우 속에서 죽어나갔음이 암시된다. 오릭스가 그나마 살아남아 폐허에 생태적 씨앗을 뿌릴 수 있었던 것은 아이러니하지만 남성들이 보여준 아주 약간의 소화불량, 마지못한 작은 선의, 아주 조금의 관심 덕분이었다. 이것은 오릭스의 '상냥함과 뭐든 수락하는 태도,' 의존성과 취약성, 수동성, 공감, 감사, 관대함과 용서, 신뢰와 헌신, 돌봄, 견디기와 버티기, 빙당함과 기회주의가 씨앗을 품을 수 있는 남성 포식자의 아주 약간의 굴곡, 구멍, 틈들에서 "내부-작용"intra-action하여 함께-되기의, 상호유도의 "함께-세계 만들기"worlding-with, 반려종 이야기를 제안했기 때문이다[31]. '내부-작용'이란 얽혀있는 행위주체들의 상호구성을 의미하는, 신유물로자인 캐런 바라드Karen Barad의 신조어로서, 기존의 상호작용interaction이 상호작용에 앞서서 존재하는 개별적으로 분리된 행위주체들을 가정한다면, 이 신조어는 별개의 행위주체들이 전제되지 않고 오히려 내부-작용을 통해 창발한다고 인식한다[32]. 결국 큰 차이를 만드는 약간의 소화불량, 작은 선의, 아주 조금의 관심이 매우 중요하다. 신과 악마는 디테일에 있다.

명백한 실패에도 계속되면서 다종을 멸종시키고 있는 근대 휴머니즘에, 가부장적인 신자유주의적 자본주의에 어떻게 저항해야 할까?' 이제 기존에 폄훼되었던 여성성을 재정의하고, 이것을 페미니즘의 중심에 놓으면서 근대 휴머니즘의 패러다임을 전환할 필요가 있다. 콜롬비아계 미국인 인류학자인 아르투로 에스코바르Arturo Escobar가 현재의 국면에서 "가장 어려운 부분은 [...] 동화하고 파괴하려는 의지를 가진 세계까지도 포함해야 한다는 사실이다"[33]라고 진단할 때, 오릭스는 여성을 동화하고 파괴하려는 남성 동일자를 적에서 반려로 변환시키는 가장 어려운 일을 해낸 것으로 보인다. 남성들이 여성 오릭스를 이용하고 사용하는 한, 오릭스에 의해 남성들도 사용된다. 남성은 여성과 관계 맺음으로써 존재한다. 오릭스와 남성들의 서로에 대한 요구는 "대칭"(동등하거나 계산가능하거나)이지만, "요구의 내용은 전혀 대칭이 아니다"[34]. 아마도 여성과 동반하는 남성 기득권자들의 특권은 "이 비대칭의 관계성을 어떻게 제대로 된 관계성으로 만들 것인가에 달려있을" 것이다[35]. 이것은 물론 페미니즘의 과업이기도 하다.

이러한 주장은 성매매, 여성 성착취를 기정사실화하자는 반동적 주장이 아니다. 지속적이고 추가적인 착취에 대한 변명을 제공하는 것이 아니라, 일종의 협력적 생존을 보여줌이다. 가부장적인 신자유주의적 자본주의가 야기한 인류세의 폐허에서 일구는 삶의 가능성에 대한 세속적인 이야기라고 할 수 있다. 잔혹한 글로벌 성매매 네트워크가 점점 더 강고해져가는 작금의 상황에서, 지금과는 다른 삶형태를 모색하는 세속적인 지혜로운 정치투쟁일 수 있다. 오릭스와 남성들의 이야기는 비대칭적인 권력 관계에 놓인 자들의 협력적 생존에 관한 아주 다른 이야기, 공생 가능성에 관한 세속적인 이야기의 단초를 연다. 하지만 여전히 낯설고 불확실해서 두려운 이야기이기도 하다. 그러나 우리에겐 지금까지 하던 대로의 방식이 아닌, 전복적인 상상력이 필요하다.

◆ 쑬루세:
다종의 난잡한 공생

 이제 퇴비로서의 여성의 삶을 남성을 포함한 비인간 다종과의 관계로 확장해보자. 팬데믹 이후, 최악의 감옥인 "고통공 경기장"Painball Arena에 갇혀 전염병을 피한 극악무도한 남성 죄수들Painballers 3명이 풀려난다.36) 위험하고 악의적인 인류를 대표하는 이들은 극악무도한 최상위 포식자로서, 약하고 힘없는 여성들과 동물들을 먹잇감으로 삼는다. 이들은 남의 몸을 먹기만 할 뿐, 피식자를 전혀 돌보지 않으며, 자신의 살을 내줄 생각은 조금도 없다. 자신보다 약한 모든 것을 죽여 마땅한 먹잇감으로 환원하기 때문이다. 공통의 삶을 지속시키고 양육하는 직조자가 아니라, 접촉한 모든 크리터들을 파괴하고 숨통을 끊어 연결된 매듭을 풀어버리는 파괴자, 다종 공동체의 적이라고 할 수 있다. 이들은 다종을 부양하는 영양분이 많은 퇴비더미를 영양실조로 만들어 손상시킨다. 그들은 배고프지 않아도 죽이고, 불경스럽게 잔인하게 죽이고, 먹을 때도 전혀 감사해하지 않는다. 책임 있게 죽이기와 죽임을 당하기를 모르며, 받을 수 있는 용서조차 구하지 않는다. 쑬루세Chthulucene의 퇴비가 아니라 홀로세Holocene의 인간중심적인 근대적 인간으로 남고자 하는 자들이다. 쑬루세란 해러웨이가 만든 신조어로서, 그는 위태로운 이 시대를 인간Anthropos이라는 단어로 명명하는 것은 너무나 주제넘고, 편협하다면서, 땅속의 많은 친척을 아우르는 단어인 'chthonic'을 사용하여 인류세와 자본세 대신 쑬루세Chthulucene라고 새롭게 명명한다37). "쑬루세는 공-지하적인 symchthonic 것들, 공생발생적이고 공동생성적인 지상의 것들의 시공간이다"38).

극악무도한 남성 죄수 2명이 아만다Amanda를 납치하여 강간하고, 총이나 고기 등과 교환하기 위해 그녀의 목에 올가미를 씌워서 개처럼 끌고 다닌다. 이들은 팬데믹으로 폐허가 된 세상의 끝인 해안가에서 모닥불을 피워 사냥한 GMO 동물인 너구컹크rakunk를 구워 먹으면서, 서로의 고기 조각을 아만다에게 나눠주라며 다툰다. 왜냐하면 아만다가 죽으면 그들의 다음 타깃인 크레이커 여성들과 교환을 시도할 수 없기 때문이다.

한편 렌Ren과 토비Toby는 아만다를 구하기 위해 죄수들을 쫓는 자신들의 위험한 여정이 "사과, 감사, 용서"the Apology, the Gratitude, the Forgiveness로 충만하기를 기원한다(YF 74). 추적 중에 죄수들의 위 식사 장면을 목격한 토비는 죄수들에게 몰래 총을 겨눈다. 바로 그

때 숲속에서 지미가 불쑥 나타난다. 홀로 크레이커들을 돌보던 그는 굶고 병들어서 죽어가는 중인데, 자신을 도와줄 인간과 관계 맺기 위해 연기를 보고 찾아온 것이다. 그는 죄수들의 정체를 모른 채, 적일지 친구일지 몹시 두려워하면서도 실패를 결심하고 이 퇴비더미 안으로 뛰어든 것이다. 토비는 이 틈을 타 죄수들을 가까스로 제압하고 아만다를 구출한다. 렌과 아만다가 죄수들을 나무에 꽁꽁 묶는다. 이제 포식자와 먹이의 관계가 역전된다.

 토비는 죄수들이 먹다 남긴 너구컹크 뼈로 수프를 끓인다. 먹다 남겨진, 즉 일부만 소화된 너구컹크가 크리터들의 얽힌 연관 속에서 공생적 관계를 만들고 있음을 나타낸다. 토비는 자신이 죽인 것이 아니지만 너구컹크에게 사과하고 받을 수 없는 용서를 빈다. 그는 모두의 총을 수거해 한쪽으로 치우고 모닥불에 둘러앉은 사람들은 물론 죄수들에게도 호의를 베풀어, 영양가 있는 뼈 수프를 듬뿍듬뿍 나눠준다. 가까스로 구출된 아만다는 죄수들에 의해 누더기가 된 몸으로 상처 입은 자신의 모습에 절망하여 '다 끝났다', 살 '의미가 없다'라고 넋두리하며 운다. 토비는 "우린 아직 끝나지 않았다"면서 이렇게 살아있으니 괜찮다며(YF 515), 과거의 나빴던 순간들은 모두 잊고 주어진 음식에 감사하자고 위로한다. 렌 또한 전 남자친구인 지미가 과거에 자신의 마음에 큰 상처를 주었지만, "아직 살아 있어서 기쁘다"라며 용서하고 진정한 행복감을 느낀다(YF 516). 분노와 긴장과 살육의 퇴비더미, 먹기만 하던 살벌한 약육강식의 퇴비더미는 이제 토비와 렌에 의해 음식을 나누고, 사과하고, 용서하고, 위로하는 축제 분위기로 전환되어 모두가 살아 있음을 감사하면서, 미소와 생기와 활기가 피어오르는 영양분이 많은 퇴비더미가 된다.

 이 식사 장면은 다종이 뒤얽힌 공생체, 즉 죽이기와 살리기, 먹고 먹히기와 소화불량 등이 뒤얽힌 퇴비더미, 테라폴리스를 상징한다. 너구컹크는 죄수들에게 먹히고, 먹다 남긴(소화불량) 뼈를 여성들이 먹고, 죄수들은 아만다를 먹다 실패하고 다시 여성들의 먹잇감이 되는 공생적 얽힘을 보여준다. 이들 모두가 식탁에 함께 올라 먹고 먹히는, 죽이고 죽임을 당하는 퇴비들임을 나타낸다. 세상은 퇴비더미이고, 퇴비로서의 인간은 이 퇴비더미에 가차 없이 뛰어들어 퇴비들 사이에서 일어나는 "신진대사 변형"[39]에 참여하는 존재임을 잘 보여준다. 이처럼 인간은 퇴비이자 크리터로서 다른 크리터들과 퇴비를 만든다. 그래서 우리는 예외적인 근대적 인간이 아니라 함께 식탁에서 먹고 먹히는 식사 동료인 반려종들과 공생적 얽힘 속에서 공동생성 중인 퇴비임을 잊지 말아야 한다.

 이러한 만찬 분위기와 더불어 음악소리가 들리면서, 횃불을 든 수많은 크레이커들이 이 퇴비더미에 합류하기 위해 굽이져 다가온다. 퇴비더미는 섭식의 장소이지, 다종 간의 우언히고 난잡한 생식의 장소이기도 하다. 크레이커 남성들은 인간 여성들과의 첫 조우에서 여성들이 발산하는 생식 호르몬에 본능적으로 반응하여 짝짓기를 위해 꽃을 주고 이것을 얼떨결에 받아버린 여성들과 성교하여 임신시킨다. 아만다와 크레이커 남성들의 "뒤엉킨 육체들"⁴⁰⁾ 한가운데로, 아만다를 구하기 위해 렌이 몸을 날리고, 렌마저 순식간에 몸뚱이들 속으로 빨려 들어간다. 처음으로 조우하는 이종 간의 중대한 "문화적 오해"(MA 13)로 인해 생식적 사건이 매우 우연하고 예측불가능하게 발생한다. 영국의 생물인류학자이자 해부학자인 앨리스 로버츠Alice Roberts는 반려종들의 "관계의 초기 역사는 충격적일 정도로 무계획적"이라고 말한다⁴¹⁾. 퇴비더미 속에서의 이종 간의 이 기이한 생식적 사건을 통해, 아이러니하게도 인류는 멸종을 간신히 피하게 된다. 인류는 세상의 끝에서 다종과의 난잡한 공생적 얽힘 속에서 부활의 기회를 우연하게 얻게 된다. 여성들은 다종과의 난잡한 공생, 공동생성을 통해 생태적인 지속가능성을 획득한다. 이것은 젭Zeb 등의 매드아담들MaddAddam이 지도자인 아담1Adam One을 찾아 순혈주의적이고 자족적인 '자기생산'을 통해 인류의 재건을 꿈꾸지만 실패한 것과 병치·대조되면서 여성들과 다종의 난잡한 공생, '공동생성'이 팬데믹 폐허에서 생존하고 번성할 유일한 가능성임을 강조한다.

 한편 순진한 크레이커들은 밧줄로 묶인 죄수들이 아프다고 신음소리를 내자 속아서 매듭을 풀어주고 이들은 총을 가지고 달아난다. 인간들은 다시 위험에 처하게 된다. 소화의 실패 속에서 포식자-먹이 관계는 다시 역전된다. 토비는 망설이거나 유보하지 말고 죄수들을 신속하고 책임 있게 죽였어야 했는데, 그 결정과 수행을 지도자로서의 젭에게 무의식적으로 미룬 것을 거의 범죄나 다름없는 태만이었다고 몹시 자책한다. 그런데 토비의 자책은 정당한 것일까? 아니면 과도한 것일까? 토비가 죄수들을 책임 있게 죽이지 못함으로써 다종이 다시 위기에 처하게 되었으므로 자책은 표면적으로는 정당한 것으로 보인다. 그러나 다음의 두 가지 이유에서 비판받을 만한 과도한 것으로 평가할 수도 있다.

첫째, 퇴비는 "실수란 실수는 죄다 해도" 괜찮은 장소이다[42]. "퇴비주의는 파괴와 빈곤에 맞서, 치유와 재건을 시도할 때 서투르거나, 잘못하거나, 실패하는 것은 다반사여서 괜찮다고 말하면서"[43] 우리를 안심시킨다. 이에 따르면 토비의 과도한 자책은 퇴비의 자질이 아니다. 인간 예외주의적인 잔향을 나타낸다.

둘째, 제인 베넷Jane Bennett의 "어셈블리지의 행위능력"the agency of assemblages 개념에 따르면, "행위의 앙상블적 성질 그리고 인간과 사물의 상호연결"이 중요하므로 "개인들이 결과에 대한 전체 책임을 질 수 없다"[44]. 죄수들이 풀려난 것은 퇴비더미라는 어셈블리지(네트워크)에서 인간-비인간 행위자들의 '내부-작용'에 의해 만들어진 '어셈블리지의 행위능력'의 결과물이다. 이에 따르면 책임은 네트워크에 관련된 행위자들에게 분산되므로, 토비를 유일한 행위자라고 말할 수 없다. 그에게 가장 강하고 징벌적인 책임을 묻기는 힘들다. 필요 이상으로 자신을 비난하는 데 집착하는 토비의 태도는 남성 지도자가 전도된 "대모"godmother로서의 자율성과 강한 책임을 갈구하는 것으로서(MA 11), 자칫 자신의 개인적 복수를 정당화하고 폭력을 이용할 빌미를 줄 수 있다. 만약 토비가 후회하는 것처럼 그날 밤 인정사정없이 "죄수들의 머리통을 돌덩이로 후려

치고 칼로 목을 베어버렸다면"(MA 14), 죄수였던 블랑코Blanco의 성노리개로 죽을 뻔한 자신을 위한 복수를 정당화하면서, 이후 인간들이 GMO 돼지들(Pigoons)과 동맹을 맺을 기회도, 공동체 구성원 모두가 죄수들을 책임 있게 죽이는 것을 배울 기회도, 공식 재판을 거쳐 죄수들을 더 나은 모습으로 죽일 기회도 빼앗는 폭력과 불의가 되지 않았을까?

 팬데믹으로 폐허가 된 세상의 끝인 해안가에서의 이 다종의 식사 장면은, 매드아담 3부작 전체를 관통하면서, 인간은 다른 크리터 행위자들과 다 함께 식탁에 올라 먹고 먹히는 식사 동료, 공생적으로 얽혀 있는 퇴비이며, 위기에 처한 "지구생활자들"terrestres의 공통의 삶을 양육하기 위해서는[45], 이 퇴비더미에 실패를 두려워하지 말고 가차 없이 뛰어들어 잘 먹고 먹히고, 잘 죽이고 죽어서 영양이 풍부한 퇴비더미를 만들어야 함을 사변적으로 우화화하는 대표적인 장면이라고 할 수 있다.

✦ 인간 퇴비화와 생명의 순환: 다종 퇴비 공동체

인류 문명이 몰락하여 다종이 거주불가능한 지구행성에서 생존자들과 렌은 "이런 세상으로 누가 아기를 데려오겠는가"라고 한탄한다(MA 157). 그런데 아만다가 임신하게 되고, 그녀는 자신을 강간하고 학대한 잔혹한 죄수들의 아이라고 짐작하며 죽고 싶어 한다. 렌 또한 임신했는데, 괴물로 여기는 크레이커들의 자식일 공산이 크다. 그녀는 "괴물 아기들"Frankenbabies 중 하나가 뱃속에서 자라고 있을지 모른다며 괴로워한다(MA 216). 안전하게 낙태시킬 방법이 없으므로 실로 난감하고 절망스러운 상황이다. 토비는 크레이커 태아는 빨리 자라므로 순탄하게 나올 수 없거나, "혈액형 부적합 현상"으로 산모들이 죽을지도 모른다고 몹시 걱정한다(MA 218). 그러나 그저 기다리는 수밖에, 지켜보는 수밖에, 할 수 있는 일이 하나도 없다(MA 219).

"무엇이든 할 투지를 가진"(MA 219) 토비는 이 절망 속에서 어떻게든 뭐든 시도해보려는 퇴비의 근성을 발휘한다. 그녀는 죽은 필라Pilia를 묻고 딱총나무를 심은 "퇴비화"composting 장소로 가서, "고강도 명상"을 통해 죽고 없는 사람인 필라와 접속하여 렌과 아만다의 출산 문제를 "상담"하길 원한다(MA 219). 아무 소리도 듣지 못할지언정 그걸 꼭 해야만 한다고 주장한다. 실로시빈(멕시코산 버섯에서 얻어지는 환각유발물질) 물약을 복용한 토비는, 필라를 퇴비화한 공원으로 간다. 가는 길에 보이는 도로와 건물들은 이제 잡초가 발휘하는 엄청난 힘 때문에 부스러지고 있고, 그 돌조각을 땅이 삼키고 있다. 토비는 이제 "모든 것이 소화하고, 소화될 것이며" Everything digests, and is digested, 그것은 힘을 북돋는 일이며 축하할 일이라고 생각한다(MA 221). 퇴비화가 이루어져야 몰락한 문명의 잔재들이 소화된 후, 새로운 생명과 삶과 문명이 탄생할 수 있기 때문이다. 퇴비화가 없다면 생명은 순환하지 않을 것이며, 세상엔 죽음만이 있을 것이다.

필라의 무덤 위에 심은 딱총나무는 많이 자라, 이제 "나무에는 흰색 꽃이 풍성하게 매달려 있고 달콤함이 대기를 가득 채우고 있다. 그 나무를 둘러싸고 흔들림이 느껴지는데 꿀벌들, 땅벌들, 크고 작은 나비들이 날아다닌다"(MA 222). 필라의 육신이 퇴비화되어 그 생명이 나무와 꽃과 벌과 나비의 생명으로 이어져 다종의 삶을 양육하고 있음을 나타낸다. 딱총나무 앞에 무릎을 꿇은 토비는 꽃들을 응시하면서 필라를 생각한다. 그리고 "당신이 여기에 있다는 걸 난 알아요. 새로운 몸으로 변해서요. 난 당신의 도움이 절실해요." "아만다. 그 아이가 죽을까요? 뱃속의 아이가 그녀를 죽게 만들까요? 난 어떻게 해야 하죠?"(MA 222)라며 도움을 간청한다. 아무런 반응이 없지만, 그녀는 어쩔 수 없이 도움을 "요청"할 수밖에 없다(MA 223). 아만다와 렌이 무사히 출산하도록 돕는 것이 절실하기 때문이다. 토비가 염원하는 것은 매드아담들이 바라는 인류 재건이 아니라, 산모들의 생존 여부이다. 바로 그때 거대한 GMO 암퇘지가 검붉은 딱총나무 열매와도 같은 눈을 가진 새끼돼지 다섯 마리와 함께 나타나 제자리에 꼼짝 않고 서서 토비를 정면으로 바라본다. "엄청난 힘"이 느껴진다. "생명, 생명, 생명, 생명, 생명. 지금 이 순간 가득 차 터질 것만 같다. 1초. 천 분의 1초. 천 년. 영겁永劫"Life, life, life, life, life. Full to bursting, this minute. Second. Millisecond. Millennium. Eon. 이제 토비는 "비전"vision을 갖게 되었다고 생각한다 (MA 223).

토비가 갖게 된 비전이란 무엇일까? 지구 위의 모든 크리터들과 공존하고 소통하려는 인간에게만 보이는 것이 아닐까? GMO 돼지, 인간, 죽은 필라의 영혼, 딱총나무, 벌들, 나비들 사이의, 즉 인간과 비인간 사이의 비재현적 소통을 보여주는 대목이라고 할 수 있다. 플럼우드는 "우리의 생명을 지탱하는 요소들을 인식하는 일종의 소통 능력을 영성spirituality으로 정의하면서" "유물론적 영성" Materialist spirituality 개념을 제안하는데, 토비의 소통 능력은 바로 이 '유물론적 영성'이라고 할 수 있다[46]. 토비는 크레이커들에게 "필라는 딱총나무 덤불에서 살면서 벌들을 통해 우리에게 이야기를 해주고 있다. 그녀는 한때 늙은 여자의 모습을 지녔었다"라고 설명한다(MA 257)

개체로서의 삶은 생명이라는 큰 강 위에 떠있는 조각배인지도 모른다. 인간도, GMO 돼지도, 벌과 나비도, 딱총나무도, 우리는 모두 생명이라는 저 아득히 먼 영겁의 강을 함께 흘러가는 반려종들이다. 생명이라는 현상은 모든 개체가 공통으로 갖는 기반이다. 플럼우드는 다음과 같이 말한다.

> 이처럼, 지구 공동체 모델에서 생명은 책과 같지만 당신이 소유하거나 살 수 있는 종류의 책은 아니다. 그것은 도서관의 책에 훨씬 더 가깝다. 당신은 그것을 소유하지 않는다. 그것은 지구 공동체 순환 도서관에서 빌린 것이다. 도서관 책처럼 당신은 이것을 한동안만 가질 수 있을 뿐이고, 이 규칙에 예외는 없다. 도서관의 책처럼, 당신이 아직 다 읽거나 쓰지 않았더라도 다른 대출자에 의해 즉시 회수될 수 있다![47]

필라의 죽음은 빌린 생명의 반납이며, 필라의 반납된 생명은 다른 대출자인 GMO 돼지 새끼들, 딱총나무, 벌과 나비 등 다른 종들로 단절되지 않고 이어진다. 생명의 순환이라고 할 수 있다. 퇴비화는 생명의 순환, 재생, 부활을 의미한다. 토비가 느낀 엄청난 힘은 활기차게 타오르는 생명 불꽃의 힘, 땅(퇴비)의 힘이라고 할 수 있다.

아만다와 렌은 토비의 도움으로 무사히 크레이커 혼혈 아기를 낳는다. 로티스 블루Lotis Blue는 인간 아기를 낳았고, 스위프트 폭스Swift Fox는 크레이커들과 자발적으로 성교하여 두 번이나 임신했다. 이 아기들을 매드아담 남성들이 아버지로서 같이 키우기로 한다. 토비는 이제 늙어서 소모성 질환이 생겼고 어떤 치유법도 소용없는 것임을 알고서는 모두와 작별 인사를 나누고 숲속으로 향한다. 필라에게서 배운 것처럼 잘 죽어서 자신의 몸을 독수리 등의 크리터들에게 먹이(선물)로 주어 생명을 순환시키기 위함이다. 인간 퇴비화 장례문화가 정착되고 생명이 원활히 순환되면서, 공통의 삶을 양육하는 영양분이 많은 "퇴비 공동체"The Communities of Compost가 개시되어[48], 인간을 포함한 다종이 폐허에서 다시 번성하게 되리라는 희망을 보여주면서 소설은 끝을 맺는다.

◆ 인류세를 단축할
새로운 인간상

　이상에서 필자는 애트우드의 매드아담 3부작에 상상된 인류세의 기후위기와 팬데믹으로 다종이 멸종하는 세상의 끝에서 생존하고 삶을 양육하기 위해 분투하는 여성들의 이야기를 신유물론적 포스트휴먼 페미니즘인 해러웨이의 퇴비주의 관점에서 분석하여, 애트우드가 작품을 통해 대규모 죽음과 멸종의 시대에 다종과 방탕하고 난잡하고 기회주의적으로 협력하는 공생적 에토스를 가진 새로운 인간상을 제시하고 있음을 살펴보았다.

　그 내용과 의미를 요약하면 다음과 같다. 첫째, 가부장적인 신자유주의적 자본주의 세상의 끝에서, 남성 포식자들의 먹잇감인 오릭스는 과도한 포식(착취) 관계에 소화불량을 만들어 주인이자 포식자인 남성 적마저 친구로 만들어 공존·공생한다. 그녀는 비대칭적인 권력 관계에 있는 남성 및 비인간과 방탕하게 난잡하게 기회주의적으로 공생하면서 적응하고 번성한다. 그녀는 공생적 에토스로 다종과 협력하는 새로운 관계의 가능성을 연다. 둘째, 팬데믹으로 폐허가 된 세상의 끝에서 여성들은 다종과의 불확실한 공생적 얽힘에 가차 없이 뛰어들어, 다종 사이의 섭식(먹기)과 뒤이은 소화불량, 성적교섭과 임신에서, 생명(삶)의 지속가능성을 획득하고 공통의 삶을 양육한다. 셋째, 인간 퇴비화는 생명이 다종에게 단절되지 않고 이어져 원활히 순환하게 만들어 공통의 삶을 양육한다. 세상 끝에 있는 딸들은 공통의 삶을 양육하여 생존하고 번성하기 위해 공생적(퇴비적) 에토스로 다종과 방탕하고 난잡하고 기회주의적으로 강력하게 협력하며 공존·공생한다.

  우리는 명백한 실패에도 계속되는 현재의 시스템을 근절시키고자 하는 불가능한 전략을 가능하게 만드는 세속적이고 실천적이고 구체적인 유망한 전술이 지금 당장 시급하게 필요하다. 이 글은 늘 하던 대로만 계속하는 현실을 변화시킬 세속적인 지혜와 능력을, 공생적(퇴비적)인 여성적 에토스에서 그 가능성을 찾아보자는 시도이다. 인류세의 기후위기와 팬데믹을 야기한 근대 휴머니즘에 저항하려면, 새로운 윤리-존재-인식-론이 필요하고, 지배적인 가부장석 자본주의 문화에 적합하지 않은 언어와 사고와 행동이 필요하다. 가능한 것들이 쓸모없어지고 바닥난 지금, 기존에 폄훼되었던 오래된 미래의 여성성을 건져 올려 불가능한 것들을 꿈꾸고 시도해봐야 한다. 소설 속 여성들의 공생적 에토스와 삶형태는 심각하게 불평등한 권력 관계에 놓인 자들의 공생 가능성에 관한 새로운 이야기의 단초를 연다.

 매드아담 3부작은 현재 시급한 아젠다인 인류세의 기후위기와 팬데믹의 문제를 세상의 끝에 거주하는 생존이 위급한 여성과 비인간의 관점에서 검토하면서, 공생적 에토스로 다종과 방탕하고 난잡하고 기회주의적으로 동맹하는 새로운 삶형태, 인간상을 제시하므로 인류세를 사는 우리에게 중요한 통찰을 시사한다. 해러웨이의 말처럼 세상은 아직 무너지지 않았다. 세상은 여전히 바뀔 수 있다. 단, 공생적 에토스를 가지고 다종과 강력하게 동맹할 때만 그렇다.

※ 글은 『동서비교문학저널』 62호에 실린 필자의 논문 「세상 끝에 있는 여성들의 공생적 에토스와 삶형태: 마가렛 애트우드의 매드아담 3부작」을 이 책의 목적에 맞게 수정하고 발전시킨 것이다.

참고문헌

- 라투르, 브뤼노. 나는 어디에 있는가?: 코로나 사태와 격리가 지구생활자들에게 주는 교훈. 김예령 역. 서울: 이음, 2021.
- 에스코바르, 아르투로. 플루리버스: 자치와 공동성의 세계 디자인하기. 박정원·엄경용 역. 고양: 알렙, 2022.
- 주기화. 신유물론, 해러웨이, 퇴비주의. 비교문화연구 65 (2022): 117-46.
- _____. 팬데믹과 미래주의: 마가렛 애트우드의 매드아담. 동서비교문학저널 59 (2022): 463-87.
- _____. 팬데믹 행성에서의 삶의 기예: 마가렛 애트우드의 매드아담에 나타난 해러웨이의 퇴비주의. 영미문학교육 26.1 (2022): 301-26.
- Alaimo, Stacy and Susan Hekman. "Introduction: Emerging Models of Materiality in Feminist Theory." Material Feminisms. ed. by Stacy Alaimo & Susan Hekman. Bloomington: Indiana UP, 2008. 1-19.
- Atwood, Margaret. Oryx and Crake. New York: Anchor Books, 2004.
- _____. The Year of the Flood. London: Virago Press, 2013.
- _____. MaddAddam. New York: Nan A. Talese, 2013.
- Barad, Karen. Meeting the Universe Halfway: Quantum Physics and the Entanglement of Matter and Meaning. Durham: Duke UP, 2007.
- Bennett, Jane. Vibrant Matter: A Political Ecology of Things. Durham: Duke UP, 2010.
- DeVries, Karen. "Prodigal Knowledge: Queer Journeys in Religious and Secular Borderlands." PhD diss., History of Consciousness Department, University of California at Santa Cruz, 2014.
- Haraway, Donna. When Species Meet. Minneapolis: U of Minnesota P, 2008.
- _____. Manifestly Haraway. Minneapolis: U of Minnesota P, 2016a.
- _____. Staying with the Trouble: Making Kin in the Chthulucene. Durham: Duke UP, 2016b.
- Plumwood, Val. Environmental Culture: The Ecological Crisis of Reason. London: Routledge, 2002. Print.
- _____. "Tasteless: Towards a Food-Based Approach to Death." Environmental Values 17.3 (2008): 323-30.
- Roberts, Alice M. Tamed: Ten Species that Changed Our World. New York: Random House, 2017.

미주
---

1) Haraway, Donna. Manifestly Haraway. Minneapolis: U of Minnesota P, 2016. p.59
2) Haraway, Donna. Staying with the Trouble: Making Kin in the Chthulucene. Durham: Duke UP, 2016. p.33
3) Haraway, Donna. Staying with the Trouble: Making Kin in the Chthulucene. Durham: Duke UP, 2016. p.35
4) Haraway, Donna. Staying with the Trouble: Making Kin in the Chthulucene. Durham: Duke UP, 2016. p.4
5) 주기화. 「팬데믹 행성에서의 삶의 기예: 마가렛 애트우드의 『매드아담』에 나타난 해러웨이의 퇴비주의」. 『영미문학교육』 26.1 (2022): 301-26. p.311
6) Haraway, Donna. Staying with the Trouble: Making Kin in the Chthulucene. Durham: Duke UP, 2016. p.179
7) Alaimo, Stacy and Susan Hekman. "Introduction: Emerging Models of Materiality in Feminist Theory." Material Feminisms. ed. by Stacy Alaimo & Susan Hekman. Bloomington: Indiana UP, 2008. 1-19. p.4
8) Plumwood, Val. Environmental Culture: The Ecological Crisis of Reason. London: Routledge, 2002. p.223
9) 주기화. 「신유물론, 해러웨이, 퇴비주의」. 『비교문화연구』 65 (2022): 117-46. p.121-22
10) Haraway, Donna. Staying with the Trouble: Making Kin in the Chthulucene. Durham: Duke UP, 2016. p.55
11) Barad, Karen. Meeting the Universe Halfway: Quantum Physics and the Entanglement of Matter and Meaning. Durham: Duke UP, 2007. p.185
12) Haraway, Donna. Staying with the Trouble: Making Kin in the Chthulucene. Durham: Duke UP, 2016. p.169
13) Haraway, Donna. Staying with the Trouble: Making Kin in the Chthulucene. Durham: Duke UP, 2016. p.218
14) Haraway, Donna. Staying with the Trouble: Making Kin in the Chthulucene. Durham: Duke UP, 2016. p.60
15) 주기화. 「신유물론, 해러웨이, 퇴비주의」. 『비교문화연구』 65 (2022): 117-46. p.133
16) Haraway, Donna. Staying with the Trouble: Making Kin in the Chthulucene. Durham: Duke UP, 2016. p.178
17) DeVries, Karen. "Prodigal Knowledge: Queer Journeys in Religious and Secular Borderlands." PhD diss., History of Consciousness Department, University of California at

Santa Cruz, 2014. p.iv
18) Haraway, Donna. Staying with the Trouble: Making Kin in the Chthulucene. Durham: Duke UP, 2016. p.148
19) Haraway, Donna. When Species Meet. Minneapolis: U of Minnesota P, 2008. p.74
20) Haraway, Donna. When Species Meet. Minneapolis: U of Minnesota P, 2008. p.84
21) Haraway, Donna. When Species Meet. Minneapolis: U of Minnesota P, 2008. p.81
22) Haraway, Donna. When Species Meet. Minneapolis: U of Minnesota P, 2008. p.81
23) Haraway, Donna. When Species Meet. Minneapolis: U of Minnesota P, 2008. p.31
24) Haraway, Donna. When Species Meet. Minneapolis: U of Minnesota P, 2008. p.31
25) Haraway, Donna. Staying with the Trouble: Making Kin in the Chthulucene. Durham: Duke UP, 2016. p.55
26) Haraway, Donna. Staying with the Trouble: Making Kin in the Chthulucene. Durham: Duke UP, 2016. p.2
27) Margaret Atwood. Oryx and Crake. New York: Anchor Books, 2004. p.172. 앞으로 『오릭스와 크레이크』 본문 인용시 특별한 서지사항 언급 없이 괄호 안에 OC로 표기하고 쪽수만 밝힐 것이다.
28) Haraway, Donna. Staying with the Trouble: Making Kin in the Chthulucene. Durham: Duke UP, 2016. p.11
29) 더 케어 컬렉티브. 『돌봄 선언: 상호의존의 정치학』. 전소영 옮김. 서울: 미케북스. p.80
30) 주기화. 「팬데믹과 미래주의: 마가렛 애트우드의 『매드아담』」. 『동서비교문학저널』 59 (2022): 463-87. 참고
31) Haraway, Donna. Staying with the Trouble: Making Kin in the Chthulucene. Durham: Duke UP, 2016. p.58
32) Barad, Karen. Meeting the Universe Halfway: Quantum Physics and the Entanglement of Matter and Meaning. Durham: Duke UP, 2007. p.33
33) 에스코바르, 아르투로. 『플루리버스: 자치와 공동성의 세계 디자인하기』. 박정원·엄경용 역. 고양: 알렙, 2022. p.410
34) Haraway, Donna. When Species Meet. Minneapolis: U of Minnesota P, 2008. p.263
35) Haraway, Donna. When Species Meet. Minneapolis: U of Minnesota P, 2008. p.263
36) Margaret Atwood. The Year of the Flood. London: Virago Press, 2013. p.117. 앞으로 홍수의 해 본문 인용시 특별한 서지사항 언급 없이 괄호 안에 YF로 표기하고 쪽수만 밝힐 것이다.
37) 주기화. 「신유물론, 해러웨이, 퇴비주의」. 『비교문화연구』 65 (2022): 117-46. p.127
38) Haraway, Donna. Staying with the Trouble: Making Kin in the Chthulucene. Durham: Duke UP, 2016. p.71
39) Haraway, Donna. Staying with the Trouble: Making Kin in the Chthulucene. Durham: Duke UP, 2016. p.102

40) Margaret Atwood. MaddAddam. New York: Nan A. Talese, 2013. p.12. 앞으로 『매드아담』 본문 인용시 특별한 서지사항 언급 없이 괄호 안에 MA로 표기하고 쪽수만 밝힐 것이다.
41) Roberts, Alice M. Tamed: Ten Species that Changed Our World. New York: Random House, 2017. p.14
42) Haraway, Donna. Manifestly Haraway. Minneapolis: U of Minnesota P, 2016. p.163
43) 주기화. 「신유물론, 해러웨이, 퇴비주의」. 『비교문화연구』 65 (2022): 117-46. p.140
44) Bennett, Jane. Vibrant Matter: A Political Ecology of Things. Durham: Duke UP, 2010. p.36-7
45) 라투르, 브뤼노. 『나는 어디에 있는가?: 코로나 사태와 격리가 지구생활자들에게 주는 교훈』. 김예령 역. 서울: 이음, 2021. p.30
46) Plumwood, Val. Environmental Culture: The Ecological Crisis of Reason. London: Routledge, 2002. p.220
47) Plumwood, Val. "Tasteless: Towards a Food-Based Approach to Death." Environmental Values 17.3 (2008): 323-30. p.325
48) Haraway, Donna. Staying with the Trouble: Making Kin in the Chthulucene. Durham: Duke UP, 2016. p.145

인간-환경-동물의 복잡한 네트워크와 폐쇄적 사회 체계의 커뮤니케이션

최은주

✦자연 개념의 원헬스 one health 와
실천 개념의 원헬스 One Health

대문자 원헬스One Health는 인간이 의식적으로 분리해 온 인간, 환경, 동물이 연결되어 있음을 강조하여 확립된 개념이며, 2008년에는 세계보건기구(WHO)를 포함한 유엔식량농업기구(FAO), 세계동물보건기구(OIE)가 제도적으로 확보한 개념이다. 인간-환경-동물을 잇는 생태계 전체의 건강을 강조하여 구축한 전략적 체계로, 다학제적·초국가적 차원의 전 지구적 개념인 것이다. 잇따라 유럽과 미국 등의 국가기관, 민간기구, 학계가 원헬스 프로그램을 수행하기 위하여 움직였다. 활발한 활동에도 불구하고, 원헬스는 그 실천적 가치와 목적에 있어 핵심이 없는 추상적이고 단편적인 접근에만 그쳤다는 비판을 받았다.[1] 식량생산 방식에서 자연의 순환과 자본의 순환 간에 어떠한 방식으로 균열이 발생하고 확산하는가?[2] 하는 질문이 원헬스를 둘러싸고 여전히 발생하며, 자본주의적 사회 환경을 놔둔 채 생태계와 사회 사이의 모순을 극복할 커뮤니케이션이 가능할지도 의문이다. 자본주의는 "자연과 사람 등을 지배하고 변형하는 현대 국가의 정부와 떼어놓을 수 없는"3) 거대 문제다. 무엇보다 추진 방법과 실천에 있어 우리 사회를 조직하고 있는 체계의 특성상 원헬스가 실현 불가능하거나 어렵다는 것을 전제해야 한다.

사스코로나바이러스-2감염증(SARS-CoV-2: COVID-19, 이하 코로나19)의 세계적 확산은 분명 국가마다 처해있는 정치, 경제, 사회, 공중 보건의 상황에 맞는 개별 대응을 취했다는 점에서 문제해결에 있어 더 큰 문제가 된다는 사실을 알렸다. 원헬스가 추구하는 통합적인 내용과 방법이 감염병 대응에 최선의 효과라는 사실을 이미 파악하였음에도 정작 국제 사회는 제대로 된 대응을 하지 못했다. 국제적으로 필요성을 널리 알리긴 했으나 포괄적인 환경 시스템에는 접근하지 못하고 수의학적 접근으로만 한정된 측면이 있다. 기능이 분화된 사회체계의 특징을 이유로 손꼽을 수 있다. 사회체계의 폐쇄적인 특성 때문에 통합을 지향하는 원헬스가 기존 사회에서 쉽게 실행으로 이어지기 어려웠던 것이다. 그동안의 원헬스에 대한 연구와 다학제적 협업, 고민은 경계 시어진 인간, 동물, 환경을 아우르는 것이 체계적으로 어렵다는 것에 더하여, 환경 문제는 미국, 중국과 같은 대국 간의 이권, 패권 싸움에서 언제나 간과되거나 축소되어 왔다는 문제점이 있다. 인간, 환경, 동물을 경계 짓는 범주에서 인간(물론 그 인간 또한 인종·민족·젠더·계층으로 구분되지만)

의 중요성을 항상 우위에 두었던 것인데, 생태권 전체는 인간보다 훨씬 더 중요하고 필연적이다.

코로나19에서 보았듯이, 바이러스의 감염 증가는 인간종과 자연 사이의 관계뿐 아니라 종들 간의 관계와 관련이 있다. 인수공통전염병zoonosis과 기후변화, 항균제 내성은 상호 작용한다. 이러한 지식에 근거하여 '기후변화경감'Climate Change Mitigation, CCM은 과학적 합의(거짓에 대한 진실)로부터 파생되었지만 다른 시스템으로 확산되면서 도덕적 공명으로 빠르게 분열되었다[4]. 이렇게 된 이유는 인간역사와 깊게 연루된다. 인간역사는 정신-의미-커뮤니케이션[5]의 공진화 과정에 다름 아니며, 그 과정은 상호작용 중심의 분절적 분화, 상호작용과 조직의 대립으로서의 계층적 분화, 조직과 기능 체계들의 약진으로 두드러지는 기능적 분화의 발전으로 이루어졌다[6]. 특히 근대사회로의 이행기에, 지역적으로는 세계사회로 확장되면서 그때까지 계층적으로 차별적인 사회[적] 질서social order에 따라 사회[의] 문제들societal problems을 처리하던 원리가, 문제해결 전문적인 기능들에 의해 처리되는 사회로 바뀌었으며, 근대사회는 사회체계의 기능 체계들로의 분화와 조직체계의 확산이 서로를 진작하며 발전되어 왔으므로 조직을 통해 문제를 해결하는 현상은 자기기능에만 전념한 결과들의 총합으로 문제를 해결한 방식이었다는 것이다. 문제는 근대사회의 다양한 의미영역에서 주도적인 역할을 하는 조직체계와 근대사회의 기능 체계들이 서로 각축하는 데서 갈등이 비롯되었다는 점이다.[7] 독일의 사회학자 니클라스 루만Niklas Luhmann의 이와 같은 사회체계에 대한 이론은 원헬스 실행의 어려움을 이해하는 데 있어 시사하는 바가 크다.

이 글은 자연적 개념의 원헬스one health와 실천 전략 개념의 원헬스One Health 간에 간격을 좁히지 못하는 현상에 대해 그 이유를 근대 이후 분화된 사회체계의 폐쇄성에서 찾고자 한다. 그 방법으로 루만이 사회체계이론으로 분석한 환경 문제를 토대로 하며, 미국 문학자이자 생태주의자 스테이시 앨러이모Stacy Alaimo의 횡단-신체성transcorporeality, 정치철학자 제인 베넷Jane Bennett의 생동하는 물질vibrant matter 개념을 통해 원헬스의 핵심에 다가가고자 한다.

복잡한 생태계를 인간, 환경, 동물로 분류하고, 이를 다시 연결하여 하나의 '건강'이라는 목표에 수렴시키는 원헬스는 그 자체로 분명해 보이는 것과 달리, 방법론적으로 접근이 어려운 여러 문제를 안고 있다. 건강을 정의하는 차원조차 다를 수 있다. 역사학자 린다 내시Linda Nash는 19세기 캘리포니아 주 정착민들을 예로 들어 그들이 생각한 건강 개념을 소개한 바 있다. 정착민들은 건강을 "현지 환경을 이해하는 훌륭한 방식으로 이용했으며," "장소의 독기와 풍토병을 얘기하면서 그들의 환경 개입으로 발생하는 결과와 그들 몸에 나타날 결과들을 통제하거나 예측할 수 없다"는 것을 알고 있었다. 즉 몸은 "투과성permeability, 즉 내부와 외부 사이의 지속적인 교환으로, 유출과 유입으로, 그리고 그것을 둘러싼 환경에 대한 밀접한 의존성으로 특징지어진다."[8] 과거의 건강 개념은 인간, 환경, 동물의 분리가 아니라 '얽혀있음'을 잘 드러내고 있다.

생태적 위험에 대한 커뮤니케이션

'생태적 위험'이란 사회라는 커뮤니케이션 체계의 구조를 변화시키고자 하는 환경에 대한 커뮤니케이션을 일컫는다. 다시 말해, 해수면 상승과 같은 객관적 사실이 아니라 이것이 '문제'라는 커뮤니케이션이 이루어져야만 비로소 관찰된다. 사회는 작동적으로 폐쇄적인 체계이므로 커뮤니케이션의 혼란이나 교란에 의해서만 비로소 주목받을 수 있다는 것인데, 루만은 커뮤니케이션에 대해 다음과 같이 설명한다. 인간의 의식, 인간의 삶이 사회적 커뮤니케이션의 불가결한 전제 조건에 속하지만 이것은 생각에 의한 생각의 생산으로서 의식의 과정 자체가 커뮤니케이션은 아니라는 사실을 바꾸지 못하며, 의식에서 생태적 의식과 관련해 경험적으로 무엇이 일어나든 거기서부터 사회적으로 작용하는 커뮤니케이션에 이르기까지의 길은 멀다.[9] 사회적으로 커뮤니케이션 가능한 것의 명확한 경계가 의미하는 바는 '이해할 수 있는 것이냐, 아니면 소음이냐' 하는 것인데, 의식은 사회적 커뮤니케이션 과정이 발생할 때 여기에 적합한 구조에 순응하거나, 아니면 단지 사회적 커뮤니케이션의 가능성에 따라 제거되거나, 또는 커뮤니케이션 가능한 것으로 전환되는 소음만을 생성하므로 더 많은 환경 의식을 가지라는 경고와 호소는 이 문제를 직접 해결할 수 없다는 것이다.

생태적 의식은 근심과 저항이나 자신의 환경을 적절히 취급하지 못하는 사회비판으로 쉽게 기울어진다. 즉 생태적 의식은 인간 활동에 의한 토지개발, 산림파괴, 에너지 사용, 오염 방출, 쓰레기 문제 등에 노출되어 있다는 식의 부정의 형태로서만 일반화를 달성할 수 있다는 것이 루만의 주장이다. 교육을 통한 인간 개조도 도덕에 대한 호소도 그것이 사회적 문제로 전환되지 않는 한, 다시 말해 커뮤니케이션의 대상이 되지 않는 한 환경 문제는 해결이 어려울 것이다. 코로나19가 증명하듯이, 선제적 대응을 둘러싼 판단과 선택, 결정이 초래한 인명 피해, 경제적 손실, 사회적 혼란을 겪은 다음에야 비로소 사회가 환경에 반응하는 것도 부정의 형태이다. 부정의 형태가 항상 나쁘다고 할 수는 없지만 토지개발, 산림파괴, 에너지 사용, 오염 방출, 쓰레기 문제 등과 같은 인간 활동이 원인인 만큼 근심과 두려움, 나아가 무관심과 회피 등을 일반화시킬 수 있다.

앨러이모가 주장한 대로 "우리는 모든 생명체들이 몸과 장소의 고유한 신체적 교차로들의 일부로 존재한다고 상상할 수 있고" 이

'사실'이 "생명체들과 서식지들에 대한 배려의 윤리를 촉구한다"[10]는 '당위성'에도 불구하고, 원헬스의 물질적 실재는 무시된다. 사회는 지난 70년 동안 모든 것이 변한 '대가속'Great Acceleration 에 대해 여전히 인정하지 않거나 아니면 어떻게 다룰지 모르는 무력한 상태에 놓인 것 같다. 만약 '생산 회로의 한쪽 끝에서는 숲의 복잡성이 야생 병원균을 억눌러준다. 그런데 벌목과 채굴과 집약적 농업은 복잡한 자연을 급격히 단순화시킨다'라고 했을 때, 이 의미를 정확하게 이해한다 하더라도 방향을 제시할 수 없는, 그런 상태 말이다.

원헬스는 각 기능 분화된 사회체계들이 다루고자 할 때 관찰되지도 않고 건드려지지도 않는다. 다시 말해, 의미의 세계에서는 누구도 원헬스의 실재와 접촉할 수 없다. 단지 해석될 뿐이다. 인간-환경-동물의 생태계는 각각이 이어진('-'), 또는 상호 얽힌 지구 환경 시스템을 기반으로 한다는 점 외에, 각각의 원리를 세분화된 학문에서 별개의 지식으로 수용한다는 점에서 통합적으로 관찰되기 어렵다. 체계와 환경은 서로에 의해 상대화된 조건에서 생성되며, 모든 작동의 순간에 체계 분화를 실행한다.[11]

생태의학ecological medicine이라고 하는 것이 있다. 이것은 "생태계, 인구, 공동체, 그리고 개인들의 보살핌과 건강을 조화시키기 위한 조사와 행동의 새로운 분야"로 정의되며, "지구 생태계의 건강이 모든 건강의 토대"[12]라고 하는데, 원헬스 개념과 다르지 않다. 갈래가 복잡한 전체에서 인간, 환경, 동물이 분리되어 존재하지 않는 '관계'에 핵심이 있다는 것이 이미 강조되고 있다. 기능이 분화된 폐쇄적인 각 체계가 자기준거적[13]이라고 해도 환경과의 접촉이 완전히 차단된 것은 아니며, 따라서 소음으로 작용하는데, 만약 이 소음이 코드에 의해 체계 내적으로 전환되면, 비로소 그것은 그 체계의 구성 요소가 될 수 있다.[14] 환경은 체계 내에서만 구성되며, 따라서 체계는 폐쇄적이면서도 개방적인 체계로서 간주된다. 작동적으로는 폐쇄적이지만 인지적으로는 개방적이라는 것이다. 즉 생태의학이 최근에 자리 잡고 있기는 하지만, 환경보건은 개인의 결정과 공공정책·규제·법집행 양자를 포함하고 있다는 점에서 의학 이외의 많은 전문가들을 포함할 필요가 있다.

그렇다고 해서 낙관적이라고 할 수는 없다. 인간과 동물, 환경의 인터페이스가 문제가 되는 만큼 학문 간, 부처 간 커뮤니케이션과 공조가 핵심 작동 기제라고 했으나 원헬스는 한 사회의 내적 문제만이 아니다. 폭넓은 환경 시스템을 다루어야 한다는 점에서도 국제적, 국가적 차원에서 최우선 과제이지만 어떤 이유로든 중요성은 축소될 수 있다. 인간이 모든 문제를 해결할 수 있다는 생각 때문인데, 20세기 인간의 감염병 60%가 동물에서 유래하고, 신종 감염병 75%가 동물에서 사람으로 전파되는 인수공통전염병이지만 그동안 감염병 대비책이 거의 불가능했다는 사실은 간과했다. 이는 여러모로 좌절할 상황이다. 인간은 특별하지 않다. 인간은 겨우 '사실'에서 이어지는 '당위'조차도 폐쇄적인 작동원리를 갖는 경제·법·정치와 같은 사회체계의 목표에 좌우지되며, 국제 정세의 거대한 영향에 따라 우선순위를 얼마든지 바꾸는 손쉬운 존재다.

기능 분화된 체계의
구조적 차원

에볼라Ebola Virus, 지카 바이러스Zika Virus, 신종 플루Influenza A Virus Subtype H1N1, 메르스MERS-CoV; Middle East Respiratory Syndrome, 코로나19처럼 인간과 자연의 물질대사 균열에 원인이 있는 인수공통전염병이 사회적으로 점차 문제가 되어감에 따라 인간이 깊이 개입되어 있는 습식시장, 야생동물거래, 공장식 축산 시스템, 야생동물과 인간 또는 가축과의 접촉 등으로 인한 인과관계는 불분명한 지식으로 혼동을 겪고 있다.15) 최근 몇 년 사이에 계속적으로 발생하고 있는 아프리카돼지열병African Swine Fever, ASF에 대해 멧돼지가 매개체라는 지식정보는 정부가 전국의 멧돼지를 살처분하는 명목이 되었다. 멧돼지가 돈사의 돼지에게 이 질병을 옮긴다는 증거는 전혀 나오지 않았다는 생명다양성재단의 주장과는 상위相違한다. 멧돼지가 집돼지를 감염시킨 것으로 의심되는 거의 유일한 국가인

러시아에서도 이는 전체 발병의 1.4%에 불과했으며 대부분은 운송 및 오염된 사료가 그 원인이었다.[16] 이렇게 엇갈리는 주장이 지속된다면, 궁극적인 효과를 위해 정부가 수집하는 지식 정보 또한 시점마다 면밀히 재확인되어야 할 필요가 있다.

인간이 분별 가능한 범위에서 인간, 환경, 동물 세 개의 카테고리는 먼저 자기 작동으로 이어진다. 적어도 그렇게 식별된다. 포괄적인 생태계의 문제를 공동적으로 '커뮤니케이션'한다는 것은 생물학적 체계, 심리적 체계, 사회적 체계 그리고 경제·정치·법·학문·종교·교육과 같은 부분 체계를 통해야 한다. '정보'가 있고 '통보'를 선택하는 사건들이 이어진다는 것이다. 결과적으로 각각 하나의 기능만을 목표로 삼고 있는 사회의 한 부분 체계를 통해 다루어질 수 있다. 경제 내부에서 생산 비용, 즉 세금 또는 재화 선호에 영향을 미치지 않는다면 생태적으로 바람직한 의미에서 변화가 불가능하다.[17] 생태적 계몽, 인과관계의 더 나은 명료성 및 '의식 변화' 또는 '가치 변화'를 계산하고 행동하는 것과 같은 변화가 경제에서 얼마나 작용할지, 그리고 알려지지 않은 어떤 부수 결과를 유발할지는 아직 결정되지 않았다는 것이다.

정치 또한 경제와 마찬가지로 사회의 한 부분 체계에 불과하지 결코 사회 그 자체가 아니라는 점, 따라서 법은 입법이 전형적으로 정치적 사전 타협을 요구하기 때문에 정치와 깊은 관계에 놓여 있다 해도 법 특성에 근거해서만 법을, 규범에 근거해서만 규범을 만들어낼 수 있으며 재판 기관에서 자신의 자기생산 조건이 엄수

되는 것을 감시하는 자기준거적으로 폐쇄적인 체계인 것이다. 따라서 법 역시 자체의 고유하고 체계 특수적인 방식으로 자신의 환경에 의해 초래된 사회의 위험에 반응하며, 어떤 것도 위험의 관점에서 적절한 균형이나 반응의 인과적 성공을 사전에 보장하지 않는다.[18] 생태적 문제들을 다룰 때에도 법은 자신의 고유 기능에, 무엇보다도 자신의 편에서 복잡성과의 이러한 관계를 프로그램화하는 고유의 구분에 속박되어 있는데, 환경법의 경우 새로운 종류의 문제 제기를 가지고 세분화된 법의 영역으로 파고들어가지만 그와 같은 편입이 성공하지 않는 한 새롭게 바뀐 것은 추상적인 채로, 단순한 문제의식인 채로 남아있을 수밖에 없다는 것이다.

과학이 환경의 심각성을 인식시켜 사회를 변화시킬 힘은 부족해 보인다. 사회체계 각각은 관점주의적이고 해석의 방식들이 다르다. 심지어 과학에서만 하더라도 물리학자와 화학자는 서로 다른 세계에 살고 있다. 생태적 문제에 대해 도외시할 수 없는 것은 사회적 반응이지만 문제성 자체의 본질은 타협에 있는 것이 아니라 그것만으로는 통제할 수 없는 체계/환경-관계에 있다. 그러나 또한 생태적 문제는 너무나 복잡하게, 너무나 상호 의존적으로, 너무나 상황 의존적으로, 너무나 예측 불가능하게 급작스러운 대참사 같은 형태 변화에 의해 결정된다.[19]

학문 분야들은, 루만에 따르면, 좀 더 느슨하고 확장 가능하며 이론적으로 통합할 수 없는 결합으로 협력하는데, 이 결합은 필요할 경우 분열, 세분화 또는 개조를 통해 계속 넓혀질 수 있다. 또한 학문적 분석은 문제 해결이 아니라 문제 증폭에 사용되며, 해결된 문제 또는 해결 전망이 있는 문제에 근거하면서 계속 질문하는 것이다. 학문 자체도 마찬가지로 고유한 구조에 의존하는 관찰 체계일 뿐이다. 환경이라는 주제를 얻기 위해, 학문체계도 체계의 개방성과 학습 능력을 자신의 자기생산적 폐쇄성에 신세지고 있으며, 스스로 구조화된 반향을 향해 축소되어 있다고 느낀다. 그렇지 않으면, 학문체계는 정보를 학문적으로 관련된 것으로 인식할 수 없고, 정보를 참 또는 거짓으로서 분류할 수 없으며, 이론 관계를 정리함으로써 정보에 자기 스스로를 넘어 뜻할 수 있는 관련성을 부여할 수 없다는 식이다.[20] 요약하면, 어떤 기능 체계도 다른 것을 대리할 수 없다는 것을, 어떤 기능 체계도 다른 것을 대체하거나 부담을 줄이기만 할 수도 없다. 환경적 문제를 다루는 데 있어 어떠한 조종 중심도, 따라서 어떠한 중심 기관도 존재하지 않는다는 것이 파악 가능해진다.

기능 분화된 체계에 대해 더 깊이 이해하기 위한 예로, 의학에서 질병을 행하는 절차를 구체적으로 살펴보자. 인간 건강을 취급하는 의학만 해도 개별적인 것들이 너무 많아서 일반화를 용인하기 어렵다.[21] 네덜란드의 인류학자이자 철학자이며 과학기술학자 아네마리 몰Annemarie Mol은 문제, 용어, 목표들이 한 장소에서 다른 장소로 이동할 때 무엇이 바뀌는지를 추적한다. 나의 몸은 하나지만 경계 지어진 장기에 따라 하나의 전문 분과에서 관찰되는 동시에 그 경계 너머에서 의심될만한 것이 관찰되면 다른 전문 분과로 보내진다.[22] 즉 신체의 개별적인 다양성을 다루기 위해 신체 기관에 따라 분리하여 개별적으로 진료, 진단, 치료를 이행하는 것이다. 신체 기관 간 분리 체계는 해당 질병을 나누어 집중하면서도 인과적 효과들을 통과시키는 방식을 취한다.

환자는 의사를 찾기 전에 아직 '이' 병을 갖지 않지만, 질병/병의 구분 없이 의사와 환자가 진찰실에서 함께 '일'할 때, 그들은 공동으로 환자의 통증 부위라는 실재에 형체를 부여한다. 외래진료실에서 혈관외과의들은 환자들과 상호작용하며, 질병은 현미경을 통해 가시화된다. 그러나 외래진료실과 병리학과에서 질병은 다르게 행해진다. 즉 다리를 절단한 환자나 수술 받은 환자의 신체에서 작은 부분이 병리학과로 보내지면 현미경으로 관찰 받는 환자에게서만 나타나는 것이다. 현미경에 의한 시각화된 '사실'은 비로소 '객관성'을 가질 수 있다. 이때 병원의 분과가 질병을 행하는 방식이 어떻게 다른지 알 수 있는 대목이다. 환자 몸의 감수성을 파악하는 임상과 시각화된 검사 간의 우열이 드러나는 지점이기도 하지만 분과 간의 상호작용임에는 분명하다.[23]

또 다른 예로, 몰은 트랜스섹슈얼 신체에 대해 다른 젠더인 사람과 다른 젠더가 되려고 하는 사람에 의해 신체는 변경되며, 변경될 수밖에 없다고 지적한다.[24] 새로운 정체성의 목적을 달성하기 위해서는 자신뿐만 아니라 의학 전문가들에 의해 변경되어야만 하는데, '다른 젠더'는 곧 정신과 의사가 받아들여야 한다. 또한 '잘못된 신체'는 재분비학적으로 '다른 정상'임을 인정받아야 한다. 일관성 있는 정체성을 가지려면 올바른 성을 가진 몸이 필요한데, 신체는 사회적 수행에 반하는 것이 아니라 그 일부다. 수행들은 사회적일 뿐만 아니라 물질적이기도 하다. 트랜스섹슈얼 신체가 개별적인 몸의 주체에 한정되는 것이 아니라는 사실, 즉 몸은 구성construction된다. 여기에 아이러니가 있다. 신체는 하나가 아니며, 분화된 체계 각각(정신건강의학과, 성형외과, 비뇨의학과, 산부인과, 내분비내과, 가정의학과)[25]의 긴밀한 개입에 의해 구성이 된다. 분화된 체계는 각 분과의 집중과 몰두를 끌어낸다는 점이 인정되지만 체계 간 상호작용, 상호의존이 절실한 이유다.

원헬스와
커뮤니케이션의 활성화

　그럼에도 불구하고, 각 기능 체계의 대체 불가능성은 상호의존을 배제하지 않는다는 것이 루만의 주장이다. 경계는 "가능성을 배제하거나 자유를 제한하는 것이 아니라 형태를 부여하고 지지하며 보호하는 장치"[26]라는 점에서 기능 분화된 체계에는 폐쇄성만 있지 않다. 각 체계의 기능 대체 불가능성이 오히려 증대하는 상호의존으로 상쇄된다는 것이다. 기능 체계들이 서로를 대체할 수 없는 바로 그 이유로 인해 한 체계의 문제는 다른 체계로 지속해서 이동하며, 이렇게 하여 독립성과 상호의존성, 독자성과 의존성이 동시에 증가하고, 이러한 증가의 작동적이고 구조적인 균형이 개별적인 체계를 기대하고 통제할 수 없는 고유 복잡성으로 팽창시킨다.[27] 기능 체계가 고유의 자기 생산, 고유의 코드 및 고유의 프로그램 토대에서 분화독립해 있다 하더라도 그것은 커뮤니케이션에 의해 자기 환경과의 관계에서 사회 자체와는 전혀 다른 방식으로 교란될 수 있다. 따라서 모든 체계가 각각의 고유의 코드에 따라 처리된다 하더라도-아니 그렇기 때문에-한 체계의 소란이 다른 체계로 전달될 개연성은 높다. 동일한 것을 정치와 법의 관계에, 학문과 의학의 관계에 그리고 다수의 다른 예들에 적용할 수 있다는 것이 루만의 생각이다. 한 체계에 있어서 조그마한 변화는 반향에 의해 다른 체계에서 막대한 변화를 유발할 수 있다. 예를 들면, 위험을 이해한다는 것은 울리히 벡Ulrich Beck에 따르면[28], 가설과 실험, 측정 장치와 같은 과학의 '감각기관'을 필요로 한다. 그러한 기관을 통해서만이 가시화되고, 또 위험요인으로 분류도 가능하다. 또한 다르면서 실현되지 못한 선택은 '잠재화되고,' 단순히 생각할 수 있는 것으로 전환하며, 바로 이를 통해 커뮤니케이션으로 재활성화하기 위해 준비된다.[29]

프로그램은 체계의 개방성을 위한 개념으로, 체계는 프로그램을 통해 자신의 환경에 반응한다. 프로그램은 한편으로는 한 기능체계에 배정된 요구를 어느 정도 '구체화하는 것'(또는 '조작하는 것')을 가능케 하고, 다른 한편으로는 바로 그 때문에 일정한 범위 안에서 변경 가능하다. 프로그램의 차원에서 한 체계는 자신의 코드에 의해 확정된 정체성을 잃어버리지 않으면서 구조를 바꿀 수 있는 것이다.[30] 경제체계는 수익성 유무(코드)에 따라 커뮤니케이션을 경제 특화적인 것으로 만들지만, 제품과 상품이라는 프로그램을 가지고 환경에서 일어나고 있는 인간의 사회적 욕구에 반응하고, 정치체계는 권력을 가지느냐 가지지 않느냐(코드)에 따라 커뮤니케이션을 정치 특화적으로 만들지만, 다양한 정책들이라는 프로그램을 가지고 시민들의 정치적 욕구에 반응한다는 식이다.

그렇다면, 일반 개인들도 위험을 판단하기 위해, 또 자아의 정체를 이해하기 위해 과학지식으로 무장할 필요가 있다.[31] 먼저, 환경의 위험을 익숙한 방식으로 '복수심에 불타는 자연'으로 표현하는 오류에 대한 사유가 필요하다. 명백한 자연재해가 일으킨 대혼란이 얼마나 참혹한지에 상관없이 오직 인간의 자만심, 탐욕, 나태가 드러날 수 있는 곳에서만 '자연의 복수'는 등장한다.[32] 즉 인간이 재해에 가담하지 않는 한 자연재해는 절대 일어나지 않는다. 인간에게 즉각적인 '나쁜' 영향이 있다고 판단될 때 환경의 위험을 각성하고 행동하는 데 대한 제대로 된 사유 역시 필요하다. 인간의 건강이 비인간 생명체들을 희생해서 구입할 수 있다는 앨러이모의 통찰이 절실한 이유다. 한국처럼 미세먼지, 초미세먼지가 사계절을 잠식하는 곳에서 가정용 공기청정기를 사용하는 것은 당연한 행동으로 비칠 것이다. 그런데 공기청정기를 사용하는 것이 식물과 동물, 서식지, 생태계를 손상시키는 전 지구적 기후변화를 가속화한다는 점에서 이기적인 행위라고 앨러이모는 말한다. 우리 자신만을 구하려는 방공호 사고방식이라는 것이다. 베넷이 예로 든 슬로푸드Slow Food 운동[33] 또한 완전히 다른 관점을 제시한다. 국제슬로푸드한국협회의 홈페이지(https://www.slowfood.or.kr/)는 "좋고, 깨끗하고, 공정한 음식을 모든 이에게", "다양하고 지속가능한 푸드시스템의 복원", "생물다양성을 보존하고 기후위기를 막아내는 정의로운 활동"이라는 슬로건을 내걸고 있다. 환경보호주의라는 기치 아래 맛있는 음식, 낭비 없는 에너지 사용, 지구에 대한 사랑 같은 것들이 슬로푸드의 관심사들이었다.[34] 그러한 슬로푸드는 인간의 의도만이 유일한 행위자라거나 언제나 가장 중요한 요인이라는 제한적 시각을 가지고 있다는 비판에서 자유롭지 않다.[35] 슬로푸드 프로그램은 음식을 준비하고 음미하기 위한 시간만이 아니라, 음식이 "시장에 도달하기 이전에 선행하는 경제, 노동, 농업, 문화, 배송과 관련된 사건들을 돌아보는 시간을 갖게 하며", 음식이 "자기 스스로 변화하며 소산하는 물질성으로", "우리가 되어가는 것에 진입하는 중요한 참여자"[36]라는 인식으로도 나아가게끔 한다. 어떤 존재하는 것, 즉 생명체, 생태계, 기후학적 패턴, 해류 등이 단순히 저기 바깥 어딘가에 존재하고 있다고 당연하게 생각하지 말아야 한다는 것이다.[37] 이와 같은 사고의 전환이 우리 모두에게 요구되며, 그렇게 사유된 개인의 욕구가 정치를 바꿀 수 있다.

정치가 생태적 관심사의 첫 수신처가 될 것이라는 개연성은 매우 높은데, 정치 체계가 여기에서 직접적으로는 어떤 것도 달성할 수 없다는 바로 그 이유 때문에, 생태적 주제에 대한 커뮤니케이션이 이곳에서 깃들고 퍼져나갈 개연성은 그만큼 더 높아진다.[38] 그러나 라투르의 지적대로 우리가 놀라울 정도로 전례 없는 상황에 놓여 있다는 점을 인식하지 못한다면, 이 시대 정치의 공허함을 전혀 이해하지 못할 것이다.[39] 다시 말해, 생태적 문제를 정치로 가져오면 정치는 많은 것을 할 수 있어야 하지만 실제로는 그렇지 못하다. 인간이면 뭐든 할 수 있다는 의미에서 공공의료와 동물보건 분야의 협력 강화를 통한 감염병 조기경보 및 대응 시스템 개발의 시급함을 강조하지만, 궁극적으로 이것은 인간중심주의, 즉 인간의 협치 정치, 의사소통이다. 아이러니하게도 인간은 과학의 가설을 따르지 않는 비인간 자연을 이해하는 것이 결코 쉽지 않다. 따라서 베넷은 인간, 비인간 모두를 '생동하는 물질'로 바라보며, 앨러이모는 '횡단-신체성'을 부각시킨다. 즉 인간과 비인간의 복잡한 얽힘 그 자체를 주의 깊게 살펴보는 것이 선행된다.

전략과 프로그램으로 원헬스가 사회의 각 체계 내부에 자리잡기 위해서는 무엇보다 사유와 인식이 필요하다. '생태적 사유 ecological thinking는 "자연과 인간 본성을 상호적으로 연관되고 내부 작용하는 것으로 간주할 수 있는데"[40], 이에 대해 앨러이모는 계속해서 '무언가를 하는' 세계에서 인간 몸은 물질세계, 즉 생물학적 생명체, 생태계, 생체이물질, 그리고 인간이 만든 물질과 결코 분리될 수 없다고 덧붙인다.[41] 마주하는 모든 장소, 모든 공기, 모든 음식의 흐름을 지속적으로 통과하는 횡단-신체성은 문화와 자연이 뒤얽히는 현상으로, 이를 드러내는 개념적 어휘를 가져옴으로써 상상력은 자극될 것이고, 이와 발맞춰 "새로운 미시정치적이고 미시사회적인 실천, 새로운 연대, 새로운 우아함이 무의식 구성체들에 대한 새로운 분석적 실천 및 미적 실천과 결합하여 조직되는 것"[42]으로써 원헬스는 자리매김해야 할 것이다.

◆ 타 체계와의 '사이'적 상호의존

    그 방식에 있어 국제기구로부터 국가, 그리고 자국 기관 순의 톱다운 방식으로 설치가 권고되었던 원헬스는 사회체계의 특성상 작동이 어렵다는 것을 전제하지만, 그 개념의 중요성만큼은 커뮤니케이션 할 기회가 되었다. 국내 언론 매체만도 2019년 이후로 원헬스에 관한 담론을 대량 생산하였다. 다만, 지금까지 이런저런 환경의 위험이 강조되면서 (원헬스와 같은) 특정 계획이 국제적으로 가동되고, 각국으로 통보, 설치까지는 가능하게 하였으나 국내에서 환경부와 산업통상자원부의 목적이 각기 다른 것처럼 이 모든 조직체계를 아우르는 정부의 생태적 사유는 제대로 이루어지지 않았다. 정부가 생태적 사유를 한다는 것 자체가 가능하지 않은데, 이는 정치를 포함한 각 체계가 고유한 지식을 활용할 방법밖에 없기 때문이다. 각 체계는 다른 체계와 언어에 있어서도 차이가 있다. 앞서 보았듯이, 각 체계의 고유성 때문에 다른 체계와의 상호의존이 발생하는 경우가 분명히 있으나 그것은 각 체계 자체의 필요에 따른 것이다.

　원헬스 개념이 실질적인 활동, 다시 말해 무언가 하지 않으면 안 될 것 같은 환경의 위험으로부터 두려움에서 발족된 것이라면, 이것은 사회에 소음으로 작용할 수 있을까? 또 다른 개념, 형태의 과잉은 아닐까? 원헬스 개념은 환경에 대한 다른 수많은 수사적 표현들과는 달리, 인간, 동물, 환경이 인간에 의해 경계 지어져 있다는 사실을 분명하게 인식시킨다. 그리고 인간, 동물, 환경이 연결되어 있으며 서로 투과한다는 것을 보여주었다. 현실 감각으로도 누구에게나 인식 가능하며, 따로따로 분리되어 있는 체계를 하나로 모으면 된다는 접근을 용이하게 만든다. 그런데 그 다음 절차는 일반 개인에게는 잘 드러나지 않는다. 원헬스가 체계 내적으로 자리 잡는다고 하더라도 다른 환경적 지식, 즉 다른 종, 군 또는 생태계에 대한 상관관계를 이미 알고 있는 연구자들에게는 새로울 것 없는 중복적인 과제가 될 가능성이 크다. 그러나 반복과 중복, 중첩은 문제가 아직 해결되지 않았다는 것을 증명한다.

　문제를 다른 쪽으로 돌려서, 원헬스가 효과적인 결과물을 내놓지 못한다고 결론짓고 그 원인을 자본시장의 구조적 문제로 수렴시키는 사회과학자들의 목소리는 일견 타당해 보인다. 그러나 지구가 물질의 총량으로 보나 토지 사용으로 보나 하나의 거대한 산업적 농장이라는 식으로 모든 관심을 자본의 문제만으로 이동[43]시킨다면, 원헬스는 소규모 운동으로 그칠 가능성이 크다. 비록 원헬스 개념이 "현 상황을 극복할 수 있는 실천적 지침"[44]이라고까지 할 정도는 아니지만 제한적으로라도 정보 공유, 접근성 개방, 공중 보건에 대한 인식 제고, 교육차원에서는 어느 정도 효력을 내고 있는 것이 사실이다.[45]

물론 방법론에 있어서는 앞서 본 것처럼 복잡하거나 핵심을 가린다는 것을 배제할 수 없다. 원헬스의 실체가 없는 것처럼 느껴지기도 하는 이유다. 일반적으로 '건강'은 상당히 보건의료적으로 느껴지며, 질병 없는 상태로 조명된다. 그러나 그만큼 또 추상적이다. 인간의 행위성이 동물, 식물, 생태계 전반에 영향을 미친다는 사실, 역으로 동물, 식물이 먹거리가 되어 인간에게 영향을 미친다는 사실, 인간과 동물, 식물이 생태계 안에서 오염된 공기와 화학 물질들의 순환 속에 병들었다는 사실은 사회 모든 분야에서 생태적 사유를 '숙명적으로' 임해야 하는 이유다. 생태적 사유는 순수한 생태계의 건강을 전제하면서 "원래대로 되돌릴 수 있을까?" 또는 "누군가에 의해, 아니면 시스템에 의해 되돌려질까?" 하는 질문에 이어 결국 인간이 해결할 것이라는 희망에서 출발하여 일방적인 인간 활동을 재강조하는 것에 머물 수도 있다. "나의 행위를 명확하게 제어하는 것으로 해결은 될 것인가?" 하는 의구심은 나의 의식을 방해한다. 결국 아무리 이해하려고 해도 생태계는 나의 상상을 뛰어넘는다.

19세기 의학에서 몸과 땅은 서로 내밀하게 엮여 있었던 것과 달리, 근대 의학의 몸에 대한 인식이 이러한 연결들을 절단했다는 사실은 결국 인간과 환경, 동물이 상호 작용한다는 지식 정보를 의학 분야가 외면한다는 사실을 보여주지만, 횡단-신체적 공간으로 확장시키는 환경 질병은 몸과 땅의 내밀한 연결들을 절단한다고 해서 절단되지 않는 몸의 투과성을 보여준다. 경제가, 법이, 학문이, 정치가, 종교가, 교육이 각각의 체계 내 언어가 다르다 하더라도, 따라서 폐쇄적이라 해도 스스로에 대한 끊임없는 계몽이 답이다. 다른 체계와의 상호작용, 상호의존은 결국 "주체성으로 경직되는 경향이 없는 힘의 장을 형성하는" 정동$_{affect}$[46]의 문제이자 윤리의 문제다. 지식과 권력을 소유하고 있으며 이를 나누려 하지 않는다는 비판에서 무관할 수 없는 의학 분야의 노력이 특히 필요한 이유다.

키워드: 원헬스, 사회체계, 커뮤니케이션, 횡단-신체성, 생동하는 물질, 생태적 사유

※ 이 글은 2023년 한국의료윤리학회지 제26권 제1호(통권 제74호)에 게재된 논문 「사회체계와 원헬스 커뮤니케이션 – 사회는 어째서 환경 위험을 인식하는 것이 그렇게 어려운가」를 수정, 보완한 것임을 밝힌다.

미주

1) 필자의 선행된 연구 논문 「인간-동물-환경의 인터페이스 증가에 따른 각 학문 분과의 윤리와 소통의 필요성」(2021)과 「보건의료에서 원헬스에 대한 인식 및 적용의 필요성」(2022)을 참고할 것.
2) 파텔, 라즈, 무어, 제이슨 W. 『저렴한 것들의 세계사』(A History of the World in Seven Cheap Things: A Guide to Capitalism, Nature, and the Future of the Planet, 2017). 백우진, 이경숙 역. 48쪽.
3) 김민정. 「구조적인 하나의 건강' 개념으로 본 코로나19」. 『경제와 사회』 129(2021): 10-38. 27쪽. https://www-dbpia-co-kr-ssl.proxy.konkuk.ac.kr//journal/articleDetail?nodeId=NODE10537415
4) Miller JA. "Demoralizing: Integrating J.D. Peter's Communication "chasm" with Niklas Luhmann's (1989) Ecological Communication to Analyze Climate Change Mitigation Inaction." Kybermetes. 2022;51(5): 1775-1799. p. 1785.
5) 「니클라스 루만의 체계이론적 세계사회 분석: 소통으로서의 사회적인 것과 소통의 총체로서의 사회」에서 이철은 communication을 '소통'으로 번역하였으나 '소통'은 '막히지 않고 잘 통함,' '뜻이 서로 통하여 오해가 없음'의 의미를 가지고 있다. communication은 완전하지 않고 다만 잠정적인 '상호 이해'(소통, 상호 이해, 통신, 전언, 전달, 전갈 등)라는 점을 고려하여 본고에서는 '커뮤니케이션'이라고 표기한다.
6) 이철. 「니클라스 루만의 체계이론적 세계사회 분석: 소통으로서의 사회적인 것과 소통의 총체로서의 사회」. 『사회와이론』 30(2017): 171-210. 188-189쪽.
7) 이철. 앞의 논문. 196-197쪽.
8) Nash L. Inescapable Ecologies: a History of Environment, Disease, and Knowledge. Berkely: University of California Press, 2006. p. 12
9) 루만, 니클라스. 『생태적 커뮤니케이션』. 서영조 역. 서울: 에코리브르, 2014. 52쪽.
10) 앨러이모, 스테이시. 『말, 살, 흙』(Bodily Nature: Science, Environment, and the Material Self, 2010). 윤준, 김종갑 역. 서울: 그린비. 2018. 272쪽.
11) 이철. 앞의 논문. 180쪽.
12) Science and Environmental Health Network. Ecological frame of health. https://www.sehn.org/ecological-medicine. Accessed 31 Jan 2023.
13) 자기준거 개념은 자신의 작동을 통해 자기 자신과 관련되는 체계들이 있다는 사실을 일컫는다. 자기준거적 체계들은 체계의 서로 다른 상태에 따라 동일한 투입이 완전히 다른 결과들을 초래할 수 있다. Baraldi C, Corsi G, Esposito E. Glossary for Niklas Luhmann's Theory of Social Systems. Tr. Esposito E. Berlin: Springer, 2019.
14) 루만, 니클라스. 앞의 책. 260쪽.

15) 자세한 내용은 「아프리카돼지열병(ASF)과 멧돼지 이슈」. 생명다양성재단 뉴스레터 『하늘다람쥐』 28집(2022)를 참고할 것. https://www.diversityinlife.org/news/newsletter 28
16) 「아프리카돼지열병(ASF)과 멧돼지 이슈」. 앞의 기사.
17) 루만, 니클라스. 앞의 책. 95쪽.
18) 루만, 니클라스. 앞의 책. 103쪽.
19) 루만, 니클라스. 앞의 책. 112-113쪽.
20) 루만, 니클라스. 앞의 책. 123쪽.
21) 대스턴, 로레인. 『도덕을 왜 자연에서 찾는가?』(Against Nature, 2019). 이지혜, 홍성욱 역. 김영사, 2022. 페이지
22) 몰이 의학이 신체에 대해 다루는 방식을 분석한 『바디 멀티플』(The Body Multiple: Ontology in Medical Practice, 2003)에서 혈관외과의는 환자의 보행거리와 신체검진의 결과를 책상 위 파일에 기록했다. 둘 다 심각해 보인다. 임상 진단은 긍정적이다(긍정적: 질병이 있음. 부정적: 질병이 발견되지 않음). 환자는 걸을 때 통증이 있다고 말했고, 외과의는 여러 동맥에서 좋지 않은 맥박을 찾아냈다. Z병원의 일반적인 진행과정에서 이제 진단 기술이 등장한다. 외과의는 혈관검사실이 근무 중인지 전화로 확인하고, 테크니션에게 양 다리의 팔과 발목 혈압을 체크하도록 요청하는 메모를 적어서 이를 환자에게 건네고 말한다. "자, 끝나면 여기로 다시 돌아오세요." 이 환자를 따라가 보면 혈관 질병을 진단하고 설명하는 다른 방식을 보게 된다. 몰, 아네마리. 『바디 멀티플: 의료 실천에서의 존재론』. 송은주, 임소연 역. 서울: 그린비, 2022. 108쪽.
23) 이 시각화된 사실조차 '훈련받은 판단'에 의해 가능하다. 질병의 패턴을 해석하고 여기서 공통점과 차이점을 찾아낼 수 있는 훈련된 감각이 통합되었을 때 가능해지는 것이다. 미국의 과학사학자 로레인 대스턴(Lorraine Daston)은 과학의 객관성을 다룬 『객관성』(Objectivity 2007)에서 19세기에 등장한 새로운 형태의 '기계적 객관성'(mechanical objectivity)을 소개한다. 기계적 객관성은 과학자가 자신 특유의 개인적인 성향과 주관을 전적으로 배제하고, 마치 기계와 같이 일정하고 규칙적인 방식으로 연구를 하는 것을 의미했다. 이런 기계적 객관성의 등장이 과학자가 화가와 협업해 자연을 정확하게 묘사하는 18세기 전통이 새롭게 등장한 카메라를 이용한 사진술로 대체되면서 더 강화되었다는 것이다. Daston L. Against Nature. Massachusetts: MIT Press, 2019. 이로서 과학자의 개인적인 흔적은 모두 지워졌다. 그러나 막상 19세기 말부터 20세기에 걸쳐 등장한 것은 기계적 객관성의 전통과 자연의 패턴을 해석하고 여기서 공통점과 차이점을 찾아낼 수 있는 훈련된 감각을 통합한 '훈련받은 판단'이었다.
24) 몰, 아네마리. 앞의 책. 77쪽(하위 텍스트).
25) 고려대학교 안암병원에서 운영 중인 젠더 클리닉의 다학제적 젠더 팀에 포함된 의학 분야임.
26) 루만, 니클라스. 『생태적 커뮤니케이션』. 앞의 책. 18-19쪽.
27) 루만, 니클라스. 앞의 책. 164쪽.
28) Beck, Ulrich. Risk Society: Towards a New Modernity. Tr. Mark Ritter. London: Sage, 1992. p. 27.
29) 루만, 니클라스. 앞의 책. 181쪽.

30) 루만, 니클라스. 앞의 책. 261쪽.
31) 앨러이모, 스테이시. 앞의 책. 61쪽.
32) 대스턴, 로레인. 앞의 책. 35쪽.
33) 슬로푸드 운동은 1986년 이탈리아에서 처음 나타났다.
34) 베넷, 제인. 『생동하는 물질: 사물에 대한 정치생태학』(Vibrant Matter: A Political Ecology of Things, 2010). 문성재 역. 서울: 현실문화, 2020. 138쪽.
35) Kingsolver B. "A Good Farmer." Nation 2003;277: 11-18.
36) 베넷, 제인. 앞의 책. 139-141.
37) 앨러이모, 스테이시. 앞의 책. 65쪽.
38) 루만, 니클라스. 앞의 책. 176쪽.
39) 라투르, 브뤼노. 『지구와 충돌하지 않고 착륙하는 방법: 신기후체제의 정치』(O atterrir, 2017). 박범순 역. 서울: 이음, 2021. 70쪽.
40) Code L. Ecological Thinking: The Politics of Epistemic Location. Oxford: Oxford University Press, 2006. p. 19.
41) 앨러이모, 스테이시. 앞의 책. 282-283쪽.
42) 베넷, 제인. 앞의 책. 278쪽.
43) 월러스, 롭. 『팬데믹의 현재적 기원: 거대 농축산업과 바이러스성 전염병의 지정학』(Big Farms Make Big Flu, 2016). 구정은, 이지선 역. 서울: 너머북스, 2020.
44) 김재호. 「원 헬스(One Health) 측면에서 보건 연구의 동향」. BRIC View 2021-T16. BioIN. Biotech Policy Research Center;2021. https://www.bioin.or.kr/InnoDS/data/upload/industry/DD9932DC-72D7-7CDA-4169-FB58A4311232.pdf
45) 원헬스 교육에 대해서는 미국을 사례로 한 로레인 도허티(Lorraine Docherty)와 패트리샤 폴리(Patricia L. Foley)의 연구 논문(2021)이 있다. 필자의 논문 「보건의료에서 원헬스에 대한 인식 및 적용의 필요성」(2022)을 참고할 것.
46) 데이비드 콜(David Cole)의 정동 개념(Affective literacy. ALEA/AATE National Conference; 2005)은 제인 베넷의 다음 인용을 참조하였다. 정동은 하나의 신체가 다른 신체에 미치는 영향을 묘사하는 입자-힘들의 충돌을 수반한다. 이것은 주관적인 감정 이전에(또는 주관적인 감정 없이) 힘을 느끼는 능력으로 설명될 수 있다. (…) 정동은 주체성으로 경직되는 경향이 없는 힘의 장을 형성한다. 베넷, 제인. 앞의 책. 17-18쪽.

2부

공생과
문학적 상상력

인간의 비인간되기, 비인간의 인간되기:
전래민담 「구렁덩덩 신선비」를 중심으로 _김종갑
비인간들이 그려내는 인간-비인간 네트워크의 세계 _이지용
외계-식물-인간의 지구 공생기 _임지연

인간의 비인간되기, 비인간의 인간되기:
전래민담 「구렁덩덩 신선비」를 중심으로

김종갑

◆ 변신 이야기와
포스트휴머니즘의 관계

    변신 이야기와 더불어 시작하기로 하자. 변신이라는 주제는 포스트휴머니즘과 불가분의 관계에 있기 때문이다. 변신 하면 가장 먼저 떠오르는 이야기가 오비디우스의 『변신』, 카프카의 『변신』이다. 한강의 『채식주의자』도 주인공 영혜가 나무로 변하는 변신의 주제가 등장하지만 변신과 관련된 이야기들 대부분은 옛날이야기들, 특히 단군신화나 「구렁덩덩 신선비」, 「손톱 먹은 들쥐」, 「여우 신부」와 같은 신화와 민담들이다. 흥미로운 사실은, 근대와 더불어서 사실주의가 지배적 서사로 자리를 잡으면서 이러한 변신 이야기도 자취를 감추고 말았다는 사실이다. 사실주의적 관점에서 보면 변신 이야기는 사실이 아니라 허구, 그것도 있음직하지 않는 환상에 지나지 않는다. 사람이 지네로 변했다는 카프카의 이야기를 사실로 받아들이는 사람이 있다면 미친 사람 취급을 받을 것이다. 광인이란 사실과 상상을 구별하지 못하는 인물로 정의가 된다. 자기가 나무가 되었다고 믿었던 영혜가 정신병동에 수감되어야 했던 이유이다. 광인 취급을 받지는 않겠지만 물귀신이나 도깨비, 주술, 부적 등의 존재를 믿는 사람도 과학을 모르는 무지몽매한 사람으로 간주된다. 그렇다고 우리가 민담이나 신화의 변신이야기들을 전근대라는 쓰레기통에 폐기하는 것은 아니다. 여전히 우리는 그러한 이야기를 즐기고 있다. 즐길 뿐 아니라 민담연구나 신화학, 혹은 인류학이라는 과목으로 수업 시간에 가르치고, 또 문학치료의 일환으로 유용하게 활용하기도 한다. 다만 사실과 허구를 구별하는 우리는 그러한 이야기를 사실로서가 아니라 상징이나 무의식, 원형 등으로 다루는 차이가 있다. 변신의 사건을 비유화하고 신화화하는 것이다. 그럼으로써 혹시 사실일 수도 있는 변신을 탈사실화하는 방법을 배우게 된다. 변신의 호명에 '네!'라고 대답하면 정신병자나 전근대인 취급을 받기 때문이다.

 이러한 변신의 이야기가 포스트휴머니즘과 무슨 관계가 있을까? 단도직입적으로 이렇게 말할 수가 있겠다. 포스트휴머니즘은 정신분석의 개념 "억압의 귀환"에 빗대어 말하면 변신의 귀환이라고 말할 수 있다. 휴머니즘이 환상과 미신의 이름으로 억압하고 추방했던 변신이 다시 세계의 중심으로 귀환한 사건이 포스트휴머니즘이다. 앞으로 상설하겠지만 근대와 과학, 휴머니즘은 서로 뗄 수 없는 하나의 일체를 이루고 있다. 무엇보다도 인간중심주의로 정의되는 휴머니즘은 신중심주의로부터, 더 멀리는 토테미즘이나 애니미즘, 마법적 세계관으로부터의 탈피를 의미한다. 보다 정확히 말하면 그러한 초자연적 요소와 온갖 잡신들을 세계의 중심에서 솎아내어 추방하고, 그럼으로써 세계를 진리의 빛으로 정화시켰다. 만약 인과성의 기준을 그러한 이야기에 적용하는 과학적 방법론의 도움이 없었다면 추방과 정화의 작업은 불가능했을 것이다. 또다시 당연한 이야기지만, 변신의 사건은 과학적 인과론으로 설명이 되지 않는다. 인간은 호모사피엔스이고 뱀은 냉혈동물로 정의된다. 이러한 세계에서 인간과 비인간 사이에는 건너뛰거나 극복할 수 없는 절대적 차이와 존재론적 단절이 있다. 그것은 사유하는 이성과 그렇지 못한 물질(육체, 몸)의 차이, 인간과 동식물의 차이이다. 인간은 이성의 힘으로 자연과 동물을 정복하고 길들이며 지구를 문명화시키는 우월한 존재가 된다.

그런데 과연 인간이 다른 동물과 본질적으로 다른, 예외적이고 이성적인 존재일까? 21세기의 우리가 아직도 그렇게 생각을 하고 있을까? 보편적 세계관으로서 휴머니즘은 이미 20세기 후반에 종말을 고하였다. 포스트휴머니즘은 인간중심적이었던 서양의 근대문명을 비판하는 담론이면서, 비인간 존재와 더불어서 미래를 공생과 공진화를 모색하는 사유의 대전환을 예고한다. 무엇보다도 포스트휴머니즘이 힘을 주어 강조하는 것은 휴머니즘이 세워놓은 구별의 경계를 허무는 작업이다. 인간과 비인간, 이성과 비이성, 행위자와 피행위자, 능동과 수동, 자율과 타율 등의 위계를 해체하는 것이다. 인간만이 권리와 존엄성을 가지는 것이 아니라 동물과 생물, 심지어 지구도 권리를 가진 주체로서 대접을 해주어야 한다. 자율성과 독립성, 자유와 같은 근대적 가치를 괄호 안에 넣으면 인간을 비롯한 모든 동식물은 서로 얽혀서 의존하고 서로 영향을 주고받는 관계 속에서 존재하고 있다는 사실이 드러나기 시작한다. 이러한 관계의 망 속에서는 우리가 무심코 버린 생수병이나 산에서 피고 지는 들꽃을 비롯해서 자동차 운전, 기후변화, 논문 복사 등도 서로 크고 작은 영향을 주고받고 있다. 모든 것은 서로 연결되어 있는 것이다. 이 점에서 신랑이 무심코 버린 손톱을 주워 먹고 신랑으로 변신한 들쥐의 이야기는 전근대적이면서 동시에 포스트휴머니즘적이다.

참고로 이 글에서 필자는 휴머니즘과 포스트휴머니즘에 대한 개괄적인 논의는 생략하겠다. 대표적인 한 명의 휴머니스트를 손꼽을 수 없듯이 포스트휴머니즘도 대표적인 한두 명의 학자로 수렴되지도 않는다. 포스트휴머니스트들 사이에도 강조점과 관심의 방향에 따라서 적지 않은 편차가 있기 때문이다. 이 글에서 필자는 인간과 비인간의 차이를 강조하면서 인간을 자연의 지배자로 정립하는 입장을 근대의 휴머니즘으로, 반면에 양자의 차이와 경계를 희석시키면서 상호관계와 공진화를 강조하는 입장을 포스트휴머니즘으로 정의할 것이다. 이러한 차이를 규명하기 위해서 주체와 대상, 행위자와 피행위자, 능동성과 수동성, 자유와 책임, 자율성과 관계 등의 개념이 소개될 것이다. 거칠게 요약하면 휴머니즘은 타자인 자연을 정복하고 지배함으로써 인간의 행복과 풍요를 실현하려는 기획이며, 계몽된 이성의 토대 위에서 인간의 자유와 평등, 인권을 확대하려는 윤리적·정치적 실천이다. 포스트휴머니즘의 관점에서 보면 휴머니즘은 인간과 비인간의 차이를 지나치게 강조하고 비인간을 인간 욕망 충족의 도구로 수단화하는 오류를 범하고 있다. 중요한 것은 인간과 비인간의 차이가 아니라 상호 관계, 존재의 자율성이 아니라 얽힘, 자유가 아니라 책임이기 때문이다.

휴머니즘과
인간 중심주의의 한계

우선 변신이 무엇인가라는 질문과 더불어 시작을 하겠다. 변신은 몸이 다른 몸으로 형태나 본질이 바뀌는 사건을 의미한다. 가령 「구렁덩덩 신선비」 이야기는 원래 신선이었던 주인공은 뭔가 큰 실수를 하고 그 벌로 구렁이가 되었다가, 아름다운 여인과 결혼해서 사람이 되는 이야기이다. 「여우 누이」에서는 여우가 마술의 힘으로 아름다운 여인으로 변모하게 된다. 모두 인과로 설명이 되지 않는 초자연적인 이야기이지만 여기에도 나름대로 동기나 이유가 있다. 여우처럼 초능력을 가지고 있든지 아니면 손톱이나 쑥과 마늘의 섭취를 통해서 몸이 바뀌는 것이다. 인어공주처럼 간절한 희망이 있으면 소망이 이루어지기도 한다. 이러한 이야기의 공통점은 사물이나 생각이 가진 마술적 힘에 있다. 미워하는 사람의 인형을 만들어서 바늘로 찌르는 저주도 그러한 마술적 힘의 또 다른 사례가 될 것이다. 이와 같이 모든 사물이나 생각들이 마술적 힘을 가질 수가 있다는 사실이 무엇을 의미할까? 그것은 존재론적 자기 동일성과 항상성의 부재를 뜻한다. 이 세상에 있는 어떤 존재도 원칙적으로 변치 않고 똑같이 자기 동일적인 존재로 머물지 않는다. a=a이지만 동시에 a=b가 될 수도 있다. 곰의 몸에 마늘과 쑥이 들어가면 곰은 사람으로 바뀔 수가 있다. 달리 말해서 곰의 몸은 정체성이 고정된 불변의 몸이 아니라 사람으로 바뀔 수 있는 유동적인 몸, 경계가 확정된 고체라기보다는 경계가 무너지고 다시 생기기도 하는 액체에 가까운 몸이라고 할 수 있다. 결정론적 세계가 아니라 비결정론적이고 불안정한 세계, 밀폐된 것이 아니라 외부에 노출된 세계이다. 나를 미워하는 사람의 저주는 나의 몸으로 스며들어서 질병을 일으킬 수 있으며, 한밤중에 나를 부르는 소리에 대답하면 귀신 들릴 수도 있다. 임신한 백인 여성이 옆집 흑인을 남몰래 좋아하면 나중에 흑인을 출산할 수도 있다.

　변신은 이와 같이 존재의 경계가 닫혀 있지 않고 열려있으며, 고정되어 있지 않고 유동적인 세계관을 전제로 한다. 달리 말해서 모든 것이 그 자체로서 독립된 개체(완성체/고정체)로서 존재하는 것이 아니라 다른 것과 관계 속에서, 그리고 그것의 영향에 노출된 유동체로서 존재한다. 모든 사물들이 주위의 모든 것들에 똑같이 영향을 받는 것은 아니다. 쥐의 몸은 손톱이나 발톱과 결합해야만 사람으로 변신하고, 빠진 이빨은 참새에게 주어야만 건강한 새 이빨이 돋아난다. 이러한 이유로 푸코는 『말과 사물』에서 4

가지 유사성(인접성, 모방적 상응, 유추, 교감)의 원리를 빌려서 그러한 존재의 영향관계를 설명하였다. 소우주와 대우주가 상응하는 관계도 여기에 포함되어 있다. 사람의 머리카락은 나무와 뼈는 바위와, 피는 강, 심장은 태양과 상응하는 것이다. 물론 이러한 상응관계를 과학적으로 일관되게 설명할 수는 없다. 과학적 설명이 아니라 유사과학적 믿음의 체계에 가깝다. 그럼에도 불구하고 이러한 믿음은 우발적이고 산만한 것이 아니라 근대과학이 그러하듯이 하나의 일관된 체계를 바탕으로 하고 있다. 물, 불, 공기, 흙과 같은 4원소설, 혈액, 점액, 황담즙, 흑담즙과 같은 4체액설이 그러한 체계들이다. 동양에도 물론 이와 유사한 체계가 있다. 황제내경에서 발원한 천인합일, 음양오행설에 따르면 목木은 간肝과 담膽, 봄, 동쪽과 상응하고, 수水는 신장腎과 방광膀胱, 겨울, 북쪽과 상응하는 관계에 있다. 물론 우리가 태어난 해와 관련해서는 12지가 있다. 이러한 이유로 다음과 같은 질문이 유의미해진다. 동물이나 식물, 하늘의 별자리, 계절과 무관하게 언제나 똑같은 자기 동일적인 사람이 있을까? 닭띠인 사람이 있는가 하면 소띠, 말띠인 사람도 있다. 닭띠인 사람이라고 해도 태어난 계절과 시간에 따라서 서로 다른 체질과 취향의 인물이 된다. 똑같은 사람이라고 닭에 가까운 사람이 있는가 하면 소나 말에 가까운 사람도 있으며, 아침에 활기가 도는 사람이 있는가 하면 저녁에 기운이 생기는 사람도 있다. 이와 같이 우리는 자연의 수많은 변수들에 노출되어 있으며, 노출의 강도에 따라서 전혀 다른 인물로 바뀔 수도 있다. 사람으로 변한 쥐나 뱀은 노출과 변화의 강도가 엄청나게 큰 사례에 해당한다. 이러한 이유로 찰스 테일러Charles Taylor는 『세속시대』A Secular Age에서 바뀌는 몸과 그렇지 않은 몸을 기준으로 전근대의 몸을 열린 몸(porous body, 취약한 몸, 벗은 몸)으로, 근대의 몸을 닫힌 몸(buffered body, 강화된 몸, 철갑을 입은 몸)으로 정의하였다.

우리 몸이 주위 변화에 따라서 끊임없이 변화하고 있다면 어떻게 근대적인 인간관이 성립될 수 있었을까? 어떻게 환경의 변화와 무관하게 언제나 동일한 존재로서 인간관이 생겨날 수가 있었을까? 어찌 보면 이 질문은 어리석은 질문처럼 들릴 수도 있다. 춥든 덥든 마늘과 쑥, 혹은 손톱을 먹든 그렇지 않든 인간은 언제나 인간이고 쥐와 뱀은 언제나 쥐와 뱀으로 머물기 때문이다. 먹는 음식과는 상관없이, 가난하든 부자이든 신선비는 언제나 신선비이지 않은가? 그렇지 않다면 우리는 똑같은 사람을 다른 사람과 착각하는 실수를 범하게 될 것이다. 근대과학이 몸의 변화를 부정한다고 주장하려는 것이 아니다. 중요한 것은, 근대과학이 그러한 몸의 변화를 담론화하는 방식에 있다. 가령 신랑과 행복하게 잘 살던 신부가 신랑을 잃으면 식음을 전폐하고 볼이 홀쭉하게 살이 빠질 수가 있다. 문제는, 근대과학이 그러한 변화를 신부의 정체성이나 본질에 영향을 미치지 않는 사소하고 지엽적인 변화로 비본질화한다는 점에 있다.

이 대목에서 데카르트René Descartes를 간단히 언급할 필요가 있다. 존 로크John Locke와 더불어서 그가 탁월한 근대의 휴머니즘적 철학자로 손꼽히는 이유는 그가 누구보다도 명확하게 인간의 본질을 지적 능력으로 정의하고 근대적 과학의 이념을 확립하였기 때문이다.[1] 그는 몸과 마음의 이원론을 통해서 동물로서 몸과 이성으로서 마음을 혼동의 여지없이 분명하게 구분하였다. 그에게 몸이라는 것은 동물과 인간 사이에 본질적인 차이가 없으며, 물리화학적 원리와 인과론에 따라서 움직이는 물질에 지나지 않는다. 때문에 몸의 변화는 인간 본질에 아무런 영향을 행사하지 않는다. 이러한 그의 이원론은 현대의 AI를 미리 선점하고 있다고 말해도 과언이 아니다. 몸이 뱀으로 바뀌든 쥐로 바뀌든 인간이 여전히 인간이라는 사실에는 변함이 없다. 그러나 그 반대의 변화는 불가능하다. 뱀이나 쥐는 프로그램 된 본능에 따라 살아가는, 정신이 부재하는 물질에 지나지를 않기 때문이다. 무에서 유를 창조할 수 없듯이 물질에서 정신이 출현할 수가 없는 것이다.[2] 이러한 몸과 마음의 이원론은 달리 말하면 인간과 비인간의 이분법에 다름이 아니며, 비인간을 지배하는 예외적 존재로서 인간의 위상을 재정립하는 휴머니즘적 선언이다. 인간이 행위의 능동성이라면 비인간은 행위를 당하는 수동성이며, 인간이 정신이라면 비인간은 그러한 정신의 손길로 찰흙처럼 빚어지는 물질이다. 인간의 몸도 비인간 존재와 마찬가지로 물질이라는 점에서는 아무런 차이가 없다. 때문에 인간 몸의 변화, 즉 기계와 결합한 사이보그가 되거나 수명이 200세로 연장되어도 여전히 인간의 본질이 변하지 않는다.[3]

이와 같은 데카르트의 이원론적 물질관은 한편으로는 공상과학 소설처럼 환상적으로 여겨지지만 또 다른 한편으로는 기묘하게도 친근하게 느껴진다. 우리는 데카르트처럼 몸과 마음을 서로 다른 실체로 파악하지는 않지만 그럼에도 인간 본질의 변화가 없이 인간 강화가 가능하다고 생각하고 있기 때문이다. 이 글에서는 다루지 않지만 그와 같이 과학기술의 힘으로 초인간화가 가능하다는 주장이 트랜스휴머니즘의 민낯이다. 아무튼 다시 휴머니즘적 인간관에 대한 논의로 돌아가서 필자가 데카르트를 언급했던 이유는, 그가 휴머니즘적으로 인간을 정의하는 방식, 아니 그러한 정의의 전략을 다시 생각해보기 위해서이다. 근대인은 미신과 마술, 변신을 믿었던 전근대인과 달리 자신은 이성적 존재로서 과학적이며 합리적으로 세계를 사유한다고 믿는 경향이 있다. 뱀이 인간으로 변하는 이야기나 미워하는 사람의 인형을 만들어서 저주하면 그를 죽일 수도 있다는 이야기를 황당무계한 전근대적 미신으로 간주한다. 모든 사건은 인과관계에 의해서 과학적으로 설명할 수 있다고 믿고 있는 것이다. 그렇지만 과연 그러할까? 데카르트가 인간과 비인간을 정의하는 방식은 그렇지 않다는 사실을 말해주고 있다. 그는 과학적으로 인간과 비인간의 차이, 혹은 인간만이 생각할 수 있는 존재라는 사실을 증명한 적이 없다(물론 증명 자체가 불가능하겠지만). 그가 만약에 강아지를 키웠다면 반대로 주장을 했을 수도 있을 것이다. 몸과 마음이 서로 동떨어진 상이한 실체라는 주장도 증명이 불가능하기는 마찬가지이다. 이러한 주장은 뱀의 몸과 인간의 머리를 가진 존재를 가정하는 것처럼 가설적이다. 그럼에도 중요한 사실은, 근대인들은 그러한 주장이 참이라고 믿고 싶어 하였다는 점에 있다. 자연을 지배하고 도구화하기 위해서는 그러한 믿음과 인간의 특권화가 필요하였던 것이다.

그렇다면 데카르트라면 변신에 대해서 어떻게 생각을 했을까? 철학적 논의가 불필요할 정도로 터무니없는 공상이나 미신으로서 일축하였겠지만 그럼에도 우리의 주제를 위해서 이 질문에 대답할 필요가 있다. 데카르트에 의하면 모든 인간은 예외 없이 거짓과 참을 구별하고 판단할 수 있는 이성적 능력을 가지고 있지만, 그렇다고 언제나 진위를 구별하는 것은 아니다. 그는, 우리가 직접 자신의 눈으로 꼼꼼하고 정확하게 사태를 보고 판단하는 대신에 과거로부터 전승된 이야기나 미신, 편견, 혹은 개인적 오류에 의해서 세상을 왜곡한다고 주장했다.[4] 가령 육안으로 보름달이 쟁반처럼 작게 보이기 때문에 우리는 그것과의 거리는 고려하지 않고 어리석게도 쟁반의 크기로 착각할 수 있다. 보름달에서 방아를 찧는 토끼를 보는 사람은 허구적 신화를 사실로 착각하는 사람이다. 우리가 사물의 진리를 파악하기 위해서는 주관적 성향이나 취향을 최대한 배제하고서, 즉 대상으로부터 영향을 받지 않도록 스스로를 최대한 방어하면서 사물을 있는 그대로 냉정하게 바라보지 않으면 안 된다. 그렇지만 우리가 대상으로부터 영향을 받지 않고 대상을 인지하거나 그것의 진리를 파악할 수가 있을까? 필자는 그렇게 생각하지 않는다. 똑같은 크기라고 할지라도 가까이에 있는 물체는 멀리에 있는 것보다 더욱 크게 보이고, 물속에 세워놓은 막대기는 중동이 꺾어진 것처럼 보인다. 음식은 그냥 음식이 아니라 맛있게 보이거나 맛이 없게 보인다. 달리 말해서 우리는 대상에 영향을 받지 않으면, 즉 대상에 의해서 우리 몸이 변화되지 않으면, 대상을 경험할 수가 없다. 우리가 대상을 하나의 독립된 개체로서 경험하는 것이 아니라 관계와 맥락 속에서 경험하기 때문에 그렇게 "주관적으로"(?) 보인다. 이때 주관은 거부되고 배제되어야 하는 것이 아니라 경험의 조건이다. 이것은 변신 이야기에 대해서도 마찬가지이다. 우리가 구렁이가 선비로 변하는 이야기에 정서적으로 영향을 받지 않으면서, 구렁이에 관한 개인적 기억이나 지식, 신화, 싫고 좋은 취향의 개입이 없이, 그 이야기를 들을 수가 있을까? 주위 환경의 변화에 따라서 우리 몸이 변화한다. 기온이 떨어지면 피부에 닭살이 돋는 몸의 변화가 생겨난다. 이러한 피부의 변화가 없이 우리가 춥다는 사실을 알 수가 있을까? 「구렁덩덩 신선비」의 이야기가 변신 사건의 사실성 여부로만 환원된다고 생각하면 우리는 이야기의 본질을 놓치게 된다. 사실이라는 것도 하나의 단일하며 독립된 사건이 아니다. 그것의 바라보는 사람과 그것에 대한 문화역사적 맥락과 분리되어 사실이라는 것은 존재하지 않는다. 사실은 주위 환경과 영향을 주고받는 관계의 맥락 속에서만 존재하기 때문이다. 달리 말해서 우리는 극소수의 예외를 제외하면 데카르트의 주장처럼 사실과 거짓을 명석판명하게 구별할 수가 없다.

데카르트는 사람이 동물로 변화하거나 동물과 결혼하는 신화는 근대인이라면 물리쳐야 하는 편견으로 간주했다. 그러한 이야기는 실증적으로 증명될 수도 확인할 수도 없을 뿐 아니라 자연과학적 법칙이나 인과관계로 설명이 되지 않는 초자연적 사건이다. 근대의 과학적 세계관에서 초자연적 사건이나 현상을 위한 자리는 없다. 그렇지만 우리에게는 너무나 당연하게 여겨지지만 이와 같이 초자연성을 거부하는 세속적 세계관이 전근대인에게는 아주 낯설고 충격적이었다. 생활세계로부터 인간 이성의 범위를 넘어서는 초자연적이고 신적이며 신비로운 요소들을 완벽하게 추방해 버렸기 때문이다. 막스 베버Max Weber는 이러한 변화를 근대의 특징으로서 탈주술화라고 불렀다. 이러한 탈주술화는 전근대인들이 믿고 의지했던 공동체적 생활세계를 부정하는 결과를 가져온다. 유령이나 영혼, 점성술, 신비체험, 기적, 기도의 효과, 예지몽 등이 허구로 간주되기 때문이다. 교회와 성당, 신전 등도 더 이상 특별한 공간이 아니게 된다. 평일과 안식일, 축제 등의 시간적 구분도 전통적 의미를 상실하게 된다. 달리 말해서 시간과 공간이 성스럽거나 그렇지 않은 질적인 차이를 잃고서 모두 균질적이고 중립적이고 양적인 시공간, 즉 측정 가능한 시공간으로 바뀌는 것이다. 일요일에 발생할 수 있는 사건은 평일에도 가능해야 하며, 올림푸스 산에서 일어날 수 있는 사건은 광화문 광장에서도 가능해야 한다. 그렇지 않으면 허구로 간주된다. 호랑이가 담배 피우던 시절의 사건이 오늘날에도 재현이 가능하지 않으면 그것은 거짓으로 판명이 된다. 옛날 옛적의 시공간적 특수성과 고유성이 부정되는 것이다. 이때 그러한 시공간적 특수성, 초자연적 현상을 거부하는 주체는 인간 일반이 아니라 근대라는 특정한 역사적 시공간을 살아가는 개인주의적인 인간이다. 근대의 휴머니스트는 철저하게 세속적이고 자연과학적이며 개인주의적인 것이다. 전근대를 지배했던 종교적·공동체적 권위 및 전통적 가치가 탈중심화되면서 이제 스스로 판단하고 결정하며, 그 결과에 대해 책임을 지는 개인이 세계의 중심을 차지하게 된다.[5] "우리"가 생각하는 것이 "나"라는 개인이 생각하는 것이다. 중요한 것은 "우리"의 진리가 아니라 "나"의 진리가 되는 것이다.[6] 이와 같이 과거의 전통적인 가치와 권위를 추방하고 나면 세계에 남는 것은 개인으로서 자율적인 인간이다. 계몽된 인간이란 전통과 권위의 영향에서 벗어나 이성적 판단을 통해서 자율적으로 진리와 거짓을 구분하는 개인이다. 그런데 어떻게 그러한 관계와 영향에서 벗어날 수가 있을까? 몸이 없는 순수 사유가 아니라면 불가능하다.

  휴머니즘은 권위와 신앙, 인습, 독단의 굴레로부터 인간을 해방시켰다. 세계의 중심축이 신과 사회, 전통으로부터 개인으로 이동을 한 것이다. 이 개인은 초월적 타자에 의존하지 않고서 모든 것을 스스로 판단하고 결정할 수 있는 주체가 된다. 피코 델 미란델라Giovanni Pico della Mirandola가 주장하듯이 신은 저기 저 높은 곳에 있는 것이 아니라 인간의 내부에 깃들어 있다는 말이 된다. 인간은 신의 고지로까지 오를 수 있는 무한한 잠재성을 가진 존재이다.

그러한 인간의 이념을 셰익스피어는 햄릿의 입을 통해서 다음과 같이 표현하였다.

> "인간이란 얼마나 훌륭한 작품인가! 이성의 능력이 얼마나 뛰어나고 무한한가! 몸의 형상과 움직이는 모습이 얼마나 우아한가! 천사처럼 행동하고 이해력은 신과 같구나! 세상의 모든 아름다움! 동물들의 이상이로다!"

그런데 흥미롭게도, 이와 같이 인간의 이미지를 신격화한 다음에 햄릿은 다음과 같이 불만을 토로하였다. "그런데 나에게, 이 흙으로 만들어진 존재의 본질quintessence of dust은 무엇인가? 인간은 나를 기쁘게 하지 않는다. 아니, 여인도 마찬가지다, 비록 당신이 미소 지으며 그렇게 말하는 듯 보일지라도." 햄릿이 인간을 한없이 추켜세운 다음에 정색을 하고서 깎아내리는 이유가 무엇일까? 우울증 때문이라고 대답할 수도 있겠지만, 데카르트의 인간관을 생각해보면 그의 불만이 과학적 세계관에서 기인한다는 사실을 유추할 수 있다. 그는 우리가 먹고 마시며 기쁨을 느끼는 몸을 인간의 본질과는 무관한, 기계적으로 움직이는 물질로 정의하였기 때문이다. 그러한 물질이라는 점에서 인간은 강아지나 고양이, 혹은 나무나 꽃과 다른 점이 없다. 사랑이라는 감정도 따지고 보면 동물의 짝짓기와 다름이 없는 호르몬의 변화에 지나지 않는다. 내친 김에 문학 텍스트를 하나 더 소개하면, 영국의 시인 존 키츠John

Keats는 「구렁덩덩 신선비」와 마찬가지로 뱀의 변신을 다룬 시 「라미아」Lamia를 썼다. 이 시의 주인공 아폴로니우스Apollonius는 아름다운 여인 라미아와 열렬한 사랑에 빠지고, 마침내 성대한 결혼식이 거행되고 있다. 그런데 그의 스승인 과학자 라이시우스Lycius가 등장해서 그녀를 가리키며 "뱀이여! 물러나라"고 폭로함으로써 결혼식을 막장으로 만들어버린다. 이 과학자의 일갈에 그녀는 거짓말처럼 증발해버린다.

> 모든 매력은 차가운 철학의 손길에 날아가 버리지 않는가?
> 한때 하늘에 무시무시한 무지개가 있었지만,
> 이제 우리는 그 무지개의 구조와 질감을 알고 있다;
> 그것은 평범한 것들의 난잡한 목록에 포함되었다.
> 철학은 천사의 날개를 꺾고,
> 모든 신비를 규칙과 선으로 정복하며,
> 유령이 깃든 공기를 비우고, 요정이 숨은 광산을 텅 비게 만든다—
> 무지개를 풀어헤치듯, 아름다운 라미아를 그림자로 만들어버린다.

이 시는 근대 과학에 내재하는 부색부취한 세계관을 폭로하고 있다. 과학은 자연법칙과 인과관계로 설명할 수 없는 모든 현상이나 이야기를 사실이 아닌 환상이나 거짓으로 취급한다. 실증적 사실만이 이러한 세계에 발을 붙일 수가 있다. 이런 세계에서는 무지개와 라미아도 환상이라는 점에서는 동일하다. 서양 기독교의 문화권에서 무지개는 더 이상 세상을 물로 징벌하지 않겠다는 신의 약속이며, 고대 희랍과 로마의 문화에서는 이리스가 신들의 메시지를 전하기 위해 하늘과 땅 사이에 설치한 화려한 연락망(?)이다. 무지개는 신과 인간의 유대와 소통을 표현해주는 초자연적 현상이었던 것이다. 그런데 뉴턴Isaac Newton은 『광학』Optics에서 무지개를 햇빛이 물방울에 굴절되고 반사된 후 다시 굴절되는 자연적 현상으로 설명하고 그것을 실험으로 증명하였다. 초월적인 현상으로서 무지개가 사실은 빛의 반사와 굴절에 지나지 않는다는 것이다. 무지개가 그러하다면 아름다움은 어떠한가? 아름다움과 사랑이 객관적 사실로 증명될 수 있을까? 아름다움은 바라보는 사람의 눈에 깃든다는 말이 있다. 아름다움을 비롯해서 신화, 그리고 사물의 가치는 객관적으로 존재하는 사실의 세계가 아니라 의미의 세계에 뿌리를 내리고 있다. 필자가 듣기에 그럴 듯한 심청전이나 흥부전이 다른 사람이 듣기에도 진실하다고 여겨지면 신화가 되고 역사가 되는 것이다. 즉 아름다움과 의미, 가치, 혹은 도덕은 그것을 바라보는 사람들의 믿음, 베이컨의 용어를 빌리면 극장과 시장의 우상과 떼어놓을 수가 없다는 사실이다. 이 시를 빌려서 키츠는 객관적인 사실이 아니라는 이유로 아름다움의 가치를 부정하는 근대 과학의 오만을 비난하고 있다. 키츠에 의하면 주관과 객관, 사실과 의미는 서로 떼어놓을 수가 없다. 극장과 시장의 우상도 과학적 사실에 못지않은 의미와 가치를 지니고 있는 것이다.

그렇다면 과학에서 사실이 무엇일까? 사실이 스스로를 증언하도록 하라는 말이 있다. 이때 사실은 관찰자와 무관하게 객관적으로 존재하는 물질 및 물질적 현상으로 정의가 된다. 자연과학은, 만유인력이나 질량보존의 법칙을 빌려서 그러한 사실의 성질이나 작용, 운동을 인과적으로 설명하는 위력을 발휘하였다. 그런데 관찰자와 무관한 물질이나 사실이 있을 수가 있을까? 관찰자가 없는 진공 속의 뱀이라는 것이 있을 수가 있을까? 뱀이라는 말은 사실이 아니라 특정한 생명체에 대한 상징적 정의이다. 그렇다면 이렇게 이해할 수도 있다. 사실이 상징적 정의를 가능하게 하는 것이 아니라 말이 사실을 가능하게 한다고. 데카르트가 물질을 정의하는 방식도 크게 다르지 않은 듯 보인다. 그는 물질을 공간을 점유하고 있는 연장$_{extension}$으로 정의하고, 그것의 크기와 모양, 위치, 정지와 운동과 같은 양적인 성질을 물질의 본질적 성질로 간주하였다. 크기와 모양, 위치를 가지지 않는 물질이라는 것은 상상할 수가 없다. 그런데 흥미로운 점은, 그가 색깔이나 맛, 냄새와 같은 성질은 비본질적 성질로 보았다는 사실이다. 나중에 로크는 전자를 객관적이며 불변하는 제1성질, 후자는 가변적이고 주관적인 제2성질로 분류하였다. 우리 논의와 관련해서 또다시 흥미로운 사실은, 과학이 사물을 있는 그대로 다루는 것이 아니라 그것의 객관적 성질만을 대상으로 한다는 사실이다. 과연 로크가 명명한 이른바 객관적 성질이라는 것이 과연 객관적일까? 그것은 물질 자체가 아니라 추상화된 물질, 성질의 일부가 제거되어 빈곤해진 물질이다. 가령 장미에게서 색상과 향기를 제거하고 남아있는 물질이 장미의 객관적 소여일까? 라마아에게서 아름다움을 제거하고 나면 과연 무엇이 남을까? 이처럼 과학이 물질에서 그것의 성질의 일부를 제거하고 배제함으로써 객관성을 확보한다면, 이것은 정의나 묘사가 아니라 조작이나 변형, 수행적 행위에 가깝다. 이 점에서 라이시우스는 탁월한 과학자이다. 그가 그녀를 가리키며 뱀이라고 외친 순간에 그녀가 사라져버렸기 때문이다. 뱀이라고 정의하면 라미아가 뱀이 되듯이 장미의 제1성질이 연장이라고 정의하는 순간에 장미는 색깔도 향기도 없는 물질이 되어버린다.

과학은 관찰의 대상으로부터 관찰자의 입김이 개입하지 않도록 관찰자를 관찰의 장에서 배제한다. 대상을 좋아하거나 싫어하는 관찰자의 취향과, 대상으로부터 관찰자가 받는 영향이 사태를 왜곡시킬 위험을 경계하기 때문이다. 이러한 위험에서 벗어나기 위해서는 테일러가 주장하듯이 관찰자는 무균질 실험복으로 자신을 무장하지 않으면 안 된다. 장미를 장미가 아니라 무색무취의 돌처럼 지각해야 하고, 또 그러기 위해서는 돌처럼 자신의 감정을 완벽하게 배제해야 한다. 그래야 편견이나 주관에 물들지 않은 명석판명明晳判明한 판단이 가능하게 된다. 그리고 이러한 과학자의 판단과 결정은 개인적 의견으로 머무는 것이 아니라 과학이라는 제도적 권위를 등에 업고서 진리의 효과를 발하기 시작한다. "올림픽 개최를 선언한다!"라는 선언문처럼 선언적이며 수행적이 되는 것이다. 즉 과학이 사실을 생산하는 것이다. 이 지점에서 과학은 매우 역설적이다. 과학은 스스로 주장하듯이 사실을 발견하는 것이 아니라 주체와 대상을 분리하고 또 가능한 양자의 상호작용을 차단함으로써 사실을 생산하기 때문이다. 사실은 그러한 과학적 작업의 효과이다. 과학은 진리를 공평무사하게 객관적으로 발견한다고 주장하지만, 그러기 위해서는 먼저 과학의 이름으로 진리의 장을 멸균하고 정화시켜줘야 한다. 즉 뒤섞여 있는 주관과 객관, 제1성질과 제2성질을 분리시키는 것이다. 그렇지만 그가 그렇게 진리의 장을 정화해야 한다는 사실, 그리고 과학자가 무균질로 소독한 보호구(실험복, 안전 안경, 라텍스 장갑, 안전화, 호흡기 Respirator 등)를 착용하고 실험에 임해야 한다는 사실은, 근대 과학의 주장과 반대로 인간의 몸이 밀폐된 몸이 아니라 환경에 열린 몸이라는 사실을 반증해주고 있다.

포스트휴머니즘적 관점에서 본 변신 이야기

　인간과 동식물과 자연의 관계는 구전설화가 즐겨 다루는 주제의 하나이다. 특히 흥미로운 것은, 동물과 사람의 혼인을 다루는 이물교환의 이야기이다. 인간관계에서도 가장 친밀하고 은근하면서도 가장 가까운 관계가 성적관계이다. 이때 우리는 자신을 규정하고 또 보호해주는 모든 사회적·제도적 매개를 벗고서 알몸으로 타자와의 관계에 임하게 된다. 그래서 가장 취약한 존재가 된다. 이처럼 보호복을 벗는 순간에 몸은 구멍이 송송 뚫려있는 몸, 뿐만 아니라 그것을 상대에게 개방하는 몸이 된다. 독립적이며 자율적이었던 개인이 불완전한 미완성의 존재, 관계론적 존재로 위상이 바뀌는 것이다. 그러면서 '나'의 정체성이 우리의 정체성으로 전환되고, 하나이면서 둘이고 둘이면서 하나인 새로운 존재의 영역으로 접어들기 시작한다. 이러한 존재론적 변화는 우리의 논의의 핵심에 위치한다. 사랑의 사건을 통해서 개별적 존재의 배경에 있던 관계의 실체가 현시되기 때문이다. 개별적 존재론에 따르면 A는 A이고 B는 B이다. A는 피부라는 경계(보호막/방어막)를 통해서 외부 환경과 구분되는 자신의 내부(생물학적으로 신진대사 활동, 항상성 유지, 면역 체계 등)와 자신의 고유한 자서전적 서사를 가진다. A는 스스로 자신을 규정하는 자유로운 행위자로서, 외부 환경이 아니라 자신의 내적 욕망과 기획에 의해서 자신의 정체성을 형성시켜 나간다. B나 C 등이 그의 정체성에 영향을 가하지 못하는 것이다. A는 어디까지나 A이다. 그런데 사랑의 관계에 접어드는 순간에 A는 더 이상 자신의 이전과 같이 경계가 분명하고 안정된 정체성을 유지할 수가 없다. B와 사랑에 빠지는 순간에 B와의 만남이, 구렁이가 신랑으로 변신하듯이 A가 a로 바뀌기 때문이다. 앞서 우리는 이러한 변화가 전근대적 문화의 주술적 특징이라는 것을 살펴보았다. 나의 인형을 만들어서 나를 바늘로 찌르면 내 몸에 고통이 발생하는 것이다. 내(I)가 저주받는 나(i)로 바뀌는 것이다. 보름달이 뜨면 멀쩡했던 옆집 친구가 갑자기 늑대로 바뀔 수도 있으며, 마당에 버려진 손톱을 먹은 쥐가 신랑으로 변모할 수도 있다. 이러한 변신의 이야기는, 우리 존재가 극적으로 변화하는 특별한 만남이 있다는 사실을 가리키고 있다. 사랑은 그러한 주술적 변화의 단적인 예이다.

이제 「구렁덩덩 신선비」를 살펴보기로 하겠다. 구전되어 내려오던 설화를 채록하였기 때문에 여러 다양한 판본이 있지만 그러한 사실은 무시하고 간단히 줄거리만 간추리겠다. 자식도 없고 가난하고 연로한 노인이 삿일하던 밭에서 하얀 알을 주워서 삶아 먹었는데, 구렁이 아들을 출산하게 된다, 남의 눈에 띄지 않도록 삿갓에 숨겨서 키웠는데, 이웃집의 세 딸이 구경을 오게 되고, 두 언니는 흉하다면서 거들떠보지도 않았지만 막내딸은 구렁덩덩 신선비라는 이름을 지어준다. 나중에 신선비와 셋째 딸의 혼인이 성사되었는데 첫날밤에 신선비가 밀가루에 목욕하자 뱀의 허물을 벗고서 잘생긴 남자로 변모하였다. 신랑은 누구에게도 보이지 말라고 신신당부하면서 신부에게 자신의 허물을 맡겼지만, 여동생을 시샘한 두 언니가 허물을 빼앗아서 불에 태워버린다. 그러자 신랑이 사라지고, 신부는 신랑을 찾기 위해 집을 나선다. 황소를 대신해서 논을 갈아 주기도 하고, 새를 쫓는 토끼에게 가락지를 선물하기도 하고. 해피엔딩으로 끝나기까지 여러 에피소드가 있는데 생략하기로 하겠다.

  이 이야기를 포스트휴먼적으로 설명하기에 앞서서 선행연구를 간단히 소개하도록 하겠다. 두 손으로 셀 수 없을 정도로 선행연구들이 많았는데 그럼에도 방법론에 있어서는 모두 일치하는 공통점을 보여주었다. 모두 휴머니즘적으로 텍스트를 해석하였으며, 이를 위해서 이야기 표면과 심층을 구별하고 있었다. 즉 변신을 글자 그대로 이해하는 것이 아니라 알레고리나 상징, 혹은 우화로서 해석하였다. 인간과 뱀의 관계 맺기처럼 어려운 남녀 관계를 이솝우화처럼 우의적·상징적으로 풀어내는 연구들이 주류를 이루었다. 이러한 해석의 과정을 거치면 뱀의 진짜 의미는 '뱀'이 아니라 무의식이나 동물의 신성, 남녀관계, 외면과 내면의 차이, 지혜, 희생과 사랑 등으로 추상화되어버린다. 해석의 작업이 변신이라는 사건의 물질적 변화를 중화시키는 효과를 가져온 것이다. '뱀처럼 지혜롭게, 뱀처럼 외모가 형편없었는데 등으로 비유화되면서 변신의 사건을 비롯해서 모든 동식물들은 인간 이야기를 위한 들러리로 전락해버린다.' 그럼으로써 이야기의 중심일 수 있는 비인간 행위자를 변방의 영역으로, 무시해도 좋은 부수적인 것의 영역으로 추방해버린다. 뱀은 굳이 뱀일 필요가 없다. 두꺼비이든 쥐이든 여우이든 상관이 없다. 어차피 비인간 존재들은 인간을 위한 수단에 지나지 않는 것이니까. 여기에서 필자가 말하고 싶은 것은, 설화 자체가 아니라 설화에 대한 해석이 인간중심적이지 않은 이야기를 인간중심주의적으로 재구성한다는 점에 있다. 이러한 인본주의적 재구성에 의하면 A는 영원히 A이다. a처럼 보일 수도 있지만 본질에 있어서는 A라는 주장으로 수렴되는 것이다.

 이와 같이 우의적으로 설화를 해석하는 이유를 짐작하기는 어렵지 않다. 이미 앞서 설명하였듯이 우리는 사실과 허구, 객관과 주관을 엄격하게 구분하는 근대의 과학관에 비추어서 설화를 이해하려고 한다. 이와 같은 사실과 허구의 구분이 문학텍스트의 해석의 영역에서는 텍스트 표면과 심층, 자구적 해석과 비유적 해석, 원관념과 보조관념 등의 구분으로 재생산되는 것이다. 이러한 해석의 유효성을 부정하자는 것은 아니다. 그렇지만 우리는 전근대인들이 과연 근대인들처럼 사실과 허구를 그렇게 엄격하게 구분하였는지 자문해볼 필요가 있다. 그러한 구분은 결코 자명하지 않다. 세계에서 발생하는 사태나 현상은, 혹은 그것에 대한 이야기나 관념들은 사실과 허구의 이분법으로 깔끔하게 군더더기 없이 나뉘지 않기 때문이다. 대부분 전승되어 내려오는 설화는 주관도 아니고 객관도 아닌 공통체적 간주관, 즉 "우리"의 영역에 속해있기 때문이다. 우리와 독립되어 존재하는 사실이 있는 것이 아니라 우리가 믿기 때문에 사실이 되는 것이다. 주지하듯이 설화는 근대의 문학양식인 소설처럼 개인의 창작품이 아니라 전승된 공동체적 이야기이다. 사실과 믿음을 떼어놓을 수가 없는 것이다. 사실, 엄밀한 의미에서 우리가 경험하는 대부분의 현상이나 사태는 객관적 사실이 아니라 공통된 믿음에 가깝다. 대통령, 화폐, 대학교, 자동차 등도 믿음과 무관하게 독자적으로 존재하는 실체가 아니다. 믿음을 내려놓는 순간에 화폐는 종이조각으로, 대학교는 폐건물로 전락해버린다. 우리는 뱀이 사람으로 변신하는 이야기를 사실이 아닌 허구라고 생각하는 경향이 있다. 그렇지만 사실과 허구를 떼어놓지 않으면 직성이 풀리지 않는 근대의 과학관이 허구일 수도 있다. 우리는 설화를 근대적 맥락이 아니라 설화를 주고받으면서 의사소통을 하였던 전근대적 맥락에서 접근할 필요가 있다.

전근대인들은 우주의 모든 존재들이 서로 영향을 주고받는 관계에 있다고 보았다. 그러한 관계의 맥락에서 벗어나 개별적으로 존재하는 자기 동일적인 사물이란 존재하지 않는다고 믿었던 것이다(A≠A). 가령 오르페우스가 리라를 들고 연주를 시작하면 지금까지 그 자리에 돌처럼 서있던 초목이 몸을 움직이며 춤을 추기 시작한다. 아무 생각 없이 나뭇잎을 그냥 꺾으면 안 된다. 월계수로 변신한 다프네가 아프다고 소리를 지를 수도 있다. 이러한 주술적 세계에서는 변치 않는 언제나 자신의 정체성을 유지하는 돌이나 나무, 인간은 찾아볼 수가 없다. A와 B가 만나서 감응하면 ab와 ba로 바뀔 수가 있다. 「구렁덩덩 신선비」에 등장하는 인간과 동물, 사물들도 마찬가지이다. 할머니를 비롯해서 옆집 세 여자, 동물의 알, 구렁이, 삿갓, 이름(구렁덩덩 신선비), 허물, 밀가루, 빨래, 황소, 토끼, 신랑의 거처 등 온갖 삼라만상이 이야기에 참여하고 있다. 방관자로 참여하는 것이 아니라 적극적으로 개입해서 주인공을 도와주거나 훼방함으로써 이야기의 방향을 바꾸는 역할을 행사한다. 가령 할머니는 허리가 구부러진 노약한 할머니이지만 알을 삶아 먹으면 출산이 가능한 여성으로 변신한다. 만약 "잠깐!" 외치면서 할머니도 가임이 가능한지를 묻는 사람이 있다면, 그것은 근대인이다. 당시에는 질량보존의 법칙이나 만유인력의 법칙, 양적인 공간 등의 개념이 생소하던 시절이었다. 전근대인은 사연이 초자연적이라고 생각하였다. 앎과 지식의 진정한 주체는 인간이 아니라 신이라고 믿었기 때문이다. 아무튼 다시 「구렁덩덩 신선비」 이야기로 돌아가겠다. 흥미롭게도 이 이야기에서는 말도 주술적인 힘(주문, 부적)을 가지고 있다. 막내딸이 구렁이를 보고서 '구렁덩덩 신선비'라고 부르는 순간에 이미 구렁이는 선비로 변모하기 시작한다. 이러한 이유로 한밤중에 문밖에서 우리 이름을 부르는 소리에 대답을 하면 큰일이 난다는 믿음이 생겨나기도 했다. 이때 이름은 대상의 묘사나 기술, 정의가 아니라 수행적 효과를 발휘한다. 열 명에서 한 사람 바보 만들기 쉽다는 말이 있다. 아무리 똑똑한 사람도 바보라고 불리면 바보가 된다.

 다시 구렁덩덩 신선비라는 이름이 가진 수행적 효과를 생각해보기로 하겠다. 물론 모든 언어가 수행적이지는 않다. 예컨대 A를 A라고 부르는 언어 사용은 사실적이거나 묘사적 진술이다. 존재론적으로 안정된 세계에서도 A=A와 같은 동일률이 지배한다. 토끼는 토끼이고 황소는 황소이다. 우리는 이러한 동일률을 당연한 진리라고 생각하는 경향이 있다. 그런데 과연 전근대의 세계, 막스 베버가 '주술적'이라고 칭했던 사회에서도 그러했을까? 그렇지 않았다. 뱀이 사람으로 변할 수도 있는 주술적·초자연적 세계를 믿었기 때문이었다. 그렇다고 그들이 뱀과 인간의 차이를 구분하지 않았다고 주장하려는 것은 아니다. 당연히 그들도 뱀과 다른 동물들을 구분하였으며, 독뱀에 물리면 죽을 수 있다는 사실도 잘 알고 있었다. 그렇지만 우리처럼 뱀과 인간의 차이를 불변의 본질적인 차이로 파악하지는 않았다. 우리는 이와 같은 전근대와 근대의 차이를 데카르트의 물질관, 로크의 제1성질과 제2성질의 개념을 빌려서 설명할 수가 있다. 데카르트에게 물질은 무엇보다도 시각적 대상으로, 공간을 차지하는 연장으로서 정의가 된다. 그것은 양적으로 측정이 가능하고 부피를 가지며 안과 바깥의 구분이 가능하고, 무엇보다도 스스로 변화할 수 있는 능력이 결여된 관성적이며 수동적인 물질이다. 앞서 우리는 그가 색상이나 향기, 촉감, 온도와 같은 가변적인 특징들은 주관적인 성질이라는 이유로 무시하였다는 점을 지적하였다. 그 결과 신선비는 활기가 있을 때이든 무기력할 때이든 언제나 신선비이며, 아내와 함께 있을 때나 두 언니와 함께 있을 때에도 똑같은 신선비이다. 달리 말하면 그가 접촉하는 대상과의 관계에 의해서 발생하는 힘의 변화, 정동의 변화는 철저하게 무시되는 것이다. 그러한 변화는 그의 본질에 영향을 미치지 않는 부차적이고 표면적인 변화로 간주될 따름이다. 앞서 우리는 이러한 표면과 심층을 분리하는 방식이 설화를 읽는 방법론이라고 지적하였다. 우리는 설화를 읽으면서 끊임없이 변화를 동일성으로 환원시키는 독법을 설화에 강요하는 것이다. 전근대인이라면 설득되었을 수도 있을 변신의 핍진성을 우리는 실증적 사실의 기준에 미치지 못한다는 이유로 그것의 유효성을 끊임없이 부정하고 거부하며, 알레고리적이며 우의적인 의미로 환원시킨다. 이 대목에서 우리는 데카르트의 근대적 물질관을 다시 생각해볼 필요가 있다. 그러한 물질관은 유일무이한 진리는 아니다. 그것은 가능한 물질관 가운데 하나인 근대적 물질관, 즉 연장으로 정의되는 관성적 물질관을 반영하고 있다. 그리고 다시 말하지만 그러한 물질관은 무전제적인 진리가 아니라 색상과 냄새, 온도와 같은 물질적 변화를 방법론적으로 거부함으로써 성립되는 물질관이다. 그렇다면 이러한 물질관이 배제하는 물질성을 물질의 개념에 포함시킨다면 어떠한 물질관이 새롭게 등장할 수가 있을까? 만약 그것이 불가능하다면 우리는 제1성질이 제1성질로서 성립하기 위해서 물질의 정의로부터 배제하였던 제2성질의 관점에서 새롭게 물질을 재구성할 수가 있다. 제1성질과 달리 제2성질은 관계로서 존재한다. 햇빛을 받으면 물질은 빛 에너지를 흡수해서 색상이 밝아지고 온도가 상승하고 팽창하며, 단단했던 얼음이라면 녹아서 액체로 흐르기 시작하며, 식물이라면 광합성 작용이 시작이 된다. 이때 구렁덩덩 신선비의 모든 구성요소들이 행위자이듯이 이 모든 물질들은 에너지이다. 연장으로서 물질은 쥐 죽은 듯이 숨도 쉬지 않고서 가만히 있지만 에너지로서 물질은 주위의 다른 물질과 상호작용하면서, 즉 변화를 가하고 또 역으로 변화를 당하면서, 끊임없이 잠재적 에너지의 양을 증가하거나 감소하는 과정에 있다. 물질은 즉 에너지인 것이다. 그렇다고 에너지가 물질이라는 사실을 부정하는 것이 아니다. 다만 연장으로서 물질을 정의하는 근대적 물질관이 가진 한계를 지적하고 싶을 따름이다. 에너지는 실체가 아니라 관계로서 존재한다. 그리고 에너지는 인간과 비인간의 차이도 따지지 않는다. 중요한 것은, 행위자들이 발휘하는 상호작용의 밀도와 강도이다. 고대 그리스 신화의 예언자 타이리시어스Tiresias는 길을 가다가 교미하는 뱀을 보고서 지팡이로 내리쳤는데 그 순간 여자로 변했다. 그리고 몇 년 후에 같은 상황에 직면해서 또다시 지팡이로 내리쳤는데 다시 남자로 바뀌었다. 지팡이와 뱀의 만남이 주술적 효과를 발휘한 것이다. 「구렁덩덩 신선비」에서도 막내딸이 뱀을 향해서 불러준 구렁덩덩 신선비라는 이름이 뱀과 만나서 선비로 바뀌기 시작했다.

참고로, 음양오행 이론은 모든 사물과 현상이 실체가 아니라 음과 양 및 오행(화, 수, 목, 금, 토)이라는 기본 요소의 혼성적 결합체, 혹은 배치로 파악한다. 음양이 로크의 제2성질이라면 오행은 제1성질이라고 할 수 있는데, 로크와 달리 전자와 후자는 결코 떼어놓을 수 없는 유기적 결합 관계에 있다. 근대의 과학적 물질관과 음양오행의 가장 큰 차이는, 모든 요소나 사물들이 정적이고 비활성적인 것이 아니라 서로를 끌어당기거나(상생) 반발하는(상극) 힘을 가지고 있다는 주장에 있다. 관계가 변하면 사물도 변화하게 된다. 때문에 인간이나 뱀, 토끼와 같은 존재도 자율적인 실체가 아니라 변화하는 관계가 만들어내는 유동적 현상이 된다. 좋은 관계가 서로에게 약이 되는 상생이라면 나쁜 관계는 독이 되는 상극이다. 가령 뱀띠와 닭띠, 소띠는 서로 잘 어울리는 상생이지만 뱀띠와 돼지띠, 원숭이띠, 호랑이띠는 충돌하고 갈등하는 상극이다. 그렇다면 막내딸은 닭띠이거나 소띠, 두 언니는 돼지띠나 원숭이띠에 해당하는 성질을 가지고 있을 것이다.

필자가 이와 같이 음양오행이론을 소개한 이유는 그것이 포스트휴머니즘적 우주관에 가깝기 때문이다. 휴머니즘은 인간과 비인간을 엄격하고 구분하고 전자가 후자를 지배할 수 있는 월등한 이성적 행위자로 간주한다. 인간만이 존엄하고 독립적인 자율적인 주체이다. 반면 비인간 존재는 기계처럼 스스로 행위 능력이나 판단 능력이 없는, 입력된 본능에 따라서 살아지는 존재에 지나지 않는다. 가령 인간이 자신의 특정한 목적과 의도를 가지고 길을 걸어간다면 동물은 종적 본능에 의해 걸어가도록 조작되어 있다. 코끼리는 코끼리처럼 걷는다면 인간은 각자 개성적으로 걷는다. 이러한 휴머니즘적 세계에서는 구렁덩덩 신선비처럼 인간과 비인간의 결합이나 변형, 인간과 기계의 결합이라는 것은 생각할 수가 없다. 강아지를 끔찍이 사랑하고 강아지를 잃어버리면 우울증에 걸리는 사람도 강아지와 외적인 관계만을 가지는 것으로 간주된다. 휴머니즘은 중요한 관계를 비본질적이고 사소하며 외적인 관계로 설명함으로써 관계의 깊이와 진정성을 무화시켜 버린다. 관계를 부정하고 개체의 독립성과 자율성을 강조하는 세계에서는 그러한 (배제의) 논리가 올바른 진리로 자리를 잡게 된다. 그렇지만 관계의 중요성을 인식하는 순간에 그것이 인본주의적 허구라는 사실이 드러나기 시작한다. 모든 존재는 주위 환경과의 상호관계(상생과 상극의 관계) 속에서만 생존을 유지할 수 있기 때문이다. 가령 우리는 몸의 열린 입으로 타자의 몸을 먹어치우지 않으면 생존이 불가능하다. 마찬가지의 이유로 우리는 강아지가 없으면 살 수 없는 사람도 인정하지 않으면 안 된다. 그 사람은 강아지-사람이라고 할 수 있다. 조금 더 사례를 생각해보기로 하자. 우리가 스마트폰의 도움이 없이 친구의 집을 찾아가고 기차표를 예매하며 그 많은 전화번호들을 기억할 수가 있을까? 우리는 스마트폰이 없으면 기능을 할 수 없는 스마트폰-사람(연합체)이다. 창조적인 작업도 마찬가지이다. 우리가 컴퓨터 없이 생각하고 글을 쓸 수가 있을까? 저는 키보드에 손을 올려놓지 않으면 글이 나오지를 않는다. 제 머리가 아니라 키보드에서 생각이 흘러나와 컴퓨터 스크린에 글씨로 물질화되는 것이다. 컴퓨터라는 기계와 결합된 컴퓨터 인간, 즉 사이보그이다. 안경을 벗으면 장님이 된다는 점에서 안경 사이보그이기도 하다. 이 점에서 휴머니스트들이 전제했던 자율적이며 독립적인 인간이란 더 이상 존재하지 않는다. 허구이거나 가정, 혹은 희망적 사유라고 보아야 한다. 그럼에도 우리가 여전히 자신을 환경과 독립된 개체로서 생각하는 이유는, 근대의 개인주의와 데카르트적 물질관의 영향이다. 우리는 A와 B의 얽힘과 상호작용에 주목하는 것이 아니라 양자를 개체(연장)로서 분리해서 바라보는 경향이 있다. 생성하는 과정이 아니라 완성된 결과로서 물질을 사유하는 것이다. 이것이 근대의 실체론적 존재론이다. 분리와 구별의 방법론을 취함으로써 관계와 상호작용이 사라지도록 만드는 것이다. 관계를 중시하는 음양오행이론이나 4원소설, 4체액설, 그리고 변신 이야기들이 기껏해야 우의적으로 해석되는 까닭이다.

새로운 관계 맺기의 가능성

그렇지만 설화를 비롯해서 전근대적 과학이 포스트휴머니즘적이라고 주장하려는 것은 아니다. 인간과 비인간의 상호 관계와 비인간의 행위자성을 전경화한 점에서 이들은 탁월하게 포스트휴머니즘적이다. 인간이 탈중심화되어 있기 때문이다. 그럼에도 불구하고 한 가지 점에서 전근대적 물질관은 (필자가 생각하는) 포스트휴머니즘과 전적으로 상반된 입장에 있다. 신화의 바탕에 깔린 목적론적 전제가 그것이다. 여기서 우리는 근대가 전근대의 사유체계를 미신과 편견, 혹은 우상으로 이름으로 청산하기 위해서 인간의 이성을 그러한 비판 작업의 기준으로 배치했다는 사실을 기억할 필요가 있다. 이성의 빛에 의해서 이른바 전근대의 어둠(혹은 신적인 세계관)을 물리친 것이다. 즉 전근대적 신중심을 인간의 이성 중심으로 대체한 것이다. 이때 신 중심은 목적론을 의미한다. 신, 혹은 초자연이 우주의 모든 현상과 사물을 지혜롭고 조화롭게 지배하고 있다는 관념이 그것이다. 이때 우리는 크게는 기후변화를 비롯한 온갖 재난들, 작게는 개인의 행복과 불행의 원인과 이유를 우주의 섭리나 신의 의도로부터 유추해서 이해하고 대처해야 한다. 진인사대천명, 예정조화설, 운명설, 윤회설, 대우주, 달 위의 세계superlunar. 존재의 연쇄, 천동설, 해피엔딩, 권선징악 등이 그러한 목적론을 반영하고 있다. 구렁덩덩 신선비도 예외가 아니다. 이 이야기에는 신이 등장하지 않지만 신의 손길이 언제나 두 주인공과 함께하고 있다는 사실은 쉽게 짐작할 수 있다. 그래서 옛날이야기에는 스릴과 불안감이 없다. 주인공이 온갖 고초를 당하고 어둠의 골짜기에서 방황할지라도 독자들은 마음의 평온을 잃는 법이 없다. 혼란은 극복되고 해피엔딩과 조화의 회복으로 끝나리라는 확신이 있기 때문이다. 그런데 카프카의 『변신』을 읽으면서도 그러한 마음의 평안을 유지할 수가 있을까? 그렇지 않다. 만약 구전설화라면 그레고르 잠자는 시련과 역경을 거친 다음에 지네의 허물을 벗고서 이전보다 더욱 아름다운 몸으로 거듭나야 한다. 무의미한 고통이란 존재하지 않아야 하니까. 그리고 그에게 사과를 던져서 죽음에 이르게 만들었던 누이동생은 벌을 받아야 마땅하다. 악은 순간적으로 승리할 수 있지만 궁극적으로는 선이 승리하는 정의로운 세계가 구현되기 때문이다. 그러나 카프카는 우리에게 결코 그러한 위안을 제공하지 않는다. 우주의 목적이나 의도, 정의 같은 가치를 거부하기 때문이다. 세계를 지배하는 것은 정의가 아니라 무의미한 우연성, 에피쿠로스 철학에서의 클리나멘Clinamen이라고 불렀던 우발성이다. 이처럼 포스트휴머니즘의 세계는 고전적 조화와 질서, 필연, 정의, 섭리의 세계가 아니라 우연적 세계이다. 만약 자연이 고대희랍의 phusis나 노장의 自然, 즉 그대로 있음, 저절로 있음, 스스로 있음의 조화와 균형을 의미한다면 포스트휴머니즘의 우주에는 그러한 자연이 없다. 끊임없는 변화와 생성이 있을 따름이다. 그리고 이른바 자연이라는 것은 문명과 기계라는 것과 떼어놓을 수 없이 얽혀있으며 혼재하고 있다. 자연의 본질이 없듯이 인간의 본질도 없다. 우주와 물질을 구성하는 무수히 많은 행위자들의 끊임없는 상호작용만 있을 뿐이다. 포스트휴머니즘이 데카르트를 비판하면서 그와 동시대 철학자였던 스피노자를 재평가하는 이유가 여기에 있다. 스피노자는 초목과 바위, 흙을 비롯한 모든 존재를 자신의 존재를 계속 유지하고자 하는 욕망conatus으로 정의하였기 때문에 인간과 비인간 존재, 마음과 몸을 개념적으로 구별하지 않았으며, 행위의 주체를 개체가 아니라 군체, 어셈블리로 보았다. 그에게 안과 밖의 구별이 분명하고 존재론적으로 안정된 개인이라는 것은 있을 수가 없다. 모든 것이 환경과 상호작용하는 과정이며 현상이다. 스마트폰을 보면서 길을 걸어가다가 돌부리에 걸려 넘어질 뻔한 개인(?), 무더위에 지친 몸에 아이스크림이 들어가서 기분이 좋아진 존재(개인?)가 있을 따름이다. 이때 그러한 개인은 김종갑+스마트폰+길+돌부리의 결합체(A), 혹은 무더위+아이스크림의 결합체로서 순간적으로 존재한다. 바로 다음 순간에 김종갑+지하철+서강대학교+한국고전연구학회 하계학술대회+발표자의 결합체(A')로 변화해 있을 수 있다. 이때 김종갑은 항수가 아니라 변수의 하나이며 상호작용의 효과로 바뀔 수가 있다. 신경림 시인의 시 「목계장터」에 다음과 같은 구절이 있다. "하늘은 날더러 구름이 되라 하고, 땅은 날더러 바람이 되라 하네." 음양오행에 따르면 바람은 나무(木)와 성장을, 구름은 물(水)과 변화와 상응하는 관계에 있다. 이때 바람은 나무를 상징하는 것으로 해석하면 안 된다. 표층으로서 바람과 심층으로서 나무로 이원화되기 때문이다. 존재와 힘(氣)들의 상호작용이라고 해야 옳다. 생각이나 관념이 물질적이듯이 물질도 관념적이다. 관념이든 물질이든 변화를 만들어내는 수행능력과 효과로서 존재하기 때문이다.

참고문헌

스티븐 호킹, 레너드 믈로디노프. 『위대한 설계』. 전대호 옮김. 까치, 2010.
Descartes, Rene. Discourse on Method and Meditations on First Philosophy. Tr. Doland Cress. Cambridge: Hacket Publishing Company,1998.

미주

---

1) "오늘 우리가 아는 자연법칙의 개념을 최초로 분명하고 엄밀하게 제시한 인물은 데카르트였다".(호킹, 『위대한 설계』 33) 무엇보다도 데카르트는 권위주의적이고 교리 중심적인 스콜라 철학의 전통과 단절함하는 계기를 만들었다. 가령 유기체의 생명을 신이 부여한 활력animating principle으로 설명하였던 전통을 거부하고 동물의 생명과 활동도 철저하게 물리적·기계론적으로 설명하였다. 동물의 생명animal spirits이라는 것도 증기기관의 증기나 화력기관의 불길처럼 동물의 물질적 회로(신경계)를 오고가며 정보를 전달하고 움직이도록 만드는 미세한 물질에 지나지 않는다.
2) 현대의 창발성 이론은 물질에서 마음이 출현하였다고 주장한다. 이 이론을 수용하는 포스트휴머니스트들도 적지 않다. 물질과 마음의 차이는 본질적인 차이가 아니라 역사적인 차이, 질적인 차이가 아니라 양적인 차이라는 것이다.
3) And even though the whole mind seems to be united with the whole body, if however a foot, an arm, or any other part of the body is cut off, I know that nothing is thereby taken away from the mind (Descartes, Meditations, p. 67).
4) 그는 『방법서설』의 1절과 3절에서 지적으로 성숙하지 못했던 어린 시절에 접하거나 경험하고 읽혔던 편견, 억견, 허구적 이야기들이 오류의 원인이라고 고백하였다.
5) 데카르트에게 진리의 주체는, 모든 전승된 전통과 권위를 그대로 수용하는 것이 아니라 스스로 판단해서 옥석을 가려야 하는 개인이다. 마찬가지로 프랜시스 베이컨(Francis Bacon)도 『신기관』(Novum Organum)에서 인간의 사유를 방해하고 진리를 왜곡하는 것들을 4종류의 우상으로 분류하였는데, 동굴의 우상을 제외하면 나머지 종족과 시장, 극장의 우상은 모두 우리가 속한 사회와 언어 공동체와 관련된 것들이다.
6) 데카르트의 『성찰』(Meditation on First Philosophy)의 다음 구절을 참조할 수 있다. I will now shut my eyes, stop my ears, and withdraw all my senses. I will eliminate from my thoughts all images of bodily things, or rather, since this is hardly possible, I will regard all such images as vacuous, false and worthless. I will converse with myself and scrutinize myself more deeply; and in this way I will attempt to achieve, little by little, a more intimate knowledge of myself (69–70).

비인간들이 그려내는
인간-비인간 네트워크의 세계

이지용

◆ SF 작품에서 확인하는 현대 포스트휴머니즘 담론의 맥락

　우리가 살아가고 있는 세계가 인간들로만 구성되어 있던 적은 단 한 번도 없다. 하지만 우리가 세계를 인식하는 태도들이 담겨 있는 문화예술 작품들에서 비인간은 언제나 소외되고 대상화되어 있는 타자이기도 했다. 특히 인간이 만들어 낸 무생물의 개체들이나 인간이 변화를 주었을 때 저항하지 못하고 수동적으로 영향을 받기만 한다고 생각했던 자연은 언제나 이야기의 배경이나 도구로 물러나 있었던 것이 일반적이었다. 하지만 SF_{Science Fiction} 장르에서는 비인간_{non-human} 캐릭터들이 언제나 이야기의 주체로 등장해 왔다. SF는 오히려 인간을 이야기의 중심으로 내세우기보다는 비인간 캐릭터들을 이야기의 주체로 다루는 데 익숙한 장르이다. 장르의 효시라고 불리는 메리 셸리의 『프랑켄슈타인』(1818)이 그러했고, 대중적인 성공을 거둔 콘텐츠들 역시 비인간들이 이야기의 전면에 나서는 경우가 많다. SF는 세계를 상상하면서 비인간의 존재들을 빈번하게 다룬다는 장르적 특징을 가지고 있는 것이다.

이러한 SF에서의 비인간 캐릭터들을 이해하기 위해서는 포스트휴머니즘post-humanism이라는 방법론이 필요하다. 포스트휴머니즘과 SF는 상호연관성을 가지고 발전해 왔다. "SF는 완벽한 포스트휴먼 장르"라는 인식이 형성되기까지 해당 담론을 개진한 학자들의 상당수가 형이상학적인 관념들을 구체화하는 예시들로 SF를 제시하는 경우들이 많았다.[1] 그중에서도 도나 해러웨이Donna J. Haraway는 자신의 이론을 형상화하는 방법론으로 SF를 제시한 대표적인 학자이다.[2] 이는 포스트휴머니즘의 등장 배경으로 제시되는 두 가지의 갈래 중 첨단 기술 과학이 구체적인 인간의 삶과 환경적 조건에 침투하면서 주체화의 새로운 양상들을 만들어 낸 지점들을 SF가 다양한 방법을 통해 꾸준하게 사고실험thought experiment 해 왔기 때문이다.[3] 그러기 때문에 SF는 포스트휴머니즘이 발생하기 위한 사회적 배경들을 형상화하는 형식임과 동시에 포스트휴머니즘의 문제의식으로 부각되는 인간중심주의에 대한 비판적 해체를 내재한 담론이기도 하다. 이러한 담론의 변화 속에서 SF의 변화 형태는 포스트휴머니즘의 이론적 발전과 함께 그 모습을 변화시켜 왔다.

그러기 때문에 현대의 포스트휴머니즘 담론의 맥락을 동시대의 SF 작품들을 통해서 확인하는 것은 유의미한 일이다. 특히 20세기부터 포스트휴머니즘과 SF를 함께 살펴보는 논의들 중에서 캐릭터나 설정 등이 주로 정신과 신체를 인공적인 산물로 정의하는 문제에 대한 해석이나[4], 관계의 확장에 의미를 부여하는 문제[5] 등과 같이 각각 신체(캐릭터 형상)의 문제나 미래의 구현이라는 주제에 집중해 왔음을 확인해 보았을 때, 포스트휴머니즘이 SF에서 구현된 양상들을 즉각적으로 확인할 수 있는 부분은 바로 이야기의 주체가 되는 캐릭터들의 구현 양상이라고 할 수 있을 것이다. SF의 경우 포스트휴먼post-human, 즉 유기체적 현생인류에 국한되지 않는 비인간 캐릭터들의 구현이 다양하게 나타난다.

특히 비인간 캐릭터들의 이야기 내 구현 양상은 포스트휴먼담론을 수동적으로 재현하는 데 그치는 것이 아니라 재전유하는 역할을 수행하기도 한다.[6] 특히 초창기 포스트휴머니즘의 입장에서 SF 텍스트 내에서의 인간의 신체적 취약성을 극복하는 형태의 이야기들이 주를 이루는데, 이를 극복하기 위한 방안으로 비인간 캐릭터들에 집중해 볼 필요가 있다.[7] 또한 비인간캐릭터들은 '남성-인간'으로 범주화되는 특징들과 변별점을 만들어 내기도 한다.[8] 이는 1970년대 이후 페미니즘 SF의 맥락에서 나타나는 특징들이 현대 한국 SF에서도 그대로 적용되고 있음을 확인할 수 있는 것이다. 그뿐만 아니라 장애에 관련된 인식을 재정의 하는 형태들까지도 보여준다.[9] 한국 영화에서는 1990년대 말엽의 세기말적 분위기와 새로운 세기에 대한 기대감과 불안감이 뒤섞인 작품들이 있었고,[10] 이러한 양상들은 이후로도 다양한 형태의 발전을 보여주었다.[11] 그러기 때문에 21세기 현대 한국 SF 콘텐츠들의 특징으로

포스트휴머니즘이 제시되는 것도 무리는 아니다.[12]

그래서 현대의 한국 SF 콘텐츠들에서 비인간 캐릭터들이 그려내는 새로운 세계의 가능성들을 알아보기 위해 비인간 형태에 따라 세 가지로 나누어 살펴볼 수 있다. 첫 번째는 로봇과 인공지능이라는 너무나도 익숙한 SF의 비인간 캐릭터들에 대한 것이다. 두 번째는 동물을 포함해 다양한 종의 형태인 비인간 캐릭터들이다. 세 번째로는 정형화된 신체를 가지고 있지 않은 비신체 캐릭터들인데, 인공지능과 사이버스페이스, 컴퓨터 프로그램 등의 형태로 SF 내에서 표현되어 오던 것들이다.

로봇Robot, 안드로이드Android, 사이보그Cyborg로 분화되는 영역들은 SF 내에서 탄생시키고 구체화시킨 대표적인 비인간 캐릭터들이다. 우리가 흔히 SF를 생각하면 떠올리는 비인간의 전형이기도 하고, 포스트휴머니즘 담론에서 접근한 일차적인 주체들 역시 여기에 해당하는 경우가 많다. 이외에도 비판적 포스트휴머니즘의 맥락에서 견지하고 있는 반려종companion species으로서의 동물들과 다양한 생명 개체들에 대한 접근 역시 현대의 SF에서 찾아볼 수 있다. 그뿐만 아니라 1980년대 사이버펑크cyberpunk 담론 이후에 SF에서 나타난 새로운 맥락들을 보면 신체를 가지지 않은 비신체 주체들에 대한 사고실험 역시 SF에서 지속적으로 관심을 가지고 있는 영역이자 포스트휴머니즘 담론에서 사고실험하고 있는 대상에 대한 재현representation이라고 할 수 있다.[13]

이에 본고에서는 한국의 SF 소설 및 영상콘텐츠 내에서의 포스트휴머니즘 해석 방법론을 재고해 보고자 한다. 그러기 위해 먼저 개별 작품들에서 나타나고 있는 포스트휴먼 개체들의 모습들이 어떠한 모습을 통해 변화해 왔는지를 일람하고, 각각의 의미들로 나누어 정의하는 작업을 진행하고자 한다. 특히 포스트휴머니즘 담론의 사회적 인식과 해석 방법론들에 대한 적용이 내재화된 이후, 그리고 그것을 SF라는 장르적 방법론을 활용해 재현한 것들이 일정한 맥락을 이룰 수 있는 2010년 전후를 대상 시기로 하여 현대 한국의 비판적 포스트휴머니즘 인식이 SF 콘텐츠들과 상호연관하고 있는 지점들을 확인할 것이다.

◆ 로봇과 인공지능이 주체가 된 세계

　로봇robot은 SF가 만들어낸 대표적인 비인간 캐릭터라고 할 수 있다. 1920년 체코의 카렐 차페크Karel Capek가 조어한 이 단어는 이후 인조인간人造人間, 인조노동자人造勞動者 등으로 번역되었다. 하지만 1920년대에 처음 등장한 로봇은 어원에서부터 이미 인간의 '행위'를 중심에 두고 형성된 조어였다.[14] 이후 관련된 SF 서사들이 발전하면서 큰 틀에서 로봇은 비유기체 신체를 가지고 인간의 영역으로부터 출발해 인간의 몸에 기계가 결합한 사이보그와 안드로이드를 포함하고 있다. 특히 안드로이드는 인간과 내·외적으로 가까워지고자 하는 습성을 내포하면서 인공지능을 가지고 스스로 판단하고 행동하는 모습을 보여준다. 그러기 때문에 로봇은 다양한 스펙트럼을 가지고 완벽한 비인간을 표상하는 캐릭터로부터 기존의 인간이라는 경계를 적극적으로 해체하는 존재로서 서사 내에서 존재하려는 습성을 가지고 있다.

　한국 SF 내에서의 비인간 캐릭터로서의 로봇들도 역시 시대의 흐름과 이에 따라 변화하는 포스트휴머니즘의 흐름에 적극적으로 대응하면서 변화해 왔다. 단순히 아동·청소년에게 꿈과 희망의 미래를 상상하게 하는 도구이거나, 미래라는 발전된 사회상의 표상과 같이 그려지던 작품들을 지나 점차 인간과 다양한 방식으로 상호관계를 형성하면서 자신의 의미를 형성하는 개체로 그려진 것이다. 특히 20세기 말엽부터 나타난 다양한 세기말적 상상에서 그려낸 비인간 개체들의 가능성들은, 한국 SF에서 영향을 미쳐 왔음을 확인해 볼 수 있다.[15]

　이러한 발전상을 토대로 한국 SF는 2010년 이후 비인간 개체에 대한 비판적 포스트휴머니즘으로 해석 가능한 다양한 가능성들을 보여주었는데, 그중에서도 〈인류멸망보고서〉(2012) 내의 김지운 감독이 연출한 〈천상의 피조물〉과 이호재 감독의 〈로봇, 소리〉(2015), 그리고 민규동 감독의 〈간호중〉(2020)이 인상적이다. 〈천상의 피조물〉과 〈간호중〉은 각각 박성환 작가의 「레디메이드 보살」(2004)과 김혜진 작가의 「TRS가 돌보고 있습니다」(2019)를 영화화하였다. 우선 〈천상의 피조물〉은 불교 사찰인 천상사의 가이드 로봇이었던 'RU-4'가 어느날 스스로 깨달음을 얻어 설법을 하는 단계에 이른 세계를 그린다. 이렇게 완벽하게 자의적이고 능동적인, 인간을 상회하는 지능을 가진 강Strong 인공지능은 레이먼드 커즈와일Raymond Kurzweil이 이야기했던 특이점singularity을 지난 세계를 구현한 것이고, 이러한 상황에서 특이점을 넘은 로봇의 등장에 위협을 느껴 제거하려는 이들과 이를 반대하는 승려들 사이에서의 긴장감이 이야기를 이끌어가는 주요 서사이다.[16]

　종교적으로 보았을 때, 깨달음을 얻는다는 것은 인간이 수련을 통해 도달할 수 있는 경지에 있는 것이고 이러한 것을 로봇이 수행하기 시작했다면 이는 '인간다움'에 대한 일정한 영역들을 로봇이 이미 공유하거나 전유하게 되었다는 것을 상징한다. 이를 구체화하기 위해 영화에서는 RU-4가 단순히 인간이 지시한 일만 반복적으로 수행하는 개체가 아니라 이전 모델에서부터 적용된 유연하고 능동적인 사고능력이 부여되었다고 설명한다. 그리고 이를 불교의 교리인 고정된 자아의 부정과 연결시켜 새로운 '주체'의 등장을 설명한다.[17] 특히 종교 경험이 "궁극적이고 성스러운 실재와의 구체적인 관계"를 통해 나타난다고 보았을 때, 이를 주도하는 설법을 로봇이 수행한다는 것은 로봇이 명백하게 '실재'하고 있는 존재로 그려지고 있음을 강조하는 것이다.[18] 그러기 때문에 〈천상의 피조물〉에서의 깨달음을 얻은 로봇 RU-4는 현실 세계에 논리적으로도 실재하고 있는 비인간인 것이다. 그리고 여기서 비인간은 인간이 아닌 존재가 아니라, 오히려 인간이 도달하고자 하는 경지에 먼저 도달해 실재하고 있는 존재로서 인간중심주의적 의미들을 적극적으로 해체하면서 확장하는 캐릭터가 된다.[19]

[그림 1] 〈천상의 피조물〉의 불교적 깨달음을 얻은 로봇 RU-4

비슷한 감각들을 이호재 감독의 〈로봇, 소리〉에서도 발견할 수 있다. 딸이 실종되었다는 극한의 상황을 맞이한 주인공 '해관'은 포기의 순간에 '세상의 모든 소리를 기억'하고 있다고 설정되어 있는 로봇 '소리'를 만난다. 여기에 어떠한 과학적 검증들이 제시되었는지는 명확하게 드러나지 않지만 〈천상의 피조물〉에서의 RU-4가 어느 순간 특이점을 지나 불교적 깨달음을 얻는 존재가 되었듯, '세상의 모든 소리를 기억'한다는 설정들이 주어진다. 여기에서 로봇 '소리'는 소외되고 유리된 인간과 소통하며 응답하는 유일한 존재로 형상화된다. 딸의 실종으로부터 물리적 시간과 단서라는 것이 희박해지는 상황에 놓이게 된 해관은 자신이 원하고 말하는 것들에 응답하고 소통해 줄 대상이 점차 사라지고 있는 상황이었다. 그러기 때문에 작은 단서라도 놓치지 않으려고 자신의 딸과 비슷한 사람이 목격되었다는 소리를 듣고 서해안의 섬까지 찾아가는 해관이지만, 세상이 그를 보는 시선은 이미 냉담하기만 하다. 해관은 자신이 속한 세상에서 소통의 가능성들을 제한당한 소외의 표상이 되었다.

그런데 여기에 쓰레기더미 속에서 발견한 '세상의 모든 소리를 기억'하고 있는 '소리'를 만나게 되는 것이다. 해관은 '소리'에게서 정보를 얻어내기 위해 다양한 시도를 하게 되고 '소리'에게 마지막 희망이 있음을 직관적으로 알게 된다. 이후 해관은 '소리'를 기계가 아니라 자신과 소통하고 사건을 해결할 수 있는 동등한 주체로 재인식한다. 그러기 때문에 인간형의 몸과 같은 외향적이고 즉물적인 조건들의 제약은 아무런 문제가 되지 않는다. 오히려 영화 내에서 보여주는 어떠한 인간들을 만났을 때보다 적극적으로 소통을 시도하는 것을 발견할 수 있다. 그리고 그것이 소통으로 진전될 수 있는 것은 '소리'가 해관의 그러한 시도에 다른 어떠한 인간들이 보여주지 않은 반응을 보여주기 때문이다. 단순히 저장된 데이터를 가지고 있는 로봇이지만 '소리'가 보여주는 소리로 된 리액션과 제스처는 해관과 소통하고 있다고 보여주기에 충분한 것이다. 그리고 이러한 소통의 결과는 해관이 딸을 찾고 소리를 권력자들로부터 자유롭게 도망칠 수 있게 해주는, 주체들 간의 관계에서 나타날 수 있는 행동으로 발전하게 된다.

[그림 2] 〈로봇, 소리〉의 세상의 모든 소리를 기억하고 있는 로봇 '소리'

이러한 해관의 행동 변화는 해러웨이가 말한 응답-능력$_{response-ability}$이 이들 사이에 형성되었으며 이를 통해 우리가 관계를 맺고 서로에게 의미를 부여한 것이라고 해석해 볼 수 있다. 해러웨이는 포스트휴머니즘 이후의 세계들을 상상하면서 사물과 살아있는 인간, 시간과 공간의 상이함, 인간과 인간 아닌 생물과 무생물, 신체의 내부와 외부로부터 발생하는 응답-능력을 기르는 것이 핵심이라고 정의했다.[20] 〈로봇, 소리〉에서 보여주고 있는 해관과 '소리'의 모습들은 결국 종을 뛰어넘어 서로의 응답-능력을 어떻게 형성하고 확대할 수 있는지를 보여주는 예시로 작용한다. 물론 이러한 모습들이 이상적이고 고상한 가치들을 주고받는 것이 아닌 각자의 현실적인 필요들을 위해 반응하는 것으로 드러나지만, 개체들 간의 상호의존적이고 완벽한 상호연관성을 형성하는 포스트휴머니즘의 세계에 대한 현실적인 모습들을 보여주는 것이라고 할 수 있는 것이다.

특히 응답-능력을 통해 형성하는 관계가 인간-인간이라는 기존의 통념들을 벗어나 인간-비인간, 그중에서도 인간이 만들어낸 생산품으로서의 개체들과도 가능하다는 다양한 가능성들을 〈로봇, 소리〉가 보여주는 것이라고 할 수 있다. 응답-능력과 이를 통해 맺어지는 관계에 존재의 의미들이 작용하는 것이 아니라 다양한 필요와 기능들이 개입하며, 이는 현대사회에서 다양한 방향에서 다양한 개체들을 통해 확인해 볼 수 있다는 것을 표상하는 것이라고 할 수 있다.

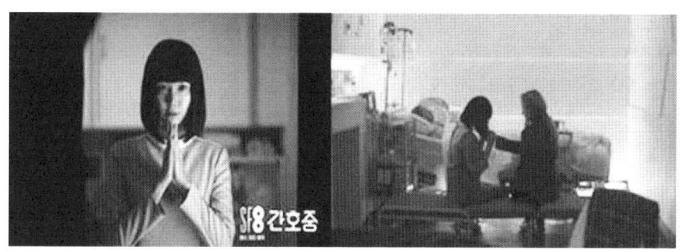

[그림 3] 〈간호중〉에서의 간호 로봇, 사용자의 어려움을 가장 잘 아는 것도 이 로봇이다

　마지막으로 로봇과 인공지능이 가지고 있는 의미들을 재정의하는 텍스트로는 민규동 감독의 〈간호중〉이 특징적이다. 김혜진의 소설 「TRS가 돌보고 있습니다」를 영화화한 이 작품은 근 미래를 배경으로 하여 요양병원에서 간호를 담당하고 있는 로봇이 등장한다. 특히 소설에서는 남성형 간호 로봇이던 것이 영화로 오면서 여성형으로 바뀌었는데, 이는 현실에서 간호 노동을 담당하는 이들의 성별 중 여성이 다수를 차지한다는 현실을 반영한 결과로 보인다.[21] 또한 간호 로봇은 사용자 즉, 주문한 사람의 모습을 기반으로 만들어져 있다는 설정이 돋보이는 부분이다. 로봇은 앞서 정의했듯 로봇은 인간의 '노동' 문제를 대체하는 존재로 만들어졌다. 그러기 때문에 〈간호중〉에서의 로봇은 주문자가 담당했어야 하는 '간호 노동'을 대신하는 존재이고, 외향에서마저 주문자를 모방하고 있다는 설정을 가지는 것인 SF의 장르적 특성을 충실하게 구현한 것이라고 할 수 있다. 그런데 로봇이 이렇게 형상화되었을 때 로봇은 단순히 기계가 아니라 내가 수행해야 하는 것들을 대신 수행하고 있는, 내 삶의 영역과 내가 수행함으로써 얻고 있

었던 주체의 권력들을 나누고 있는 존재가 된다는 사실 역시 간과해서는 안 된다. 그러기 때문에 사회주의 문화권에서의 로봇은 종종 인간의 주체성을 구성하는 데 중요한 요소인 노동의 사치를 빼앗는 불손한 존재로 그려지기도 한다.

　이러한 상황에서 로봇과 인공지능은 각각 인간의 모습뿐 아니라 인간의 행위, 그리고 그 행위를 통해서 그동안 인간이 부여해 왔던 '인간다움'이 새로운 경험과 인식의 장으로 나아가야 한다는 것을 제시하는 역할도 겸하고 있다. 발달한 인공지능을 가지고 인간들 중에서도 소수의 성인聖人들만이 도달한 깨달음의 반열에 오르는 로봇이나 세상의 거의 모든 이들이 외면한 사회적 약자의 목소리를 듣고 기억하고 반응하는 존재로서의 로봇이나 모두 인간다움을 드러내는 것이 아니다. 그들이 수행하는 행동들은 전개체적이고 인간과 비인간을 구분하는 기존의 고정관념들을 해체하고 능동적으로 수행하고 행위하는 존재자들의 시대를 역설하는 방법인 것이다. 그들은 이미 오래전부터 인간이 수행해야 할 일들을 대신해서 수행해 왔고, 그를 통해 인간의 삶 깊숙이 존재하게 되었다. 이젠 우리는 그들과 동떨어진 삶의 모습을 상상하기 어렵고 그러기 때문에 어떻게 사용할 것인가가 아니라 어떠한 형태와 방식으로 함께 살아갈 것인가, 그러니까 어떻게 공생symbiosis할 것인가를 고민해야 하는 것이다.

✦ 우화나 의인화가 아닌
동물 캐릭터

    이러한 공생의 상상력은 인간이 만들어 낸 무기체 비인간 캐릭터들에서 그치지 않고, 인류가 지구에서 함께 살아오고 살아갈 동물들과 다양한 유기체들로까지 확대된다. 이는 포스트휴머니즘이 현대적 맥락들로 확장해 나가면서 경유하고 횡단하는 인류세Anthropocene 혹은 신유물론New materialism적 해석들과도 맞닿아 있다. 이러한 담론적 확장에 대해 SF에서는 기존의 포스트휴머니즘에 대해 그러했던 것처럼 밀접하게 반응하면서 이야기로서의 사고실험들을 확장시켜 왔다.

    특히 해러웨이가 언급한 동물권animal right 개념의 현대적 인식은 이러한 문제들을 재의미화 해주는 대표적인 영역이라고 할 수 있다. 해러웨이는 동물권에 대해 접근할 때 이전의 근대적 인간중심주의를 비판하고, 그들을 새로운 친족으로 인식하기를 제안한다.

이를 위해 반려종을 제시하고 두 개 이상의 종이 함께 모여서 삶의 공간과 식탁을 나누는 상태에서 만들어지는 소중한 타자성의 관계에 머물 것을 이야기한다.[22] 반려종과의 세계는 공구성과 유한성, 불순성, 역사성, 복잡성으로 다양하게 구성되어 있는데, 이러한 세계들을 인정하고 인식하는 것을 통해 기존의 인간중심주의를 해체하고 종과 종이 새로운 관계로 형성될 수 있다고 주장한 것이다.[23]

또한 해러웨이는 이렇게 다양한 종들이 뒤엉키는 세계의 모습을 쑬루세라는 모델로 정의하고자 했다. 쑬루세는 "손상된 땅 위에서 응답-능력을 키워 살기와 죽기"라는 "트러블과 함께하기를 배우는 일종의 시공간"을 일컫는다.[24] 이러한 쑬루세의 세계는 기존의 인간과 비인간을 구분하고 문화와 자연을 구분하는 이분법적 사고의 한계를 극복하기 위한 방법론이기도 하다.[25] 이러한 쑬루세의 세계에서는 식탁을 맞대고 있는 반려동물이나 우리 근처의 야생이라 일컫는 혹은 중간 지대라 여기는 곳에서 살아가는 동물들, 그곳의 자연과 생태에서도 비인간 캐릭터들이 등장한다는 것을 알 수 있다. 또한 전 지구적인 인식을 확장해 SF적인 상상력의 주요 무대인 우주로 인식을 돌린다면, 그곳에서 발생하는 다양한 문제들이 쑬루세를 구성하는 존재들이라는 것을 확인할 수 있다. 그러기 때문에 쑬루세를 구성하는 반려종으로서의 개체들은 포스트휴머니즘의 확장 지점에 있어서도 유의미한 것임과 동시에 SF에서 그려온 비인간의 개체들을 재현하는 방식에 있어서도 새로운 가능성들을 보여주는 것이라고 할 수 있다.

이는 특히 이야기 내에서의 재현된 동물을 비롯한 비인간 생물들이 단순히 '인간다운' 모습을 보이는 일종의 '의인화anthropomorphism'의 모습을 보여주는 것에서 벗어나 새로운 의미를 형성하는 것에서 특징적이라고 할 수 있다. 동물들을 섣부르게 의인화하거나 비인간 개체들에 대한 '우화fable'를 통해 '인간보다 인간다운'과 같은 인간성을 재강조하는 모습을 지향하는 것이 아니라 이들과의 관계가 어떠한 상태들로 변화하는지를 확인하고, 이들과 소통과 응답, 관계 맺기를 넘어서 함께-되기becoming with를 수행할 수 있는 존재들에 동물, 그리고 다양한 생물종으로서의 비인간 캐릭터들이 능동적으로 포섭될 수밖에 없다는 인식을 재고한다는 특징을 지니고 있다.

그리고 이러한 지점을 확인할 수 있는 한국 SF 텍스트로는 〈옥자〉(2017)를 들 수 있다. 강원도의 산골에서 옥자와 10년간 함께 자란 미자에게 옥자는 명확한 반려종이다. 하지만 옥자는 유전자 조작을 통해 만들어진 '인공 생명체'이다. 본래의 목적은 축산업의 획기적인 발전을 위한 실험 결과물이었던 것이다. 하지만 기존의 의도와 상관없이 주체적인 삶의 환경을 얻은 옥자는 미자와 10여 년 동안 충실한 반려종으로 살아가게 된다. 여기에서 나타나는 옥자와 미자의 관계는 단순히 인간과 동물의 우정과 같은 것으로 정의되지 않는다. 기존의 반려동물과 인간의 관계를 그리는 영화들이 상호 간에 교감이라는 것이 존재할 수 있고, 그것을 확인하는 다양한 서사들을 구사했다면 〈옥자〉는 그러한 부분들을 서사 전체에서 반복적으로 다루지 않는다. 오히려 미자와의 10여 년의 시간 동안 이미 그러한 지점들이 충분히 확보되었음을 전제하는데, 이러한 인식의 변화를 통한 존재의 변모는 캐런 바라드Karen Barad가 이야기한 '윤리-존재-인식-론ethico-onto-epistem-ology'의 구체화된 모습으로 의미화 할 수 있는 영역이다.[26)]

이러한 인식의 변환을 토대로 이후 옥자는 단순한 동물이 아니라 미자의 세계를 함께-만들어 온 반려종으로서 의미를 명확하게 해준다. 그러기 때문에 이후부터 옥자에게 가해지는 권력과 구조의 핍박들은 단순히 동물에 대한 몰인정한 행태에서 머물지 않고 사회 구성원으로 변모한 존재들에 대한 냉엄한 자본주의 시스템의 희생제로 표상되게 되는 것이고, 이 지점에서 명백한 부당함이 발생하게 되는 것이다.

그러기 때문에 이 영화는 지극히 프로파간다적이고 교조적인 형태의 메시지를 드러내는 듯한 형식을 보여줄 수밖에 없는 한계를 드러낸다.

[그림 4] 〈옥자〉에서의 슈퍼돼지 옥자와 함께 생활했던 미자

하지만 이는 해러웨이가 포스트휴머니즘과 이후에 나타난 인류세Anthropocene 문제의 근간에 자리하고 있는 자본세Capitalocene의 문제를 비판하면서 그러한 구조적 불합리를 해체하기 위해 다양한 종들이 서로 먹고 먹히며 감염시키고, 썩어져 퇴비가 되는 관계를 상호연결성 있게 가지고 있는 세계로 쑬루세를 제시한 배경에 가 닿는다. 이전까지 동물을 타자화된 존재로 인식하고 인간과 구분되는 이항대립의 존재들로 취급해 왔던 세계 내에서의 도구화된 상태에서 벗어나 새로운 가능성을 부여해 줄 수 있게 된 것이다. 이러한 과정에서 옥자와 같은 동물 캐릭터는 이전의 비인간 캐릭터가 보여주던 인간에 대한 알레고리 등의 한계에서 벗어나 주체화된 의미를 지니게 된다. 미자와 옥자는 상호의존적인 관계성을 가지고 서로의 존재 의미를 형성해가는 친족이 된다. 그리고 이는 지구 생명체들이 결코 혼자가 아니라 함께 만들기making-with를 구성하는 공동생성sympoiesis의 관계에 있다는 것을 드러내는 것이다.[27]

이러한 비인간 캐릭터의 확장은 동물을 지나 식물과 자연환경에 이르기도 한다. 아직까지 해당 내용에 영상 콘텐츠 내에서 두드러지는 특징이 나타나진 않지만, 소설로 범위를 확대해 보면 김초엽의 『지구 끝의 온실』(2021)과 같은 경우 자연환경과 식물, 그리고 인간이 발생시킨 과학기술 등이 뒤엉키면서 디스토피아적 세계에서 새로운 가능성을 만들어낼 수 있음을 제시하기도 한다. 인류세 담론의 확장 이후, 그리고 기후위기와 팬데믹 등으로 전 지구적인 위기상황에 대응하기 위한 방법론에 대한 모색이 활발한 시기에 이러한 이야기들은 그러한 위기를 타계할 수 있는 인식의 전환 가능성을 만들어낼 수 있다. 특히 SF 텍스트에서의 낙관적 기술주의나 추상적인 미래주의 등이 비판을 받곤 하는데, 현대 한국의 SF 텍스트들은 이러한 지점들을 비판적으로 우회하면서 새로운 가능성을 만들어 내고 있음을 알 수 있다.

또한 SF가 가지고 있는 가능성은 단순히 현실적인 비판지점들을 알레고리화하여 제시하는 데서 그치지 않는다. 다양하고 자유롭게 형성된 경이의 세계를 통해 더 많은 가능성들에 대해 이야기하는 것이 있기 때문이다. 이러한 상상력은 영화 <고요의 바다>를 통해 확인해 볼 수 있는데, 영화에서 결말에 제시하고 있는 인류의 또 다른 진화 가능성은 해러웨이가 이야기한 공생발생을 통한 공진화의 SF적이고 마법적인 예시가 될 수도 있다. 환경오염과 기후위기로 인해서 지구에 더 이상 비가 내리지 않고 결과적으로 물이 부족해진 인류라는 설정은 앞서 이야기한 인류세의 시기에 의미있는 설정이다. 물론 영화의 전반에 과학적인 검증의 오류 등이

[그림 5] <고요의 바다>에서 보여준 세계관과 새롭게 진화한 인간인 루나

서사에서 단점으로 존재하지만, 월수月水라고 하는 물질에 대한 상상력과 그것으로 인해 오히려 물이 무한대로 불어나는 세계에 맞춰 진화한 인간의 등장이라는 설정들은 흥미로운 지점이다.

〈고요의 바다〉에서 루나는 월수라는 무한하게 자가 증식하는 물을 실험하기 위해 실험체로 사용된 인간 아이이다. 결과적으로는 실험이 성공하여 루나는 아가미를 가지고 있으면서 폐가 아닌 아가미 호흡을 하는 새로운 종으로 진화가 되었다. SF에서 다양한 돌연변이 등을 다루고 있지만, 대개 사고에 의해서나 강력한 힘을 위해 시도되는 경우들이 일반적이라면 〈고요의 바다〉에서의 루나는 인류의 생존을 위해서 불가피하게 시도된 실험의 결과라고 할 수 있다. 현재도 인류는 물 부족 사태와 함께 해수면의 상승이라는 두 가지의 위험들에 직면하고 있다. 두 가지 다 인류의 생존을 근본적으로 위협하는 것이라는 사실을 감안할 때 영화에서의 이러한 설정 역시 유의미하다고 할 수 있다. 또한 루나가 보여주는 공포감이 여전히 인간 중심적이고 이분법적인 사고 내에서 머무는 한계를 보여주지만, 환경의 변화와 그에 대한 모색의 지점에서 새로운 공진화가 나타날 수 있다는 모습을 형상화했다는 것으로도 비인간 캐릭터의 새로운 가능성을 보여주었다고 할 수 있다.

이렇듯 한국 SF에서 보여주고 있는 비인간 캐릭터는 반려종으로서의 다양한 종의 동물과 주체로 상정하지 않았던 수동적 존재인 식물, 그리고 그것들과 결합해 새로운 상태로 진화하는 다양한 종들까지를 포괄한다. 이를 통해 기존의 휴머니즘 시대의 이분법적 가치를 재현하기도 하지만 도발성을 띠는 모순성을 표출하면서 비인간 캐릭터들이 가지고 있는 인간중심주의 해체 가능성을 내포하고 있는 것을 확인할 수 있다.[28] 이는 해러웨이가 제시했던 쑬루세의 세계의 가능성임과 동시에 로지 브라이도티 Rosi Braidotti가 언급한 인간의 종적 우월성의 해체와 다양한 종들의 관계망 내에서 상호한 횡단하는 존재로 자리한다는 것을 보여주는 것이기도 하다. 특히 〈고요의 바다〉에서의 월수는 감염의 개념들을 함께 아우르고 있어 인간-비인간(동물, 식물, 바이러스를 포함하는)이 하나의 공동체로 존재하는 조에zoe적 평등주의의 가능성을 보여주는 것이기도 하다는 데서 의미가 있다.[29]

또한 쑬루세의 일원으로서 식물 종들과의 결합 지점들이 늘어나고 있음 역시 주목해 볼만하다. 특히 주변의 환경적인 요인과 그것이 가능하게 하는 과학기술의 결합 그곳에 맞춰 진화하는 인간이라는 설정은 소설 『지구 끝의 온실』에서 나타난 인간과 기술, 식물이라는 지구 위의 다양한 존재들이 공진화를 통해 기후적 위기상황을 극복해 낼 수 있다는 설정에서 구체화 된 바 있다.[30] 전 지구적인 기후의 위기를 맞이했다는 설정은 〈고요의 바다〉에서 보여주는 것과 같은 방식이지만, 이를 해결하기 위해 인간-기술-식물이 밀접하게 공진화co-evolution 했다는 지점은 한국 SF에서 보여준 개성적인 성과라고 할 수 있다. 이는 김초엽의 작품에서만 그치지 않고, 천선란의 「레시」나 『나인』, 그리고 『이끼숲』에서와 같이 인간종의 고유성에 대한 의미들을 과격하게 해체하는 형태들로도 나타나는 특징을 보여준다.

  이를 납작하게 해석하면 인간종에 대한 회의를 통해 인간종을 부정하고 외재적인 지점에서 대안을 찾으려는 것으로 해석할 수도 있지만, 오히려 의미의 고정과 중심화를 거부하고 다양한 가능성을 모색하는 형태로 해석하는 것이 적확하다고 할 수 있다. 왜냐하면 SF라는 장르의 특성은 "내부적으로 모순되지 않는 개념적이거나 생각해 낼 수 있는 모든 가능성"을 지향하고 있기 때문이다.[31] SF의 이론적 맥락을 확립한 다르코 수빈Darko Suvin이 언급한 이와 같은 SF의 특성들은 현대 한국 SF에서 2010년대 이후에 다양한 형태로 구체화되고 있는 것을 알 수 있다. 그리고 이러한 다양성의 확보를 통해 현대 한국에서 SF 텍스트들을 통해 포스트휴머니즘 담론 인식의 지형도를 그려보는 것에 대한 의미들 역시 재고해 볼 수 있다.

비신체 캐릭터들이
보여주는 세계

　비인간 캐릭터라는 언표가 가지고 있는 한계는 몸 혹은 물리적인 형상이라고 불리는 것들을 가지고 있음으로써 주체를 구성한다는 데 있다. 이러한 한계들을 극복할 수 있는 방법론들 역시 SF 텍스트들을 통해 제시되었는데, 사이버스페이스라는 정보통신의 발달로 새롭게 형성된 공간과 그곳에서의 이야기들을 다루는 사이버펑크 장르의 탄생이 그것이다. 이전에는 가상과 실제라는 이분법적인 형태로 사이버스페이스Cyber Space에 대한 가치 판단들이 이루어졌지만, 사이버스페이스는 현실과의 경계를 빠르게 소거하면서 확장하고 있다. 최근에 나타나고 있는 메타버스Metaverse와 관련된 논의들 역시 사이버스페이스가 픽션의 영역에 머무르지 않고, 관념의 세계에 있는 것이 아니라 일상화되어 실질적인 영향력을 행사하고 있음을 뒤늦게 정의하기 위한 움직임이라고 볼 수 있다. 특히 메타버스의 그것이 게임의 구조와 유사하다는 것을 상기할 때, 메타버스는 세스 프리벳치Seth Priebatsch가 예견한 '게임 레이어Game Layer'와 유사한 개념이라고 할 수 있다.[32] 그리고 이러한 새로운 세계의 관념에서 기술-자연-몸은 또 다른 국면의 변화들을 야기하는데, 이에 대한 예시들 역시 SF 작품들을 통해 확인해 볼 수 있다.

사이버스페이스에서 새롭게 발생할 수 있는 다양한 의미들에 대한 사고실험들을 픽션의 형태로 묶어내는 사이버펑크 서사는 1980년대 미국에서 발전하기 시작했다. 윌리엄 깁슨William Gibson의 『뉴로맨서Neuromancer』(1984)로부터 출발한 이러한 서사 형식은 이후 오시이 마모루押井守의 애니메이션 〈공각기동대攻殼機動隊〉(1995)와 더 워쇼스키The Wachowskis의 영화 〈매트릭스Matrix〉(1999~) 시리즈를 거치면서 구체화되기 시작했다. 하지만 20세기까지 구체화되던 사이버스페이스에서 담론은 사이버네틱스cybernetics를 기반으로 하는, 인간과 기계의 결합과 그로 인해서 발생하는 가상의 공간에서의 존재들에 대한 것이었다. 그러한 양상은 21세기에 접어들면서 변화를 맞이하게 되는데, 사이버네틱스와 같이 인간의 두뇌와 컴퓨터가 직접적으로 연결되지는 않지만 일상화되고 개별화된 기술 경험들로 인해서 20세기에 상상했던 사이버스페이스의 감각들이 현실화되었기 때문이다.

그러기 때문에 21세기의 사이버스페이스는 픽션에 머물러 있는 것이 아니라 현실 감각과 그것이 나타나는 형태들을 내포한다.

그러기 때문에 매체를 비롯한 사이버스페이스를 구성하는 기술들에 대한 접근 방법 역시 재현representation의 형태들을 위주로 하던 방식에서 벗어나 '관계적 미디어'로서의 의미와 가능성들을 고찰하는 방식으로 변화하고 있다.[33] 그중에서도 한국은 "기술-감각techno-sense"이 높은 나라라고 할 수 있다. 이러한 영향으로 한국에서 최근에 발표된 사이버스페이스 관련 SF 소설들은 "일종의 미디어 기술에 의해 매개된 사회 구성원의 자유로운 소통 능력"을 구현하는 데 효과적인 형태를 보이고 있다.[34] 이는 미국이나 여타의 사이버스페이스 관련 콘텐츠들이 여전히 인간과 가상 세계의 위계를 구분하고, 인간 중심적인 관계 맺기의 의미를 강조하거나, 가상의 세계를 강조하면서 현실에 존재하지 않는, 혹은 현실로부터 유리된 의미들을 추적하는 것과 다른 양상이다.

이러한 장점이 잘 드러난 작품은 듀나의 소설 『아르카디아에도 나는 있었다』와 최의택의 소설 『슈뢰딩거의 아이들』이라는 작품이라고 할 수 있다. 두 작품 모두 사이버스페이스와 현실의 감각들이 중첩되고 상호 긴밀하게 연관을 주고받으면서 작품의 세계관을 구축하고 있는데, 두 세계 사이의 위계나 가치 판단의 정해진 방향을 경계하고 있다. 우선 『아르카디아에도 나는 있었다』에서는 사고에 휘말려 치료 기간 동안 사이버스페이스인 아르카디아에 머무는 주인공의 이야기가 그려진다. 이 세계에서는 사이버스페이스를 관리하는 AI 관리자들이 존재하고 그들은 처음에는 인간을 배려해 인간의 모습을 하고 있었지만, 이후에는 자신들을

"대표할 만한 다른 모양"들로 변화했다. 인간의 모양을 하지 않은 AI들이 세계의 대부분을 차지하고 인간은 소수가 되었지만 필요에 의해 보호를 받고 있는 세상인 것이다.[35]

『아르카디아에도 나는 있었다』에서 보여주는 세계는 인간종으로서의 우월함도 인간들 간의 관계의 기본 단위라고 여겼던 가족을 의미하는 개념들도 희미해진 세계이다. 인간과 비인간, 유기체와 무기체, 순수한 인간과 AI가 뒤섞여 존재하고 있는 세계에서 당연히 "'순수한 인간 정신'에 대한 망상" 역시 존재하지 않는다.[36] 물론 음모를 비롯해 여러 사건들이 발생하는, 여전히 부조리와 불합리가 존재하는 세상이긴 하지만 이러한 세계가 '좋아지고' 있음을 나타내는 서술에서 '덜 인간 중심'적으로 되어가고 있음을 언급하는 것은 이 소설에서 그리고 있는 세계가 어떠한 의미를 지향하는지를 알 수 있게 해준다.[37] 이는 21세기의 한국 SF 소설이 보여주고 있는 지향점 중 하나가 기술로 인한 인간 중심적인 사회의 발달이 아니라, 오히려 인간 중심적인 사회구조를 극복하는 것을 통해 미래를 지향한다는 것을 보여주는 것이다.

또한 이 작품에서는 기술 문명이 태양계 전체를 거대한 기계로 만드는 미래가 옛날 작가들의 망상이라고 비판하면서 "모든 일들이 일어나는 곳이기에 그 어느 진실도 무게를 가질 수 없는 곳"이라고 설명한다.[38] 또한 "아무 일도 하지 않는다면 우린 우리 자신의 존재를 부인하는 것이 됩니다. 최소한 우리는 당신들이 만든 창작 외계인들보다는 '더 존재해야' 합니다."[39]라고 역설하고 있는 것들을 통해 『아르카디아에도 나는 있었다』에서 나타나고 있는 세계관이 인간중심의 세계관을 극복하고 그레이엄 하먼Graham Hatman이 주장했던 객체지향존재론Object- Oriented Ontology적 사고가 진행되고 있음을 알 수 있다. 비로소 "인간이 직접 개입되지 않은 객체들의 관계"가 나타나는 "친객체적" 세계관이 구성되어 있는 것이다.[40] 이러한 세계관은 다음과 같은 서술로 증명된다. "이들 사이에는 어떤 차이도 없습니다. 인간, 멜뤼진, 다른 창작 외계인 모두가 평등해요. 그렇다면 그림자들도 마찬가지지요. 그림자들도 마더 입장에서 보면 우리와 공존하며 존재의 가치를 증명할 권리가 있습니다."[41]

그런데 이러한 인식들은 2010년대 한국 SF 소설들에서 특별한 시각이 아니다. 최의택의 『슈뢰딩거의 아이들』에도 이러한 세계관들이 구축되어 있다. 미래의 학교 시스템 내에서의 학생들의 이야기를 담고 있는 이 작품에서는, 사이버스페이스와 소셜미디어의 일상화가 고도로 진행된 세계를 그린다. 이 세계에서는 더 이상 재현의 문제 등을 고민하는 것이 아니고, 기술 감각에 대한 특징들 역시 이미 일상화되어 버린 감각에 속하게 되었다. 학교라는 공간은 가상의 시스템 내에서 '학당'이라는 개념으로 변모하였다. 그리고 그 안에서의 학생들은 '자기의식 기반 아바타 생성 알고리즘'의 영향으로 고정되지 않고 다채롭게 자신의 몸과 주변 세계들을 변화시킬 수 있다.[42] 해당 세계관에서는 차별과 구분은 존재하지 않는 것처럼 보인다.

그러기 때문에 신체적으로 장애를 가지고 있는 인물들도 학당에서는 자신이 원하는 모습을 취할 수 있다. 여기에서 나타나는 의미 있는 지점들은 장애를 극복하고 정상성이나 건강한 몸에 대한 강박적인 담론들이 전면적으로 나타나지 않고 있다는 것이다. 어떤 이는 휠체어를 타고 있는 자신의 유기체 몸을 다시 디자인해서 두 발로 걸어 다니는 아바타로 학당에 접속하는 반면, 두 발로 걸어 다니는 이 중에서도 자신의 선택에 의해 휠체어를 탄 인물로 접속하기도 한다는 것이다. 그리고 그것이 "자신의 존재를 증명하는 투쟁"의 일환이라고 여긴다.[43] 이러한 과정은 기존에 사회가 규정했던 기준들을 무너뜨리고, 새로운 가치들을 정립하는 것뿐만 아니라 그것이 가능하게 했던 기존의 몸 개념들을 극복하고 새로운 비신체가 가지는 가능성과 의미들을 재정의한 것이라고 할 수 있다.

특히 두 작품에서 공통적으로 나타나는 특징인 물리적 공간과 사이버스페이스의 위계가 사라지고, 상호의존적인 영향력을 주고받고 있는 세계에 대한 개념들이 게임의 구조와 흡사하다는 것은 2010년대 한국 SF 소설에서 나타나고 있는 특징이라고 할 수 있다. 이러한 상상력을 통해 현대의 사이버스페이스 혹은 메타버스의 비신체들이 인간중심적 사고를 극복하고 새로운 의미들을 구축하는 단서를 얻게 된다. 특히 이러한 상상들이 게임의 구조로 나타나는 것은 장 보드리야르Jean Baudrillard가 상상했던 "근본적인 효과, 세계의 무조건적인 실현"이며, "모든 사실과 데이터를 이 세

계만큼의 해상도로 나타내는 일"의 실재적 모습이라고 할 수 있다.[44]

✦ 비인간 캐릭터들이 그리는 세계의 새로운 가능성

　지금까지 한국 SF 텍스트들을 통해 나타난 비인간 캐릭터들을 살펴보고, 발생한 의미들을 고찰해 보았다. 포스트휴머니즘 담론의 확대 이후에 비인간 캐릭터들은 우리의 세계를 새롭게 정의하고 기존의 문제시되던 것들을 해체하고 극복하고자 하는 방법으로 제시되었다. 이러한 경향들이 반복되면서, 현대의 포스트휴머니즘 담론은 일종의 비인간전환nonhuman turn에 대한 경향들이 두드러지고 있는 상황이다. 특히 리차드 그루신Richard A. Grusin은 비인간 자체가 21세기적 상황들과 맞닿아 있다고 주장한다.[45] 이러한 경향은 문화예술에서도 동일하게 적용되고 구현되고 있으며, 특히 SF 텍스트들에서 실험적이고 본격적으로 다뤄지고 있다.

　이는 SF가 가지고 있는 장르적 특성에 기인한 것이기도 한데, SF는 현대 사회의 기술과학과 그 파생 효과 등을 폭넓게 수렴하면서 발전과 확대를 거듭하는 형식을 가지고 있기 때문이다. 이러한 특징을 브라이언 에트버리Brian Attebery는 '포물선 서술'이라는 개념을 통해 이를 설명했는데,[46] 장르의 출발점이 되는 지점이 고정되어 있는 일종의 코드code 혹은 클리셰Cliché와 같이 보이지만, 이후의 장르가 발전하고 변화하는 과정에는 다양한 요소들이 개입하고 작용하기 때문에 그 변화양상을 정형화하기 어렵고, 그만큼 가능성을 가지게 된다는 것이다. 특히 셰릴 빈트Sherryl Vint는 이러한 변화양상에 사회적이고 정치적인 맥락의 변화까지도 영향을 미치는 폭넓은 의미를 부여하기도 했다.[47] 이러한 장르적 특성 때문에 비인간이라는 시대적인 전환 이슈에 대해서 SF 텍스트들이 좀 더 기민하게 반응할 수 있었던 것으로 보인다.

앞에서 살펴본 바와 같이 한국의 SF 텍스트들에서도 이러한 경향들이 나타나고 있음을 확인할 수 있었는데, 대략적인 내용을 정리해 보면 다음과 같다. 우선 로봇과 인공지능이라는 SF 텍스트에서의 전형적인 비인간 캐릭터들이 이전보다 더 구체적인 담론들을 만들어내고 있음을 확인할 수 있었다. 이러한 경향은 2010년대 이후에 발표된 영화 〈인류멸망보고서〉 내의 〈천상의 피조물〉이나 〈로봇, 소리〉, 〈간호중〉과 같은 작품에서 특징적으로 나타났다. 이전의 영웅에 대한 일차원적인 모방이나 혹은 인류의 위협이자 대립인물로 설정되었던 로봇이 포스트휴머니즘의 확대와 그에 따른 비인간 전환의 경향을 따라서 '인간다움'을 이야기하는 알레고리가 아니라 기존의 인간이 가지고 있던 관념을 해체하는 모습들로 나타나고 있음을 알 수 있었다. 성찰과 깨달음이라는 종교의 영역에서부터 소통하고 응답하여 상호의존적 관계를 형성하는 주체로부터 노동의 대리 수행을 통해 그로부터 얻어지는 의미들을 공유하고 있는 존재들로 비인간 캐릭터인 로봇이 나타남을 확인할 수 있었다.

또한 로봇과 같은 인간이 제작한 무기체 기반의 캐릭터뿐만 아니라 동물과 식물, 자연환경을 아우르는 전 지구적인 공동체의 주체로서의 다양한 비인간 캐릭터들 역시 나타나고 있음을 확인할 수 있었다. 여기에는 〈옥자〉와 같이 유전공학으로 만들어진 동물 캐릭터뿐만 아니라 소설 『지구 끝의 온실』, 『나인』이나 『이끼숲』에서 등장하는 식물, 그리고 〈고요의 바다〉에서 보여준 새롭게 진화한 비인간 캐릭터들 역시 포함되었다. 〈옥자〉에서 보여주는 동물에 대한 감각들도 기존의 동물권에 대한 인간 중심적 기준에서 벗어나 해러웨이의 반려종이나 쑬루세의 퇴비 안에 존재하는 평등하고 상호의존적인 주체들로 해석 가능한 지점들이 발생됨을 확인할 수 있었다. 특히 〈고요의 바다〉는 서사의 긴밀함이나 고증의 엄정함과는 별개로 캐릭터가 보여주는 설정의 모습들이 공생발생이나 비인간전환의 환상적이고 SF적인 모습들을 보여주는 예로 충분하다고 할 수 있다.

마지막으로 신체라는 기준과 의미들을 과감하게 벗어나 비신체 캐릭터들이 보여주는 가능성들에 대해 살펴보았다. 한국의 영상 콘텐츠 중에서는 이러한 지점을 다루는 작품이 아직 두드러지지 않았기 때문에 소설 텍스트들을 살펴보았다. 『아르카디아에도 나는 있었다』와 『슈뢰딩거의 아이들』은 기존의 1980년대에 등장한 사이버펑크적인 설정들을 가지고 있지만, 그 안에 데이터와 시뮬라크르로 구현된 가상이라는 의미의 전환이 새로운 신체성 혹은 몸의 형태로 드러나고 있음을 확인할 수 있었다. 이러한 서사 양식은 기존의 물리적 몸 중심의 주체성을 해체하고 새로운 주체들의 가능성을 제시하는 의미를 만들어 낼 수 있다. 또한 그러한 모습이 현실의 해상도를 높이는 작업이라는 정의에 부합하게 좀 더 자유로운 형태로 비인간 캐릭터들의 의미를 만들어낼 수 있다는 데서 앞으로의 가능성을 확인해 볼 수 있는 텍스트들이었다. 이러한 특징들이 나타나고 있다는 것은 한국의 텍스트들을 통해 포스트휴머니즘 담론이 한국 내에서 어떠한 형태들로 인식되고 있는지를 발견할 수 있는 유의미한 지표라고 할 수 있다. 이를 통해 한국의 포스트휴머니즘 맥락들을 확인하고, 그 안에서 내재적으로 발생할 수 있는 다양한 가능성들을 가늠해 볼 수 있을 것이다.

　이러한 담론의 전개 양상들은 또다시 다양한 한국 SF들에 영향을 미칠 것으로 기대된다. SF는 장르적으로 시대의 흐름과 기술의 발달, 그리고 변화하는 양상들을 민감하게 포착하고 형상화하는 특징을 지니고 있다. 이는 모든 문화예술 장르에 해당되는 특징이기도 하지만, SF의 경우 과학기술에 의한 변화 양상에 몰두하면서 기술 발달이 추동하는 존재와 환경, 세계의 변화들을 적극적으로 구현하고자 한다. 이에 포스트휴머니즘 관련 담론들은 여타의 문화예술장르에 비해 SF 내에서 활발하게 형상화되는 특징을 지속할 것으로 보인다. 이에 2010년대 이후에 한국 SF들이 비약적으로 발전하면서, 다양한 작품들을 만들어내고 있는 양상은 고무적인 일이라고 할 수 있다. 또한 현재 한국 SF 소설들에 대한 영상화 작업이 활발하게 이루어지고 있기 때문에 다양한 매체를 횡단하면서 나타난 한국의 비인간 캐릭터들이 보여주는 포스트휴머니즘의 다양성과 발전 양상은 이후로도 주목해 볼만한 영역이라고 할 수 있다.

게다가 이러한 모습들은 단순히 종이책으로 출판된 소설이나 영화를 지나 웹소설 및 웹툰으로 전이하게 되면 훨씬 더 복잡하고 다양한 형태들로 폭발적인 확장이 되고 있는 현대에 이들에 대한 지형도를 파악하는 작업은 중요하다. 해당 매체들에서 그려내는 게임판타지를 비롯해 시뮬라크르 세계를 대상으로 하는 장르에서는 앞서 언급한 작품들에서 이야기하고 있는 다양한 비인간 개체들이 재차 확장되면서 새로운 개체들과 뒤섞이는 양상을 보여준다. 특히 다양한 종種의 환상적 개연성을 적극적으로 포섭하고 있는 판타지 장르와의 결합과 재매개remediation 는 이후의 비인간 캐릭터들이 가지고 있는 의미들이 한국의 콘텐츠 영역에서 훨씬 더 일반적인 형태들로 부상할 것이며, 훨씬 더 다양한 형태와 의미들을 내포하게 될 것임을 예상할 수 있게 한다.

참고문헌

- 김초엽, 『지구 끝의 온실』, 자이언트북스, 2021.
- 김재희, 『시몽동 기술철학 : 포스트휴먼 사회를 위한 청사진』, 아카넷, 2017.
- 듀나, 『아르카디아에도 나는 있었다』, 현대문학, 2020.
- 박성환 외, 『2004 과학기술 창작문예 수상작품집』, 동아사이언스, 2004.
- 이광석, 『포스트디지털 - 토픽과 지평』, 안그라픽스, 2021.
- 최의택, 『슈뢰딩거의 아이들』, 아작, 2021.

- 그레이엄 하먼, 김효진 역, 『비유물론』, 갈무리, 2020.
- 도나 해러웨이, 황희선 역, 『해러웨이 선언문』, 책세상, 2019.
- _____, 최유미 역, 『트러블과 함께하기』, 마농지, 2021.
- 로지 브라이도티, 이경란 역, 『포스트휴먼』, 아카넷, 2015.
- 셰릴 빈트, 전행선 역, 『에스에스 에스프리 : SF를 읽을 때 우리가 생각할 것들』, arte, 2019.
- 슈테판 헤어브레히터, 김연순 외 역, 『포스트휴머니즘 - 인간 이후의 인간에 관한 문화철학적 담론』, 성균관대학교 출판부, 2021.
- 제프 호킨스, 이충호 역, 『천 개의 뇌』, 이데아, 2021.

- 김선엽, 「모순적 복수성(multiplicity)을 횡단하며 구축되는 2000년대 한국여화의 포스트휴먼」, 『영화연구』 32호, 한국영화학회, 2007, pp.7~40.
- 김윤정, 「김초엽 소설에 나타난 포스트휴머니즘과 장애」, 『여성문학연구』 54호, 한국여성문학학회, 2021, pp.77~107.
- 김은정, 「한국 영화에 나타난 포스트휴먼 소녀의 재현 양상 연구 – 〈경성학교: 사라진 소녀들〉, 〈마녀〉를 중심으로」, 『대중서사연구』 제27권 3호, 대중서사학회, 2021, pp.95~124.
- 노대원, 「한국 포스트휴먼 SF의 인간 향상과 취약성」, 『한국문학이론과 비평』 제24권 1호, 한국문학이론과 비평학회, 2020, pp.151~174.
- 박영석, 「21세기 SF 영화와 포스트휴먼의 조건 - 정신과 신체의 인공적 관계를 중심으로」, 『현대영화연구』 제14권 3호, 한양대학교 현대영화연구소, 2018, pp.427~458.
- 양윤의·차미령, 「천선란 소설에 나타난 '비인간'의 가능성 - 페미니즘과 SF의 동맹에 주목하여」, 『현대소설연구』 제84호, 현대소설학회, 2021, pp.233~263.
- 유재응·이현경, 「최근 한국영화 속 포스트-휴먼의 두 가지 양상: 〈승리호〉(2021), 〈서복〉(2021)을 중심으로」, 『The Journal of the Convergence on Culture Technology』 제8권 1호, 국제문화기술진흥원, 2022, pp.379~384.
- 이양숙, 「포스트휴머니즘 시대의 과학담론과 문학적 상상력」, 『도시인문학연구』 제11권 1호, 서울시립대학교 인문학연구소, 2019, pp.110~133.
- 이정화, 「21세기 할리우드 SF 영화에 반영된 포스트휴머니즘과 포스트휴먼 관계의 확장: Her(2013)를 중심으로」, 『미국학논집』 제49권 1호, 한국아메리카학회, 2017, pp.125~145.

- 이지용, 「한국 SF의 장르적 개별성과 현대적 주제 의식」, 『한국연구』 8호, (재)한국연구원, 2021.
- _____, 「TRS가 간호중입니다」, 웹진 《크로스로드》 181호, 2020.10. (http://crossroads.apctp.org/myboard/read.php?Board=n9998&id=1606)
- 주기화, 「신유물론, 해러웨이, 퇴비주의」, 『비교문화연구』 제65집, 경희대학교 비교문화연구소, 2022. pp.117~146.

- Brain Attebery, Veronica Hollinger (eds), Parabolas of Science Fiction, Middletown: Wesleyan UP, 2013.
- Darko Suvin, Metamorphoses of Science Fiction: On the Poetics and History of a Literary Genre, New Haven: Yale UP, 1979.
- Jean Baudrollard, "The Virtual Illusion: Or the Automatic Writing of the World.", Thoery, Culture & Society 12(4).
- Karen Barad, Meeting the Universe Halfway, Quantum Physics and the Entanglement of Matter and Meaning, Durhan: Duke UP, 2007.
- Richard Grusin, ed., The Nonhuman Turn, University of Minnesota Press, 2015.
- Sonia Miler, "Human, Transhuman, Posthuman: What's The Differece And Who Cares?", Future Reseach Quately vol. 20(Issue 2), 2004.
- S. Prebatsch, 〈The game layer on top of the world〉 (https://youtu.be/Yn9fTc_ WMbo)
- William Jame, The Varieties of Religious Experience: A Study in Human Nature, Oxford: Oxford UP, 2012.

───────────── 미주 ─────────────

1) 슈테판 헤어브레히터, 김연순 외 역, 『포스트휴머니즘 – 인간 이후의 인간에 관한 문화철학적 담론』, 성균관대학교 출판부, 2021, p.161.
2) 도나 해러웨이, 최유미 역, 『트러블과 함께하기』, 마농지, 2021, pp.10~11 참조.
3) 김재희, 『시몽동 기술철학 : 포스트휴먼 사회를 위한 청사진』, 아카넷, 2017, p.201 참조.
4) 박영석, 「21세기 SF 영화와 포스트휴먼의 조건 – 정신과 신체의 인공적 관계를 중심으로」, 『현대영화연구』 제14권 3호, 한양대학교 현대영화연구소, 2018, pp.427~458.
5) 이정화, 「21세기 할리우드 SF 영화에 반영된 포스트휴머니즘과 포스트휴먼 관계의 확장 : Her(2013)를 중심으로」, 『미국학논집』 제49권 1호, 한국아메리카학회, 2017, pp.125~145.
6) 이양숙, 「포스트휴머니즘 시대의 과학담론과 문학적 상상력」, 『도시인문학연구』 제11권 1호, 서울시립대학교 인문학연구소, 2019, p.86 참조.
7) 노대원, 「한국 포스트휴먼 SF의 인간 향상과 취약성」, 『한국문학이론과 비평』 제24권 1호, 한국문학이론과 비평학회, 2020, pp.155~157 참조.
8) 양윤의·차미령, 「천선란 소설에 나타난 '비인간'의 가능성 – 페미니즘과 SF의 동맹에 주목하여」, 『현대소설연구』 제84호, 현대소설학회, 2021, pp.240~241 참조.
9) 김윤정, 「김초엽 소설에 나타난 포스트휴머니즘과 장애」, 『여성문학연구』 54호, 한국여성문학회, 2021, pp.81~82 참조.
10) 김선엽, 「모순적 복수성(multiplicity)을 횡단하며 구축되는 2000년대 한국영화의 포스트휴먼」, 『영화연구』 32호, 한국영화학회, 2007, pp.7~40.
11) 김은정, 「한국 영화에 나타난 포스트휴먼 소녀의 재현 양상 연구 – 〈경성학교: 사라진 소녀들〉, 〈마녀〉를 중심으로」, 『대중서사연구』 제27권 3호, 대중서사학회, 2021, pp.95~124.; 유재응·이현경, 「최근 한국영화 속 포스트–휴먼의 두 가지 양상: 〈승리호〉(2021), 〈서복〉(2021)을 중심으로」, 『The Journal of the Convergence on Culture Technology』 제8권 1호, 국제문화기술진흥원, 2022, pp.379~384.
12) 이지용, 「한국 SF의 장르적 개별성과 현대적 주제 의식」, 『한국연구』 8호, (재)한국연구원, 2021, pp.42~43 참조.
13) 여기서 1980년대 이후의 SF적 맥락이라고 하면 1960년대 이후 발생한 '뉴웨이브'에서 중요시된 문학성과 비판적 사회의식에 대한 지점들, 그리고 1980년대 SF의 가장 대표적인 현상이라고 할 수 있는 '사이버펑크(Cyberpunk)'에서 생겨난 하드웨어에서 소프트웨어로의 전환, 네트워크 개념의 탄생을 통해 확장된 세계(world)와 그 안에서의 존재 및 대상에 대한 다양한 확장을 지칭한다.
14) 로봇(Robot)은 체코어 'robota'에 어원을 두고 있고, 이는 (봉건시대의) 부역, 강제 노역을 일컫는

말이다. 체코의 SF 작가 카렐 차페크의 1920년 희곡 『R.U.R』에서 언급되면서 지금과 같은 뜻으로 사용되기 시작했다.
15) 20세기 말엽을 지나 21세기에 접어들면서 한국 SF가 창작되어온 배경들을 보면 우선 영화에서는 〈내츄럴시티〉, 〈성냥팔이소녀의 재림〉과 같이 비인간 개체들이 세기말적인 디스토피아 세상에서 인간들과 일정부분 영역의 경쟁을 벌이거나 존재적 대립을 하는 것을 확인할 수 있다. 하지만 PC통신 시절의 듀나 등의 소설에서 나타나는 비인간 개체나 2000년대 중반의 '과학기술창작문예'의 수상작들에서 보여주는 비인간 개체들은 인간과의 존재론적 위계를 해체하려는 SF의 장르적 발전상이 적극적으로 적용된 것을 확인할 수 있다.
16) 물론 여기에서 RU-4가 보여주는 '지능'은 단순히 강 인공지능이나 범용인공지능(AGI)의 수준을 넘어서는 환상적인 영역이기도 하다. 종교적 깨달음이라는 형이상학적인 개념과 '나'라는 존재에 대한 인식과 고찰들은 인공지능이 발달을 한다고 해도, 굳이 필요하지 않은 영역이 될지도 모른다는 학자들의 전망이 있는 부분이다. 그러기 때문에 기술적인 부분 보다는 오로지 SF 등의 예술적 재현을 통해 사고실험되는 영역이라고 할 수 있다. (제프 호킨스, 이충효 역, 『천 개의 뇌』, 이데아, 2022, pp.169~196 참조.)
17) 이에 대해서는 박성환의 소설에서 좀 더 자세하게 설명되고 있다. (박성환 외, 『2004 과학기술창작문예 수상작품집』, 동아사이언스, 2004, pp.22~23 참조.
18) William Jame, The Varieties of Religious Experience: A Study in Human Nature, Oxford: Oxford UP, 2012, p.35.
19) 이는 포스트휴머니즘 담론에서 기술적 중재에 의해 무궁무진하게 변형되는 인간의 형태를 지향한다는 것을 영상서사를 통해 드러낸 것이라고 할 수 있다. 소니아 밀러의 경우 확장되는 인간의 개념에서 인간을 지우거나 인간을 중심으로 두는 것이 아니라 무한하게 가능성을 가진 다양한 형태들에 대해 긍정하였고, 여기에는 단순히 물리적인 형태 뿐 아니라 인공지능과 향상된 네트워크와 그 안의 데이터들까지도 포함하고 있음을 알 수 있다. (Sonia Miler, "Human, Transhuman, Posthuman: What's The Differece And Who Cares?", Future Reseach Quately vol. 20(Issue 2), 2004, p.62 참조.)
20) 도나 해러웨이, 최유미 역, 앞의 책, p.34 참조.
21) 이지용, 「TRS가 간호중입니다」, 웹진 《크로스로드》 181호, 2020.10. (http://crossroads.apctp.org/myboard/read.php?Board=n9998&id=1606)
22) 도나 해러웨이, 최유미 역, 앞의 책, p.216.
23) 도나 해러웨이, 황희선 역, 『해러웨이 선언문』, 책세상, 2019, p.136.
24) 도나 해러웨이, 최유미 역, 앞의 책, p.8.
25) 주기화, 「신유물론, 해러웨이, 퇴비주의」, 『비교문화연구』 제65집, 경희대학교 비교문화연구소, 2022, p.118 참조.
26) Karen Barad, Meeting the Universe Halfway, Quantum Physics and the Entanglement of Matter and Meaning, Durhan: Duke UP, 2007, p.185.
27) Haraway, Donna, Staying with the Trouble: Making Kin in the Chthulucene, Durham: Duke

UP, 2016, p.33 참조.
28) 김선엽, 앞의 글, p.33 참조.
29) 로지 브라이도티, 이경란 역, 『포스트휴먼』, 아카넷, 2015, pp.81~88 참조.
30) 김초엽, 『지구 끝의 온실』, 자이언트북스, 2021. 참조.
31) Darko Suvin, Metamorphoses of Science Fiction: On the Poetics and History of a Literary Genre, New Haven: Yale UP, 1979, p.10.
32) S. Prebatsch, 〈The game layer on top of the world〉 (https://youtu.be/Yn9fTc_WMbo)
33) 이광석, 『포스트디지털 - 토픽과 지평』, 안그라픽스, 2021, pp.17~18 참조.
34) 위의 책, p.45.
35) 듀나, 『아르카디아에도 나는 있었다』, 현대문학, 2020, pp.12~19 참조.
36) 위의 책, p.47.
37) 위의 책, pp.79~80 참조.
38) 위의 책, p.129.
39) 위의 책, pp.133~134.
40) 그레이엄 하먼, 김효진 역, 『비유물론』, 갈무리, 2020, p.49.
41) 듀나, 앞의 책, p.145.
42) 최의택, 『슈뢰딩거의 아이들』, 아작, 2021, p.178 참조.
43) 위의 책, p.230.
44) Baudrollard, Jean, "The Virtual Illusion: Or the Automatic Writing of the World.", Thoery, Culture & Society 12(4), p.101.
45) Richard Grusin, ed., The Nonhuman Turn, University of Minnesota Press, 2015, vii-x.
46) Attebery, Brain, Veronica Hollinger (eds), Parabolas of Science Fiction, Middletown: Wesleyan UP, 2013, p.15 참조.
47) 셰릴 빈트, 전행선 역, 『에스에스 에스프리 : SF를 읽을 때 우리가 생각할 것들』, arte, 2019, pp.111~113 참조.

✦
외계-식물-인간의
지구 공생기

임지연

◆ 천선란의 SF 『나인』을 생태적으로 읽는다는 것

토마스 네이글은 「박쥐가 된다는 것은 무엇인가What is it like to be a bat」에서 박쥐가 된다는 것의 경험에 대해 두 가지 양가적 입장을 취했다. 즉 인간은 비인간 박쥐의 감각적·내적 경험에 대해 절대 알 수 없다는 것, 그렇지만 그 경험을 기술할 수 있는 방법을 모색할 수는 있다는 것이 그것이다. 그는 이 논문에서 예시로 든 박쥐를 통해 정신이 일반적인 물리적 속성으로 환원되지 않는다고 주장하였다.[1] 초음파를 사용하는 박쥐의 감각을 과학적으로 기술할 수 있다고 하더라도, 박쥐의 감각 세계는 인간과 다르기 때문에 알 수 없다. 하지만 알 수 없는 절대 타자의 경험에 대해 우리는 아무 것도 할 수 없는 것은 아니다. 그는 그것을 기술할 수 있는 방법을 '객관적 현상학'이라고 명명했다. 박쥐 딜레마를 서두에 가져온 이유는 박쥐가 낯선 타자에 대한 기술을 가능하게 하는

SF의 역할에 대해 긍정적인 관점을 제공할 수 있다고 여기기 때문이다.

SF는 포괄적인 과학적 외삽外揷, extrapolation[2)]에 기초하여 인간과 비인간 행위자의 낯선 조우에 따른 우리의 변화와 공구성적인 세계의 의미를 예측할 뿐 아니라, 기술적 대상을 포함한 동식물, 물질, 외계인, 기후, 우주와 같은 다양한 비인간 행위자에 대한 앎의 요청에 응답하는 장르라고 할 수 있다. 그렇게 본다면, 네이글의 박쥐 딜레마는 낯선 비인간 타자를 포착하는 SF의 역할과 영향력을 제고하고, SF의 미적 장치들을 다듬고 창안하는 일의 중요성을 깨닫게 해준다. 이 글은 천선란의 소설 『나인』을 중심으로 식물-외계-인간이라는 이질적 타자의 경험을 포착하는 '객관적 현상학'을 추론하고, 나아가 식물/인간, 외계인/지구인, 언어/비언어라는 이질적 특성들이 분리된 것이 아니라 '공생적 실재' 속에 공생하고 있음을 탐색하고자 한다. 식물이자 외계인이고 지구인인 인물을 통해 네이글의 박쥐 딜레마가 어떻게 적용되고 해결되는지를 발견하는 일은 의미 있는 일일 것이다.

SF의 장르적 개념을 한마디로 정의하기는 어렵다. 셰릴 빈트 같은 SF 연구자조차 "이 장르를 정의하기가 어렵다는 것은 악명 높은 사실"이라고 인정할 만큼, SF는 역사적이고, 이질적 특성을 갖는다. SF의 이질적 특징에 대해 그는 "서로 관련 있는 텍스트·모티브·주제·이미지의 그물망"으로 정의한 바 있다.[3)] 그물망으로서의 SF는 장르의 경계를 변경하며 시대적으로 변모해왔다. 급변하는 과학기술과 포스트휴머니즘적 사유와 함께 문학의 탈장르화 현상을 경험하면서 한국의 SF가 급부상하고 있다. 비판적 포스트휴머니즘의 관점에서 과학기술시대를 살아가는 포스트휴먼의 불평등 조건과 인간에 대한 근원적 질문은 SF 장르와 조화를 이루기 쉽기 때문인 것 같다. 이 글은 천선란의 소설 『나인』을 통해 생태 SF의 가능성을 탐색하면서 인간-비인간, 문화-자연이 얽힌 근원적 세계의 생태적 특징을 '공생적 실재'로 읽어내려고 한다.

◆ 사물을 탈인간화하기: 박쥐의 딜레마

천선란의 장편 『나인』[4]은 인간으로 알고 살아온 17세 소녀 '나인'이 사실은 땅속 식물로부터 탄생했으며, 오래전 리겔리라는 행성에서 이주해온 누브인의 후손이라는 사실을 알게 되면서 일어나는 여러 에피소드와 외삽이 개입된 SF이다. 『나인』은 식물-외계인이라는 복잡한 정체성을 깨달아가는 청소년 성장 드라마이자, 퍼스트 컨텍트 SF 서사이며, 식물과 외계인 그리고 인간이 공생하는 생태 SF의 성격을 갖는다.

이 소설은 주인공 나인을 중심으로 크게 두 개의 서사로 얽혀 전개된다. 즉 10대 소녀인 나인이 외계-식물-인간이라는 자기 정체성을 알아가는 서사 축과 나인이 박원우라는 소년의 살인사건을 해결하는 서사 축으로 구성되어 있다. 여기에 나인의 고향 행성 리겔리의 죽음과 이주 과정에서 발생한 불평등한 생명정치의 문제, 지구 생태 위기와 멸종 사건, 어른 지구인의 위계화와 진실 감추기 등의 정치적 외삽이 개입되어 있다.

이 글에서 주목하는 것은 외계-식물-인간이라는 나인의 낯설고 복잡한 특성과 그것이 어떻게 서술되는가이다. 주인공 나인의 복잡한 특징은 낯선 타자의 경험이 어떤 것인지 포착할 가능성을 제공하기 때문에 중요하다. 앞에서 잠시 언급했던 바와 같이 네이글은 '박쥐 딜레마'에서 타자의 이질적 경험에 대한 비환원성을 주장하면서도 그것을 어떻게 객관적으로 기술할 수 있는가를 물었다. 네이글의 논문은 정신(의식)과 몸의 관계를 물리적으로 환원할 수 있다는 환원적 물리주의를 비판하기 위한 것이었지만, 예시로 든 박쥐 딜레마는 인간과 다른 타자의 경험을 숙고하게 한다. 네이글의 박쥐는 SF에 자주 등장하는 이질적 존재들을 인간으로 동일화하지 않으면서 타자성을 기술할 수 있는 아이디어를 제공한다. 네이글의 박쥐 딜레마가 갖는 의미가 어떤 것인지 검토해 보자.

첫째, 네이글은 박쥐의 경험에 대해 우리는 알 수 없다고 말한다. 박쥐는 계통발생적으로 인간과 같은 포유동물이기는 하지만, 고주파 음향 신체 체계를 이용해 공간과 위치를 파악한다는 점에서 인간의 감각과 확연히 다르다. 그는 "우리가 경험하거나 상상할 수 있는 어떤 것과도 주관적으로 같다고 가정할 이유가 없다"고 보았다. 박쥐는 박쥐의 경험이 있겠지만, 우리는 박쥐가 경험하는 그 경험을 알 수 없다. 박쥐는 "근원적으로 이질적인 생명 형태"이기 때문이다.[5]

둘째, 그렇다면 우리는 박쥐의 경험에 대해 어떤 것도 말할 수 없는가? 그는 우리와 근원적으로 다른 박쥐의 내적 삶이 무엇인지를 결정하려고 시도하는 것이 중요하다고 말한다. 즉 네이글은 박쥐의 이질적 경험을 '부분적으로라도' 기술할 수 있는 새로운 방법을 창안함으로써 딜레마를 해소하고자 하였다. 필자가 주로 관심을 두는 것은 이 지점이다.

네이글은 박쥐의 내적 삶에 대해 "공감이나 상상에 의존하지 않는" "대안적 방법"[6]이 필요하다고 보았다. 그는 공감을 통해 박쥐라는 근원적으로 이질적인 타자의 내적 경험에 접근할 수 있다고 보지 않는다. 공감은 상대의 경험을 내가 경험하는 것이기 때문에 동일화의 위험성이 존재한다. 그럼에도 그는 "모든 것을 포착하지는 않을지라도 그 목적은 적어도 부분적으로, 그러한 경험을 가질 수 없는 존재에게 이해할 수 있는 형태로 주관적 특징을 기술할 수 있는" "객관적 현상학"[7]을 제안한다.

네이글의 입장에 대해 스티븐 샤비로는 박쥐가 우리와 정확히 똑같다고 가정해서는 안 되며, 박쥐가 우리와 너무 달라서 내적 삶이 전혀 없다고 주장해서도 안 된다고 설명한다.[8] 그리고 그는 네이글의 '객관적 현상학'이라는 용어에서 "객관적"이라는 말이 삼인칭을 함의하고, "현상학"은 일인칭의 경험을 함의하기 때문에 모순어법이지만, 이 둘을 "어떻게 조화시키느냐"가 문제라고 보았다.[9] 상관주의를 비판하는 샤비로는 대상에 대한 비상관적이고 비의식적이며 비지향적인 방법을 제안하며 과학소설을 긍정하였다. 그는 과학소설의 서사(사변과 외삽)가 과도하게 제한된 인지주의적 가정들을 넘어서는 데 도움이 된다고 평가한다.[10] 즉 샤비로는 그들만의 복잡함을 받아들일 필요가 있다고 본 것이다.[11]

이에 반해 이언 보고스트는 네이글의 객관적 현상학에서 '객관성'에 대해 이의를 제기했다. 그는 "경험의 주관적 특징은 전적으로 실재적인 채로 있을지라도 객관적으로 완전히 재현될 수 없다"는 점을 강조한다. 즉 인간과 무관한 채 완전하게 객관적일 수는 없다는 것이다. 그는 박쥐의 경험은 "비유"를 통해서 이루어질 수 있다고 보았고, "어느 정도 인간중심주의가 불가피"함을 인정하면서 "주체의 왜곡된 인상"인 "캐리커처"같은 것을 상상했다.[12]

샤비로와 보고스트는 박쥐의 경험을 인간은 절대 알 수 없다는 명제에 충실하면서, 완전하지 않은 기술 방법에 대해 개성적 사유를 전개하였다. 네이글과 샤비로, 보고스트는 박쥐의 경험의 비환원성에 대해 동의했지만, 그것을 기술하는 방법에 대해서는 조금씩 다르게 제시했다. 네이글의 객관적 현상학은 대상을 동일화할 수 있는 가능성을 배제한다. 동일화의 위험을 내포한 공감이나 상상력에 의존하지 않는 비유를 제안하였다. 이에 대해 샤비로는 박쥐의 경험을 우리는 절대로 경험할 수 없다는 점과 그렇다고 해서 박쥐의 내적 경험이 없다고 말할 수 없다는 양면성을 공존시키는 입장에 있다. 보고스트는 네이글의 객관적 현상학을 '에일리언 현상학'으로 바꾸면서 의인화를 포함한 '비유주의'를 택하였다.

이들은 박쥐 딜레마를 통해 사물들의 자율성을 인정하면서 세계를 탈인간화하려는 의도를 공통적인 의제로 삼았다.

◆ 비인간 타자의 경험을 기술하기: 외계-식물-인간은 어떻게 소통하는가?

천선란은 외계-식물-인간 나인을 식물과 어떻게 소통하게 했을까? 중요한 것은 나인이 식물적 존재이기는 하지만, 식물은 아니라는 점이다. 나인과 식물은 생물학적 조건도 다를 뿐 아니라, 다른 언어체계를 갖기 때문에 언어적으로 소통할 수 없다는 한계에 직면해 있다. 천선란은 서로 다른 타자의 특징을 보존하면서 어떻게 소통을 가능하게 했을까? 필자는 그것을 '비언어적' 소통으로 파악한다.

먼저 나인이 갖는 식물적 존재로서의 낯선 특성에 대해 살펴보자.

화원 창고에 있던 앨범 속에는 몸에 흙이 덕지덕지 묻은 갓난아기를 안은 지모 사진이 있었다. 아기는 꼭 땅에서 막 뽑은 커다란 고

구마나 무 같았다. 지모가 풍년을 맞은 농부의 표정을 짓고 있어서 더 그래 보였다. 지모는 그 고구마가 나인이라고 말했다. (중략) 나인은 그 식물이 아까 지모가 보여주었던 흰색 꽃을 피운 식물임을 알아차렸다.

　식물은 손가락 크기였다가 점점 커져 나중에는 지모의 키만큼 자랐다. 그러다 나인이 태어나기 열흘 전부터 아주 작은 꽃봉오리가 생겼고, 날이 갈수록 부피를 키워 가다가 나인이 태어난 당일에 활짝 피었다. 지모는 그 꽃이 나인의 신체 일부라고 말했다. (39)

　나인의 탄생은 "피어났다"고 표현된다. 지모는 '유지 이모'의 줄임말인데, 나인의 사실상 엄마이지만, 이모의 지위로 살아온 외계-식물-인간이다.

　나인은 지모의 손가락에서 돋아난 아홉 개의 새싹 중 유일하게 살아남은 아홉 번째 식물에서 태어났다. 외계의 책에 서술된 대로 나인의 새싹은 열흘 동안 땅에 뿌리를 내리고, 울퉁불퉁한 덩어리가 된다. 이것이 "생명의 씨앗"이다. 아기는 땅에서 태어나 인간으로 살아간다. 그 아기가 바로 나인이다.

　문제는 나인이 인간의 모습을 하고 있지만, 식물적 존재라는 사실이다. 그럼에도 식물 그 자체는 아닌 나인은 어떻게 식물과 소통할 수 있었을까? 천선란은 언어 없는 대화를 소통의 장치로 삼았다.

> 그러니까 창 너머로 보이는 선연산의 나무들과 길가의 가로수, 화단의 이름 모를 잡초와 학교 정문에 심긴 꽃까지. 살아 있기에 소리를 내는 다른 생명체들처럼 식물도 그렇게 소리를 낸다. 지구인들은 들을 수 없고, 나인도 알아들을 수 없는 언어지만 어쨌든 살아 있기에, 각자의 방식으로 숨 쉬고 있기에 소리를 낸다. (43)

나인은 식물과 직접 대화를 나누지 못한다. 나인이 식물에서 태어난 존재이기는 하지만, 인간이기 때문이다. 그는 식물의 소리를 들을 수 있지만, 그 의미를 알아들을 수는 없다. "언어가 달라 알아들을 수 없는, 식물의 대화 소리"를 나인은 해독할 수 없다. 천선란은 식물에게도 언어가 있음을 전제한다. 하지만 인간의 언어와 식물의 언어는 완전히 다르다는 것도 인정하고 있다. 이 소설은 식물에서 태어난 외계인 누브족의 기이한 능력이 주요 모티브라는 점에서 판타지 SF의 성격이 강하다. 천선란은 식물을 의인화하거나 나인의 영웅적 능력에 주목하여 언어로 소통하는 방식으로 이야기를 전개했어도 무방했을 것이다. 그러나 나인과 식물은 소설에서 일관되게 언어를 사용하지 않는다. 그것은 인간과 식물의 타자적 경험을 인정하기 때문이다.

우리는 타자적 경험을 기술하는 방법이 완전히 새로운 어떤 것이 아니라는 점을 숙고할 필요가 있다. 낯선 타자의 경험을 완전하게 기술하려는 시도는 실패할 수밖에 없다. 네이글과 샤비로, 보고스트가 박쥐의 낯선 경험을 부분적으로 기술할 수 있는 방법에 천착했던 이유도 여기에 있을 것이다. 완전한 기술이라는 이상을 버려야 우리는 인간과 다른 비인간 타자의 고유한 경험을 긍정하고 소통할 수 있기 때문이다. 그렇다면 천선란은 어떻게 타자의 경험을 기술할 수 있는 객관적 현상학을 창안했을까? 천선란은 공통의 언어를 사용하지 않음으로써 이들의 차이를 부각했다. 그는 언어를 사용하는 대신 식물의 기억을 활용하였다.

> 수만 개의 기억이 한데 뒤섞여 형태가 온전한 것이 없었다. 사람인지, 바위인지, 동물인지 혹은 다른 형태의 괴물인지 모를 형태들이 뒤섞여 있었다. 입자들은 소리가 들릴 때마다 소리의 파동을 따라 흩어졌다가 뭉치기를 반복했다. 그중 뭉치지 않고 물처럼 흘러가는 것은 바람 소리이고, 미러볼처럼 동그랗게 반짝이며 자유자재로 날아다니는 것은 새라는 걸 깨달았다. 식물이 바라보는 세상은 이렇게 해 질 녘 해변의 모래사장처럼 빛났고 강에 뜬 윤슬처럼 잔잔하게 흘러갔다. (279)

이것은 나인이 식물의 기억을 공유하는 장면을 기술한 부분이다. 식물은 자신의 언어를 통해 나인과 소통하지 않는다. 인간의 언어와 식물의 언어체계가 다르기 때문이다. 대신 나인은 식물의 기억을 시각화하여 그것을 감지한다. 또한 식물이 바라보는 세상은 인간의 시각시스템과 다르다. 따라서 식물의 기억은 사람과 바위, 동물이 구별되지 않고 한데 뒤섞여 있다. 인간의 시각화는 세계를 자신의 정보대로 재구성하지만, 식물의 세계에서 필요한 정보는 완전히 다르다. 나인이 보는 것은 "소리가 들릴 때마다 소리의 파동을 따라 흩어졌다가 뭉치기를 반복"하는 "입자들"이다. 천선란은 나인을 식물-외계인으로 설정함으로써 인간의 감각체계로 환원될 수 없는 특별한 감각을 부여한 것이다.

천선란은 식물의 언어와 인간의 언어가 곧바로 소통될 수 없다는 것을 인식하고, 언어 차이를 다른 방식으로 해결하였다. 식물의 기억능력을 시각화함으로써 소통을 가능하게 했다. 나인은 식물의 소리를 알아들을 수 없는 대신 식물의 기억을 본다. 식물은 자신의 기억을 "홀로그램처럼 불완전하게 형체를 만들"(279)어 나인에게 보여줌으로써 살인사건의 증언자가 된 것이다.

우리는 여기서 질문할 것이 있다. 식물은 기억할까? 식물학자에 따르면 식물은 기억할 수 있다. 대표적인 예가 춘화현상이다. 어떤 식물은 오랜 저온 기간에 노출되고 나서야 꽃을 피우는데, 겨울 추위는 식물이 봄에 꽃을 피워야 한다는 신호로 기억된다. 최근 식물학은 식물의 변덕스러운 환경에 대한 반응을 통해 식물이 '배우고 기억할 수 있음'을 시사한다.[13] 『나인』에서 식물들은 특정 인물과 사건을 기억할 뿐 아니라, 감정을 느끼고, 심지어 사람의 혼이 들어갈 수도 있다. 소설에서 식물의 기억 능력은 현대 식물학의 범주를 넘어 과도하게 설정되어 있다.

백스터 효과:
과학과 비과학의 경계

    이 소설에서 식물은 식물학자의 연구 결과보다 더 나아가 있다. 백스터 효과에 따르면 식물은 범인을 기억하고, 자신을 해칠 마음을 갖기만 해도 두려움을 느끼고, 다른 세포의 죽음에도 반응한다. 백스터 효과는 1966년 거짓말 탐지기 검류원이었던 클래브 백스터가 식물의 잎에 전극을 연결하는 실험을 한 일련의 결과를 말하는 것이다. 그는 잎을 불태워야겠다고 생각하는 순간 검류계의 바늘이 움직인다는 것을 알아냈다. 또한 그는 식물도 기억할 수 있는지를 실험하기 위해 범인 찾기 실험을 하였다. 식물 한 그루를 무참히 죽인 후, 남은 식물이 범인을 찾아낼 수 있는지를 탐지기로 실험했다. 목격자 식물은 범인이 접근하자 격렬하게 바늘을 움직임으로써 범인을 찾아냈다. 백스터는 식물이 살아있는 세포의 죽음을 목격하게 될 때 특유의 그래프를 나타낸다는 것을 발

견했다.[14]

 식물학자는 실험을 통해 식물의 인지체계에 대해 기술할 수 있을 것이다. 그러나 식물이 경험하는 것은 식물학자의 과학적인 기술로 환원될 수 없다. 네이글의 박쥐 딜레마와 객관적 현상학의 방법을 여기서 생각해 볼 수 있을 것이다. 천선란은 식물의 기억을 번역하는 나인이라는 인물을 등장시킴으로써 식물의 내적 경험을 기술하고자 하였다.

 여기서 필자가 주목하는 것은 천선란이 식물의 행위능력을 서술할 때 백스터 효과 같은 유사과학적 상상력을 사용한다는 점이다. 현대 식물학은 식물이 인지능력이 있으며, 기억하고 반응하며 선택할 수 있는 능력을 증명하고 있다. 그러나 식물이 죽인 인간을 지목하고, 어떤 사람이 식물의 잎에 불을 지르겠다는 마음을 먹는 순간 그것을 알아차리고 반응한다는 것은 비과학적인 것처럼 보인다. 백스터 효과는 유사과학적 주장이거나 과학과 비과학의 경계에 있는 가설에 해당된다. 과학을 넘어서거나 과학에 미치지 못하는 상상은 SF에서 어떤 역할을 할까? 그것은 단지 저급한 노붐novum[15]을 활용하는 스페이스 오페라처럼 공상과 흥미 본위의 SF 서사로 귀결되는 것일까? 앞의 인용문에서 확인했듯이 천선란이 활용하고 있는 식물에 대한 인식은 유사과학적 상상력에 가깝다. 이 소설에서 식물적 상상력은 예측가능하고 설명가능한 현대 과학을 넘어섬으로써 인과론적인 합리성의 세계를 부인하는 효과를 불러온다. 이것은 '과학 밖 과학'[16]을 상상함으로써 인간중심적으로 해석해온 제한된 세계를 확장하게 하는 기능을 담당한다.

나인은 살인사건을 목격했던 나무들의 기억을 홀로그램처럼 봄으로써 소통한다. 특히 다른 나무와 다른 금옥 나무는 "숨이 붙어 있을 때 식물이 관통했고, 그렇게 피와 숨이 식물에게 스며들어 가"(85) 인간의 언어를 구사하는 식물이다. 이러한 식물의 능력은 현대 식물학이 불가능해진 세계, "배제되어 있는 과학이(…) 출몰하는 세계"[17]는 완전한 과학 밖 소설은 불가능하지만, 재난, 순수한 넌센스, 불확실성과 같은 방법적 맹아를 제시한다. 이 세 가지는 과학법칙이나 인과적 필연성을 약화시키기 때문이다.[18]

즉 백스터 효과 같은 식물의 기억 능력에 주목한 이 소설은 과학의 인과적 설명과 예측가능성을 넘어섬으로써 탈인간적 상상력을 보여준다.

이와 같은 유사과학적 사유는 네이글의 박쥐 경험의 문제의식과도 연결된다. 완전한 타자의 경험을 우리는 어떻게 접근할 것인가? 과학 밖 상상은 낯선 타자의 경험이 인간과는 다른 차이에 기초해 있음을 보여준다. 이 소설은 현대식물학이 설명할 수 없는 영역에서 식물의 기억 능력과 소통 능력을 포착하고 있다.

식물에 대한 이러한 접근은 법칙적이고 인과적인 사유에 균열을 내면서 타자의 타자성을 인정하게 한다. 천선란이 소설에서 언어 없는 소통을 지향하고, 식물에 대한 유사과학을 참조하는 것은 법칙적이고 인과적인 세계를 흐릿하게 하면서 비인과적이고 우연한 세계를 만들기 위해서일 것이다. 천선란의 식물적 존재에 대한 유사과학적 묘사는 인간의 사유 바깥에 존재하는 타자의 타자성을 부분적으로라도 포착할 수 있는 '객관적 현상학'의 한 방법이라고 볼 수 있을 것이다.

✦ 흔들거리고 얼룩덜룩한 '공생적 실재'로서의 생태관

앞에서 외계-식물-인간인 '나인'을 통해 낯선 타자의 경험을 기술하는 방법으로서 '객관적 현상학'에 집중했다면, 지금부터는 그것을 가능하게 하는 공생적 생태성에 대해 주목해 보자. 낯선 타자의 경험이 우리에게 환원되지 않고 객관적 현상학을 통해 기술될 수 있는 것은 타자들이 공생하는 세계의 가능성 때문이다. 천선란의 소설 『나인』에서 우리가 주목할 것은 '공생적 실재'라는 생태적 세계관이다. 나인의 정체성이 외계-식물-인간일 수 있는 것은 이 세계가 공생적 원리에 의해 구성되어 있다는 사실 때문이다. 즉 천선란은 인간과 자연, 인간과 비인간이 구분 없이 뒤섞여 공생하는 세계를 바탕값으로 설정하고 있다.

'공생적 실재'란 티머시 모턴의 용어로서 인간과 자연이 분리된 현실 세계와 대비되는 개념이다. 모턴은 인간적 영역인 '현실'

reality과 인간-비인간의 영역인 '공생적 실재'the symbiotic real를 구분한다. 자연과 분리된 인간humanity의 영역이 '현실'reality인데, 이곳은 인간의 합리성과 법칙성, 예측가능성의 원리로 구성된다. 반면, 분리되지 않는 객체들이 얽히고 요동치고 연대하는 인류Humankind의 영역이 '공생적 실재'the symbiotic real이다. 공생적 실재는 인간과 비인간의 얽힘과 상호의존성으로 가득한 영역이다. 모턴은 그것을 유령적인 생태적 존재들이 아른거리고, 자기 자신으로부터 벗어나고, 탈자적이고, 흔들거리며, 그림자로 얼룩덜룩하다고 특징짓는다.[19] 이 세계는 인간이 통제할 수 없는 사물들의 힘들이 요동치면서 연결되고 배치된다. 공생적 실재 세계에서 생태학적 존재들은 인간과 비인간의 영역이 명확하게 구분되어 있지 않기 때문에 현실적이지도 비현실적이지도 않으며, 모호하고, 흐릿하다. 마찬가지로 이들은 생명과 비생명으로 분명하게 구분되지도 않는다. 인간의 몸이 바이러스와 다른 물질들에 의해 구성된 것이라고 할 때, 생명은 다분히 비인간적이기 때문이다. 모턴에 따른다면 생태주의란 인간-비인간의 불명확한 관계성에 대한 앎이고, 비인간 유령들에 대한 의식[20]이라고 할 수 있다.

  모턴의 공생적 실재 개념을 '현실'과 대비하여 정리한다면 다음과 같다.

현실(reality)	공생적 실재(the symbiotic real)
인간 중심	인간-비인간
humanity	humankind
자연과 분리된 세계	인간-자연이 얽힌 세계
법칙성	유령성
비생태적	생태적
단절	연대
외파적 전체(자본주의)	내파적 전체(생태주의)

 모턴의 생태의식은 기존의 생태중심주의가 가졌던 생명적 가치에 대한 우선성이나, '지구 먼저'earth first 운동처럼 유기체적이고 전체성을 지향하는 생태주의와 구별된다. 공생적 실재 세계에서 부분은 전체로 환원될 수 없고, 생명과 비생명의 구분은 모호하기 때문이다. 그렇게 본다면 나인은 그 자체로 공생적 실재 세계의 생태적 존재라고 할 수 있다. 그는 인간-비인간이 얽히고 연대하는 존재로서, 낯선 기이함을 보여주는 동시에 종적이고 집단적인 사유보다 개체성에 집중한다. 가령 나인은 박원우의 죽음을 박원우의 멸종으로 파악한다. 또한 나인은 누브인 멸종을 막을 수 있는 능력을 가졌지만, 그렇게 하지 않는 선택을 함으로써 집단성보다 개체적 개성을 중시하는 태도를 보여준다. 그런 점에서 본다면 나인은 외계-식물-인간이라는 모호하고 중첩된 특성을 가진 기이한 공생적 존재임이 분명하다.

 이 소설에서 지구는 나인의 엄마인 '지모'와 '승택'을 비롯한 또 다른 누브인들, 그리고 식물과 인간의 영혼이 결합된 '금옥 나무', 이외에도 알에서 태어나는 다수의 '외계인'들이 함께 살아가는 공생적 행성으로 그려져 있다.

> 브로멜리아드 주변의 땅을 파랗게 빛나게 했던 그 힘을 승택은 '상생'이라 했다. 땅과 식물이 우리를 키우고 우리는 그들이 준 에너지를 몸속에 가두어 자라다가 일정 나이가 지나 싹을 틔울 때가 오면 스스로 그 에너지를 만들어 땅과 식물에게 돌려줄 수 있노라고. (중략) 땅이 네 안에 있는 에너지를 흡수할 텐데, 무섭겠지만 걱정은 하지 않아도 된다고. 편안할 거라고. 가져간다고 소멸되거나 하지 않으니까. (중략) 그렇지만 땅과 식물은 절대로 너를 해치지 않을 것이고, 네가 편안할 수 있도록 포근한 안식처가 되어 준다는 걸 기억하라고. 그곳이 네가 피어나기 전에 있던 집이니까. (63~64)

인용문에서 알 수 있듯이 나인을 비롯한 몇몇 누브인은 땅과 식물과 "상생"한다. 땅과 식물, 누브인은 몸속에서 만든 에너지를 서로에게 돌려주고 되받는다. 이처럼 나인은 자연과 분리된 '인간'에서 벗어나 땅과 식물, 인간으로 연결된 '공생적 존재'임을 인정하게 된 것이다.

나아가 천선란은 누브인뿐 아니라, 지구에는 우리가 알아차리지 못하는 외계 생명체가 많다고 주장한다. 외계-식물-인간 지모에 따르면 "세상에는 외계인이 많다". 알이나 물속에서 태어난 외계인이 있기도 하고, 자기 살을 도자기처럼 구워내는 사물 외계인도 있다. 지구인처럼 보이는 외계인들은 "정체를 들키고 싶지 않아 꽁꽁 숨기고 있지만", 지모는 "우리는 그냥 딱 보면 알" 수 있다고 말한다. "신호등이 깜빡일 때 걷지 않는 사람들" "버스를 탈 때 노인이나 아이에게 한발 양보하거나 지하철에서 사람이 다 내려야만 타는 사람"(56)들처럼 과도하게 질서를 잘 지키는 사람들이 그들이다. 이방인인 외계인들은 "난데없이 추방될지도 모른다는 상상"(89)을 하기 때문에 인간들의 규칙을 잘 지키는 것이다.

나인이나 지모, 승택은 식물이나 다른 외계인을 알아보고 소통할 수 있지만, 이때 반드시 언어만을 사용하는 것은 아니다. 이들은 인간적 인지 체계를 사용하지 않기 때문에 딱 보면 알거나, "감지"할 수 있다. 앞서 살펴본 바와 같이 나인과 식물의 소통은 규범적 언어를 통해서가 아니라, "아우성"이나 "바람이 불지 않는데 파르르 떨리는 나뭇잎"(285)처럼 암시하고 경고함으로써 의미를 알아챈다. 또한 누브인들은 서로를 곧바로 파악하는 "감지하는 센서"(334)를 가지고 있다. 인간-비인간들이 얽히고 연대하는 공생적 실재 세계는 이처럼 "비음성 언어의 무한한 다양성에 열려 있"다고 볼 수 있다.[21]

이 소설의 결말에는 외계인 '심라현'이 등장한다. 지모의 친구인 라현은 "나도 너랑 비슷해. 지구에서 태어났는데 저 바깥에서 왔"(423)다고 자신을 소개한다. 라현은 천선란의 단편 「어떤 물질의 사랑」에도 등장하는 인물이다. 이 단편에서 라현은 알에서 태어나 배꼽이 없으며, 성적 취향의 변화에 따라 남성의 몸이나 여성의 몸으로 변한다. 이 소설도 지구를 공생적 실재 세계라고 전제하고 있음을 알 수 있다. "지구의 절반은 외계인"이고 "모두가 다 사람인 척하고 있을 뿐"이며, "이 지구에 같은 인간은 없"기 때문에 "서로에게 외계인"이다.[22] 천선란의 현실 세계는 인간과 비인간이 분리된 현대세계처럼 보이지만, 사실상 인간과 비인간이 뒤섞여 낯설고 기이한 공생적 실재 세계라고 할 수 있다.

◆ 공생적 실재로부터 단절된 존재들을 위하여
– 인정 망각에서 생태적 파르헤지아로

　그렇다면 왜 '어떤' 인간들은 공생적 실재 세계로부터 단절되고 소외되어 있을까? 소설에서 이런 부류는 위선적인 어른들로 설정되어 있다. 실수로 친구 박원우를 밀쳐 죽게 한 권도현의 아버지와 어머니는 이 사건을 은폐하기 위해 시신을 산에 묻고, 돈으로 경찰의 입을 막는다. 이들은 박원우가 외계인을 본 적이 있다고 말하고 다니자, "이상한 애"(286)로 취급하고 소외시킨다. 인간 어른뿐 아니라, 누브 어른들도 공생적 실재를 인정하지 않고 망각한 것은 마찬가지이다. 이들은 자신의 행성이 죽어 이주하는 과정에서 우주선에 타기 위해 47일간 서로를 학살하였다. 또한 이들은 우주선의 식량이 부족해지자 다른 우주선을 침략해 동족을 죽이고 식량을 약탈했다. 이렇게 본다면 외계인 모두가 공생적 삶을 살지는 않는다고 볼 수 있다. 공생적 실재를 망각한 인간 어른과 누브 어른들은 사실상 멸종의 위기를 겪고 있다. 지구에서 더 이상 누브 아이들이 태어나지 않는데, 땅과 공기가 오염되어 손가락에서 자라난 싹을 심어도 곧바로 죽거나 꽃이 피지 않기 때문이다. 지구에서 누브인은 "멸종" 위기에 처한 것이다. 누브인이 살 수 없는 지구 생태라면, 마찬가지로 인간도 살아가기 어렵다.

> 폐수 때문에 산이 죽어 가. 아주 소량으로 조금씩, 조금씩, 문제 되지 않을 만큼 흘리는 거야. 인간들에 세운 기준에는 문제가 되지 않겠지만 아니야. 그건 너무나도 큰 문제였어. 산소 호흡기로 수을 연장하듯이 버텼어. 내가 어렸을 때 살았던 그 산은. 마을 사람들은 모르는데 우리는 알았어. (142)

위 인용문은 '승택'이 누브인이 멸종 위기에 처했으며, 지구를 떠나야 할 상황에 대해 언급한 것이다. 지구가 공생적 행성임을 무시한 인간들은 폐수를 버려 산을 죽게 만들었다. 자연을 자원화하고 대상화한 결과가 인류세 위기와 같은 상황일 것이다. 지구 생태위기는 모든 생명체의 위기인데, 인간은 자신의 생태적 조건에 대해 성찰하지 않는다. 인간 어른들은 여전히 사는 곳을 중심으로 등급을 나누고, 외계인이 있다고 믿는 사람을 소외시킨다.

이 소설에서 어른 인물들은 공생적 실재 세계로부터 소외되어 있다. 소외는 공생적 실재에 대한 '망각'[23]에서 비롯되었다. 여기서 망각이란 인간과 비인간이 서로에게 의존적으로 얽혀 있는 공생적 실재의 우선성을 상실하였다는 것을 의미한다. 주인공 나인이 외계-식물-인간의 낯선 경험을 자신의 언어로 번역할 수 있었던 것도 공생적 실재에 참여한 생태적 존재라는 자각 때문이었다. 반면 인간 어른들은 공생적 실재 세계에서 전개되는 기이하고 경이로운 사건들을 인정하지 않고 망각했다. 외계인이 있다고 믿었던 박원우가 죽은 이유는 공생적 실재 세계로부터 소외된 인간들에 의해 이루어진 것이다.

나인은 이러한 소외와 망각을 멈추기 위해 '솔직히 말하기'(파르헤지아, Parrhésia, 여기서는 푸코의 파르헤지아)를 말한다.[24] 이 말하기는 아첨하기와 수사학적 말하기와 본질적으로 다르다. 파르헤지아는 권력자에게 호혜를 얻어내기 위한 말하기도 아니고, 진실을 확증하지 않는 말 잘하기와 같은 수사학적 말하기가 아니다. 이 말하기는 진실 말하기인데, 이것은 진실과 거짓을 구별해야 한다는 점에서 말하는 주체에게 위험을 감수할 용기가 필요하다.[25] 진실을 말하기 위해 타인에게 상처를 주거나 부정적 반응을 감수해야 하기 때문이다.

"나는 지모의 손 끝에서 피어난 새싹 중 하나야. 나는 땅에서 피어났어" 그래서, "얘들아, 그러니까 나는, 인간이 아니냐."(310)

"외계인 같은 거 세상에 정말 있다고요" "그게 나니까"(396)

나인은 17년간 인간으로 살아왔으나 일련의 사건 속에서 자신이 외계-식물-인간이라는 사실을 알게 된다. 나인은 친구들에게 이 사실을 말하지 못하다가 자신의 정체성을 솔직하게 선언한다. 나는 인간이 아니라, 땅에서 피어난 외계인이라고 말이다. 나인의 솔직한 말하기는 "네가 하는 말 다 믿어", "아까 네가 땅을 파랗게 만들었던 걸 안 봤어도 네 말을 믿었을 거야"라고 말해주는 친구들의 믿음 때문에 가능했다. 소설의 주요 인물들은 공생적 실재에 참여하는 실천적 방법을 배우며 생태적 존재로 성장한다.

 위의 두 번째 인용문에서 알 수 있듯이 나인은 박원우를 실수로 밀어 죽게 한 권도현에게 "외계인 같은 거 세상에 정말 있다"고 말한다. 나인은 박원우가 어린 시절 만났던 외계인이 바로 자신이었으며, 박원우는 거짓말을 한 게 아니라, 공생적 실재 세계를 경험한 존재라는 사실을 주장하였다.

 그러나 '솔직히 말하기'는 진실 말하기라는 점 때문에 위험한 말하기이다. 나인이 파란빛을 내며 숲을 열대우림으로 바꾸는 외계인임을 밝히는 것은 현실 세계로부터 공격당할 수 있기 때문이다. 박원우가 그랬던 것처럼 나인도 죽을 수 있는 상황에 처할 수 있다. 그럼에도 나인은 솔직하게 자신이 누구인지를 밝히고, 권도현에게 살해행위를 자백하라고 요구한다. 권도현에게 솔직히 말하기를 권유한 것이다. 결국 권도현은 자수함으로써 극심한 불안으로부터 해방되었다. 나인은 솔직히 말하기를 통해 공생적 실재로부터 소외되었던 이들이 이 세계에 참여할 수 있는 가능성을 확보하였다.

우리는 포스트휴먼의 세계에 살게 되었다. 이 세계는 인간만이 특권화된 주인공으로 살 수 없다. 이 세계는 인간-비인간의 공생이 삶의 패러다임이 되어야 한다. 천선란은 낯선 타자이면서도 우리 자신인 생태적 존재를 객관적 현상학으로 기술하고, 세계의 바탕값인 공생적 실재의 가능성에 대한 사고실험을 했다는 점에서 독창적인 생태 SF 모델을 제시했다. 우리는 인간'만'으로 존재하지도, 인간적으로 살아갈 수 없다. 박쥐의 딜레마를 기꺼이 받아들이며 공생의 어려움을 기쁨으로 전환해야 할 때가 되었다. 우리는 생태적 공생에 대한 인정 망각에서 벗어나 용감하고 솔직한 생태적 말하기를 시작해야 할 것이다.

참고문헌

- 천선란, 『나인』, 창비, 2021.
- 천선란, 「어떤 물질의 사랑」, 『어떤 물질의 사랑』, 아작, 2020.
- 이종왕, 「기능적 환원주의는 환원적 물리주의인가?」, 『범한철학』 62, 범한철학회, 2011, p.298.
- Nagle, Thomas, WHAT IS IT LIKE TO BE A BAT?, The Philosophical Review 83(4), 1974.
- 이수진, 『사이언스픽션, 인간과 기술의 가능성』, 커뮤니케이션북스, 2017.
- 뤼스 이리가레·마이클 마더, 이명호·김지은 역, 『식물의 사유』, 알렙, 2020.
- 미셸 푸코, 심세광 역, 『주체의 해석학』, 동문선, 2007.
- 몽고메리 L 베론다, 정서진 역, 『식물의 방식』, 이상북스, 2022.
- 세길 빈드, 전행선 역, 『에스에프 에스프리』, 아르테, 2019.
- 스티븐 샤비로, 안호성 역, 『탈인지』, 갈무리, 2022.
- 이언 보고스트, 김효진 역, 『에일리언 현상학-혹은 사물의 경험은 어떠한 것인가』, 갈무리, 2022.
- 퀑탱 메이야수, 엄태연 역, 『형이상학과 과학 밖 소설』, 이학사, 2017.
- 티머시 모턴, 김용규 역, 『인류-비인간적 존재들과의 연대』, 부산대학교출판문화원, 2021.
- 피터 톰킨스, 황금용·황정민 역, 『식물의 정신세계』, 정신세계사, 1992.
- 토마스 네이글, 김형철 역, 『이 모든 것의 철학적 의미는?』, 서광사, 1989.
- 악셀 호네트, 강병호 역, 『물화: 인정이론적 탐구』, 나남, 2006.
- 프레데리크 그로 외, 박은영 외 역, 『미셸 푸코 진실의 용기』, 길, 2006.

미주

1) 네이글의 이 논문은 정신의 속성이 물리적 속성으로 환원될 수 없다는 비환원적 물리주의 입장에서 심신관계를 다루고 있다. 여기서 물리주의(physicalism)란 사람이 물리적 물질로만 구성되어 있고, 정신 상태는 두뇌의 물리적 상태라고 보는 견해를 말한다. 토마스 네이글, 김형철 역, 『이 모든 것의 철학적 의미는?』, 서광사, 1989, p.37.
   네이글은 물리적 속성을 인정하지만 정신상태가 단지 두뇌 상태로 환원될 수 없다는 비환원적 물리주의라는 입장에 있다. 비환원적 물리주의적 주장에 대해서는 다음 논문을 참조. (이종왕, 「기능적 환원주의는 환원적 물리주의인가?」, 『범한철학』 제62집, 범한철학회, 2011, p.298.) 이 입장은 데카르트적인 실체이원론과는 다른 속성이원론의 하나이며, 정신과 몸의 속성적 관계성을 비환원적으로 다룸으로써 각각의 주관성을 인정하면서도 의존적 관계를 배제하지 않는다.
   필자는 심리철학의 범주(심신관계, 심신인과론 등)에 있는 네이글의 '비환원적 물리주의'의 입장이 아니라, 예시로 든 박쥐 딜레마를 통해 타자 경험의 비환원성과 동시에 타자경험을 기술할 수 있는 방법에 대한 사유에 관심을 두고자 한다.
2) 외삽은 과거 혹은 현재의 어떤 성향을 파악하여 그 형태와 윤곽을 도식화한 후 이 선을 연장시켜 미래 상황을 진단하는 SF의 방법이다. 이수진, 『사이언스픽션, 인간과 기술의 가능성』, 커뮤니케이션북스, 2017, p.68.
3) 셰릴 빈트, 전행선 역, 『에스에프 에스프리』, 아르테, 2019, pp.27-29.
4) 천선란, 『나인』, 창비, 2021. 이후 작품 인용시에는 쪽수만 기재함.
5) Thomas Nagle, WHAT IS IT LIKE TO BE A BAT?, The Philosophical Review, Vol.83, No.4, 1974, p.438.
6) 위의 논문, p.449, p.438.
7) 위의 논문, p.449.
8) 스티븐 샤비로, 안호성 역, 『탈인지』, 갈무리, 2022, p.235.
9) 위의 책, p.236.
10) 위의 책, pp.14-22 참조.
11) 스티븐 샤비로, 안호성 역, 『사물들의 우주』, 갈무리, 2021, p.172.
12) 이언 보고스트, 김효진 역, 『에일리언 현상학-혹은 사물의 경험은 어떠한 것인가』, 갈무리, 2022, pp.138-139.
13) 베론다 L. 몽고메리, 정서진 역, 『식물의 방식』, 이상북스, 2022, pp.21-24. 동이 트기 전 해가 뜨는 쪽으로 향하는 해바라기의 기억력이 대표적이다.
14) 피터 톰킨스, 황금용·황정민 역, 『식물의 정신세계』, 정신세계사, 1992, pp.5-29.
15) 노붐은 텍스트의 세계와 독자의 세계 사이에서 차이를 불러일으키는 촉매제로 작용하는, 텍스트의 세계에 도입된 새로움을 의미하는 용어이다. 셰릴 빈트, 앞의 책, p.67.

16) 상관주의를 강하게 비판한 퀭텡 메이야수는 '과학소설'과 '과학 밖 소설'을 구분한다. '과학 밖 소설'은 과학이 결여된 세계, 실험과학이 존재하는 세계를 말하는 것이 아니라, 실험과학이 '권리상' 불가능한 세계, 과학의 법칙이 통용되지 않는 세계의 문학을 지칭한다. 이와 같은 사유는 인간의 상관물 밖에 있는 객체에 대해 사유할 수 있다는 점에서 의미가 있다. 퀭텡 메이야수, 엄태연 역, 『형이상학과 과학 밖 소설』, 이학사, 2017, pp.10-11.
17) 위의 책, 73쪽. 메이야수
18) 위의 책, 75~81쪽.
19) 티모시 모턴, 김용규 역, 『인류—비인간적 존재들과의 연대』, 부산대학교출판문화원, 2021, pp.89-162, p.138, pp.301-305 참조.
20) 위의 책, p.114.
21) 뤼스 이리가레·마이클 마더, 이명호·김지은 역, 『식물의 사유』, 알렙, 2020, p.247.
22) 천선란, 「어떤 물질의 사랑」, 『어떤 물질의 사랑』, 아작, 2020, p.143.
23) 악셀 호네트는 인정이론에서 인정망각을 물화라고 보았다. 인정 망각은 선행하는 인정과 공감에 우리가 얼마나 빚지고 있는지에 대한 의식이 상실되는 과정을 말한다. 악셀 호네트, 강병호 역, 『물화: 인정이론적 탐구』, 나남, 2006, p.88.
24) 미셸 푸코, 심세광 역, 『주체의 해석학』, 동문선, 2007, pp.398-409 참조.
25) 프레데리크 그로 외, 박은영 외 역, 『미셸 푸코 진실의 용기』, 길, 2006, pp.193-196.

3부

공생과 일상

인류세 시대의 비혼, 공생자 행성에서 더불어 사는 방식 _윤지영
미디어는 인류세를 어떻게 소비하는가 _배홍철
인류세 시대 포스트휴먼 심포이에시스 _서윤호

인류세 시대의 비혼, 공생자 행성에서 더불어 사는 방식

윤지영

인류세와
지속 가능성

 우리가 직면하고 있는 곤경의 깊이와 폭은 "인류세Anthropocene"[1]라는 새로운 시공간의 열림과 동시에, 무한 성장을 지향하는 직선적, 축적적, 발전적 세계관의 닫힘을 수반한다. 인류세는 홀로세Holocene와 구분되는 새로운 지질시대이자 "고공부터 심해까지"[2] 지구 공간을 재배열하는 공간학적 균열로 작동한다. 인류세라 함은 이제 인간이 쓰나미와 화산, 지진 등과 같은 지질물리학적 힘으로 작동하여 지구 시스템에 교란을 가져옴과 동시에, 이러한 지구 시스템의 급변이 다시 인간에 큰 영향을 미치는 것을 뜻한다. 인류세의 징후들은 다음과 같이 나타나고 있다. 비교적 안정적인 기후 조건을 유지해오던 홀로세에서 벗어나 해수면 상승으로 인해 지표면이 물로 뒤덮이고 이상기후증상으로 몇 달째 지속되는 산불로 대기질이 악화되고 있다. 그리고 1945년 원자폭탄

투하 이후 "해양과 호수층, 암석과 빙하 얼음층에서 포착되는 방사능 핵종radioactive isotope"[3]이 지질층을 구성하는 요소가 되었다. 인류세라는 새로운 지질시대에 진입했음에 대한 주요 표식으로 캐나다 온타리오에 위치한 "크로퍼드 호수 바닥의 진흙은 우리 인간 종이 지구를 어떻게 변화시켰는지에 대한 가장 정밀한 기록 중 하나를 담아내고 있으며 이러한 변화들은 핵무기 군사 실험으로 인해 남겨진 방사능 원소, 즉 플로티늄의 증가"[4]를 포함하고 있다. 이러한 상황에서, 지속가능성sustainability이라는 키워드는 새로운 시공간이 나아가야 할 방향타로 부상하고 있는 중이다.

여기에서 sustainability란 라틴어 sustinere에서 유래하는 것으로 아래에서 떠받치는 것, 장기간에 걸쳐 유지되고 견뎌낼 수 있는 것을 가리킨다. 지속가능성이라는 키워드가 오늘날의 시대적 당위성의 구호로 부상한 시점에서, 지속가능성이라는 개념에 대한 비판적 해부를 실행해 보도록 하자. 이 개념은 1987년에 "우리의 공통 미래"라고 불리는 브룬트란드 보고서the Brundtland Report에서 처음 등장한 것[5]으로 세계화와 경제적 발전이 환경에 야기하는 부정적인 결과들을 경고하기 위함이었다. 하지만 지속가능성은 환경적 측면에 국한된 것이 아니라, 세 가지 측면-환경적, 사회적, 경제적 지속가능성-으로 구성되며, 경제적 지속가능성은 사회적 지속가능성에 의존하며 경제적, 사회적 지속가능성은 환경적 지속가능성에 의존하는 것으로 볼 수 있다[6]. 캐나다 맥길 대학에서 제시하는 세 가지 측면의 지속가능성을 더 정치하게 들여다보자면, 경제적 지속가능성이란 "자립을 유지하고 필요를 충족하기 위한 자원에 접근할 수 있으며 안정화된 생계수단이 모든 이에게 제공되는 것"[7]을 가리킨다. 사회적 지속가능성이란 "보편적 인권을 유지하고 보건, 교육, 교통과 같은 인간의 기본적 필요를 충족시키며 모든 이를 차별로부터 보호하는 것"[8]을 의미한다면, 환경적 지속가능성이란 "인류의 소비 속도가 자연의 재생 속도를 추월하지 않으며, 인류에 의한 오염 생성 및 온실 가스 배출 속도가 자연의 복원 속도를 추월하지 않는 것"[9]을 뜻한다. 이처럼 맥길 대학이 제안하는 지속가능성 개념은 여전히 인간의 복지와 평등, 인권은 물론, 경제 발전과 환경 보호 간의 조화를 논하는 데에 그치고 있다. 이러한 지속가능성 개념에서 언급되는 사회적인 것 the social에는 오직 인간만이 포함될 뿐, 비인간non-human에 대한 고려는 전무하다. 또한 지속가능성 개념에는 인간과 인간 간의 불평등과 차별 해소, 인간의 기본적 권리 실현에는 방점을 찍고 있지만 인간과 비인간 간의 불평등이라는 종차별적 현실이 인류세가 도래하게 된 근본 원인이라는 인식은 드러나 있지 않다. 이러한 지속가능성 개념에서 환경은 여전히 인간을 위한 자원이며 이 자원이 더 평등한 방식으로 모든 인간들에게 골고루 분배되는 것을 사회적 정의로 규정하고 있으며, 자연의 재생속도를 고려하여 조금 더 느린 속도로 자연 자원을 사용, 소비하는 것을 환경적 정의로 규정하는 데 그친다.

필자가 취하고자 하는 지속가능성의 사유경로는 복합적, 다면

적이라 할 수 있는데, 이는 인간의 이중적 위치성에서 기인한다. 인간은 특정 국민 국가의 시민일 뿐 아니라, 지구라는 행성주의적 공동체의 일원이기 때문이다. 또한 인류세 시대에 인간은 지구시스템에 영향을 미치는 "지질물리학적 힘$_{\text{geophysical force}}$"[10]을 발휘하는 작용자임과 동시에, 지구시스템의 급변으로 인한 영향력의 자장 속에서 끊임없이 생성, 변형되어가는 피작용자이기도 하다. 필자는 이 논문에서 지속가능성이라는 시대적 키워드를 비혼이라는 또 다른 시의적 키워드와 교차하는 방식을 통해, 지속가능성이라는 용어에 접근하는 새로운 경로들을 내어보고자 한다. 첫 번째로 국민국가 차원에서 비혼이 한국사회의 지속가능성에 어떠한 요소로 작동하고 있는가를 살펴보고자 한다. 이를 위하여, 국민국가가 의미하는 바와 "인구절벽$_{\text{the demographic cliff}}$"[11], 인구절멸 등이라는 인구를 둘러싼 공포 담론이 비혼을 어떻게 부정적으로 인화하고 있는가에 대해 논할 것이다. 두 번째로 지구행성주의적 차원에서 비혼이 지구의 지속가능성에 어떠한 영향력을 미치고 있는가를 분석해보고자 한다. 호모 사피엔스라는 인류 종의 무한증식의 욕망에 절연선을 긋는 비혼 실천이 탄소 배출양을 줄이는 가장 효과적인 대안이자 비인간 존재의 권리를 옹호하고 대표하는 인간 너머의 민주주의를 실현해나가는 첫 걸음이 될 수 있는지에 대해 다각도로 살펴볼 것이다. 이를 통하여, 비혼 실천이 가부장제의 지속가능성의 고리를 끊어내는 대항 실천이자 인간-비인간 간의 공생자 집합체들을 다양화하고 지구의 지속가능성을 보장하는 생태적 실천임을 논증할 것이다. 왜냐하면 필자는 비혼을 지구라는 "대지적인 것the Terrestrial"[12]들의 공통적 존재 기반을 다져나가고자 하는 인간 행위자의 자기 규제적, 자기 조절적self-regulatory 참여 방식으로 정의하고자 하기 때문이다. 호모 사피엔스라는 인간 종의 증식과 팽창은 지구 행성의 지속가능성을 위협하는 것이기에, 비혼이라는 행위의 효과는 다른 비인간 존재자들과 지구에서 더불어 살아가기 위한 공생의 정치적 생태학으로서의 함의를 갖는다.

국민 국가 담론과 인구 절벽론의 밀접한 연관성

"인구절벽을 넘어 인구소멸·국가소멸"[13]이라는 키워드들은 한국이라는 국가의 존폐 담론에서 자주 소환되는 용어이다. "한국과 한국민의 종말을 가져올 것이라는 반복적인 경고"[14]로서의 인구 절벽론은 한국사회의 지속가능성에 대한 위기의식의 반영이기도 하다. 여기에서 인구절벽이라는 용어는 해리 덴트Harry Dent 라는 미국 경제학자가 2014년에 고안한 개념이다. 인구경제학적 관점에서 인구감소는 "더 적은 노동생산자와 점점 더 많은 은퇴자"[15]를 양산하는 고령화 사회를 촉진한다. 출생아수 감소로 인한 노동생산인구 급감이 소비 감소와 경제성장율 저하라는 경제적 대파국을 도래시킬 것이라는 인구경제학적 전망에서 나온 용어가 바로 인구 절벽이다. 급격한 인구 감소는 경제적 영역만 아니라 복지 영역, 사회 영역 전반에 커다란 영향을 미침으로써 가족의 붕괴에서 지방 소멸, 국가 소멸이라는 비관적 시나리오로 이어지고 있는 추세이다.

데이비드 콜먼이라는 세계적 석학은 "2750년쯤 국가 소멸 위험"[16])을 한국사회에 대한 전망으로 내놓고 있다. 이러한 암울한 미래 전망은 이제 우리에게는 그리 낯설지만은 않다. 이처럼 인구 절벽이 한국이라는 국가의 소멸과 한국인이라는 민족의 절멸로 이어진다는 예측들은 국민 국가Nation-State 담론 속에 기입되어 있는 것이다. 한국과 한국인이 지구상에서 반드시 존속해야만 한다는 당위성은 국민 국가에 대한 이해 없이는 성립하기 어렵기 때문이다.

그렇다면 국민 국가란 무엇인가? 국민 국가는 "국가와 민족이 영토적, 인구학적으로 일치할 때에 그 결과로 형성되는 단위"[17])를 가리킨다. 영토 내 인구가 중앙집권적 조직에 의해 통치되는 단위인 국가와 민족이라는 동질적 정체성에 기반한 공동체가 일치할 때에 이를 국민 국가라고 명명하는 것이다. 다시 말해, 국민 국가란 정체성의 질서에 속하는 개념인 민족과 사법적, 행정적 질서인 국가가 합치되는 단위를 가리킨다. 하지만 국민 국가가 유일한 국가의 형태를 의미하지는 않는다. 국민 국가 담론은 특정 민족이 공유하는 언어, 문화, 역사 등의 공통된 가치와 정체성을 중심으로 형성된 국가 개념을 바탕으로 하는 것이다. 왜냐하면 국민 국가 담론의 핵심적 가치는 국민의 동질적 정체성에 입각한 국가의 통합에 있기 때문이다. 이러한 국민 국가 개념은 "유럽인들에 의해 유럽에서 발명되었던 것"이 "전 세계로 퍼져나간"[18] 케이스에 해당한다. 또한 국민 국가 개념은 서구 근대국가의 성립 과정에서 등장한 것으로 "(초기) 자본주의와 동전의 양면을 이루"[19]는 것이기도 하다. "(초기) 자본주의가 기존 농촌 공동체를 파괴하고 중세 봉건제를 몰락하도록 만들었기에 국가는 자본주의가 파괴한 것을 대체할 새로운 무엇인가를 만들어 신민들에게 제시해야 했"[20]으며 바로 그것이 국민 국가라는 개념의 발명인 것이다. 다시 말해, 봉건제 아래 귀족 중심의 분산된 권력 구조를 넘어서 이들을 중앙 집권적으로 묶어내는 하나의 축으로 등장한 것이 국민 국가 담론이다. 왜냐하면 국민 국가라는 개념은 "지역을 기반으로 하는 분권을 넘어선 국가 전체를 하나로 만들어 사회의 구성원들이 국가를 이루는 총합인 국민이나 민족과 동일하게 생각하도록 만드는"[21] 통합의 이데올로기적 장치에 가깝기 때문이다. 중세 시대의 분권화된 권력 구조에 벗어나 17세기에서 19세기 사이에 형성된 근대 국민 국가는 16세기에서 18세기 동안 유럽에서 발전한 초기 자본주의 체제의 발전과 연결되어있다. 이처럼 근대 국민 국가 속, "민족/국민은 근대의 자본과 국가가 만든 (허구적) 상상물이 아닌, 그것들의 존립을 위한 (근본) 구조임과 동시에, 국가 제도의 기술적 장치와 (초기) 자본주의적 시장 경제와 병립"[22](261)하는 것으로 국가-민족-자본 경제가 긴밀하게 작동해왔음을 보여준다.

신자유주의적 지구화 시대 속, 인구 절벽이 발생하게 되면 한국이라는 국민 국가의 축소와 한국인이라는 민족의 수적 감소가 수

반된다. 이는 한국이라는 국민 국가의 정체성에 대한 위협이자 도전으로 즉각적으로 인화된다. 또한 인구 감소가 야기하는 노동력 부족 사태에 대응하기 위하여 이민 정책을 확대할 시에, 단일 민족국가에 기반한 국민 국가 이데올로기 서사가 자칫 흔들릴 수 있다. 다시 말해, 인구절벽론은 국민 국가 담론을 소환함으로써 문제의 시급성-한국이 사라질 수 있다는 공포감-을 특화할 수 있으며 국민 국가를 복원하기 위한 대책들-아이를 낳는 것이 애국이라는 인식하에, 다자녀 가구를 위한 세금 감면 및 각종 지원 혜택 등-이 인구절벽의 해소법으로 등장하게 되는 시대적 명분을 갖추게 된다. 이러한 점에서, 인구절벽론과 국민 국가 담론 간의 밀접한 연관성이 드러난다.

이러한 사회적 맥락 속에서 인구절벽의 원인으로 지목된다는 것은 국가적 정체성의 근간을 뒤흔드는 일이자 국가의 경제적 위축과 정치적, 사회적 시스템의 혼란을 가중시키는 요인이 됨을 뜻한다. 즉 이는 지속가능한 한국 사회를 위협하는 적으로 규정됨을 의미하는 것이다. 그렇다면 오늘날 한국 사회의 적으로 규정된 이들은 과연 누구인가?

◆ 인구 절벽, 인구 소멸, 인구 재앙이라는 인구를 둘러싼 공포 담론들

인구절벽은 국가 소멸 이전에, 가족의 위기이자 붕괴로 읽히기도 하는데, 이때의 가족이란 어떠한 가족을 말하는가에 대한 근본적 문제제기가 필요하다. 왜냐하면 "가족은 자연적인 단위가 아니라 특정한 사회경제 질서와 역사 속에서 구성되는 이데올로기적, 물적 산물"[23]이기 때문이다. 인구라는 거시적 단위를 재생산해내기 위해서는 여성의 몸을 순응적인 몸으로 만드는 규율 권력은 물론, 여성의 몸을 임신과 출산의 기능으로 환원하는 생명정치biopolitics의 중첩이 필요한데 가부장적 가족 모델이야말로 여성의 섹슈얼리티와 재생산 능력에 대한 통제를 통해 성립하는 것이다. 이러한 점에서, 한국사회의 "인구학적 위기demographic crisis의 심화"[24]는 0. 78명이라는 매우 저조한 합계 출산율total fertility rate[25]-가임기 여성 1명이 일생에 걸쳐 낳을 것으로 예상되는 자녀의 수-

를 통해, 단적으로 드러나고 있다는 진단들이 줄을 잇고 있다. 여기에서 우리는 저출산과 저출생이라는 용어가 인구학적 차원에서 그 학술적 의미가 엄밀하게 구분된다는 점에 주목할 필요가 있다. "저출생을 판단하는 지표는 1년간의 출생아 총수를 해당 연도 전체 인구수로 나눈 조출생률"이라면, "저출산은 가임기 여성이 평생 낳을 것으로 예상되는 평균 출생아 수인 합계출산율을 기준으로 판단"[26]한다는 점에서 두 개념은 분명 차이가 있다. 그러나 한국사회에서는 출생아 수의 감소를 아기를 낳지 않는 여성 탓으로 돌리는 담론적, 정책적 경향성이 짙게 나타나기에, 사람들이 아기를 낳지 않게 만드는 사회적 구조는 무엇인가에 대한 논의가 쉽게 누락되기 일쑤다. 그리하여 저출산이라는 용어는 여성주의적 관점에서 비판의 대상이 되며 이 용어에 대한 대체어로 저출생이 제시되기도 한다. 이러한 비판의 맥락은 충분히 고려할 만한 가치가 있다. 하지만 인구학적인 학술 용어로 사용될 때에는 이 두 개념에 대한 구분은 불가피하다.

인구학적 구조의 변동을 재앙, 소멸, 절멸 등의 극한적 용어로 부정적으로 인화하면 할수록, 이에 대한 책임 소재를 밝혀내겠다는 명목으로 여성혐오, 페미니즘에 대한 내내적 백래시, MZ 세대에 대한 희화화와 몰이해 전술 등이 소환되는 결과를 낳는다. 즉, 출산력이 충분함에도 아이를 낳지 않으려는 이기적인 2030 여성들로 인하여, 젠더 갈등을 촉발하는 페미니즘에 의하여, 정상적 가족 규범을 내면화하지 않은 젊은이들의 가치 붕괴 등으로 인해서 한국사회의 지속가능성이 보장받지 못한다는 해석틀이 두텁게 빚어지는 것이다. 그리하여 "결혼 자체를 기피하는 비혼의 증가"와 "과거와는 달리 결혼과 출산 간의 연계성 약화"[27] 현상은 인구 감소의 주요한 사회적 원인들로 언급된다. 다시 말해, 비혼과 딩크족Double Incomes No Kids이라는 새로운 유형의 가족-되기가 "현실적인 생활 방식lifestyle이자 (대안적이며) 범용적인 생애모형"[28]으로 받아들여지는 것이 아니라, 이 사회의 기본 단위체들인 가족, 지역, 국가의 성립과 존속 가능성 자체를 위협하는 것으로 부정적으로 인식되고 마는 것이다. 그런데 비혼은 단순히 결혼에 대한 기피라는 소극적 회피 행위가 아니라 전통적 가족제도 바깥으로의 분리, 이탈을 통해 다른 생애주기를 발명하고자 하는 적극적 행위로 평가할 수 있다. 또한 결혼 제도에 들어오긴 했으나 아이를 낳지 않음으로써 궁극적인 가족의 의무이자 기능에 해당하는 개체의 재생산, 세대 계승을 수행하지 않는 딩크족의 경우, 전통적 가족제도의 기능부전을 유발하는 내부적 균열 전술로도 해석될 수 있다. 두 가지 방식 모두 기존의 전통적이며 가부장적인 정상 가족 모델에 대한 도전이자 국민 국가의 근간을 뒤흔드는 인구 감소의 주요 인자로 지목되고 있다.

✦ 비혼의
정치적 함의

비혼이라 함은 아닐 비非 자에 혼인 혼婚 자의 조합으로 미혼이라는 용어의 한계를 적극적으로 드러내기 위한 도전적 개념 장치이다. 아직 미未 자에 혼인 혼婚 자를 조합한 미혼이라는 용어는 결혼을 인간의 필수적 통과의례이자 성인의 완성형으로 상정하고 있다면, 비혼은 더 이상 결혼제도를 인간화 과정의 의무 통과점으로 두고 있지 않다는 점에서 차이가 있다. 비혼이라는 용어는 "1997년에 '또 하나의 문화 소 모임 캠프'가 진행되면서 처음으로 등장"[29]하였다가 2000년대에는 "새롭게 등장한 가족형태"[30]로 조망되기 시작한다. 그러다가 저출산 담론이 본격적으로 부상하게 된 2003년부터는 "비혼 여성을 결혼이나 가족을 경유해서 바라보는 시각"[31]을 취함으로써, 비혼 여성은 "저출산과 가족해체의 원인인 이기적 개인"[32]이라는 부정적인 사회적 낙인 전술의 표적이

된다.

비혼이라는 용어는 1990년대 후반에서 2000년대 초반 사이, 주로 대학 내 페미니스트들과 운동권 여성들, 학계 페미니스트들을 중심으로 사용되다가 2015년 페미니즘의 대중화 물결 이후 "페미니스트 다중들이 자신을 재구성해내는 언어 중의 하나로 널리 확산"[33]되었다. 여기에서 다중이라 함은 대중$_{mass}$이라는 무비판적 군중과는 다르게 "무매개적이고 혁명적, 내재적이며 긍정적인 집합적 사회 주체"[34]이자 "능동적 사회 주체"[35]를 가리킨다. 그렇다면 2015년 이후에야 비혼 선언과 비혼 실천이 페미니스트 다중이라는 집합적 주체화 양태가 생성되는 계기로 본격적으로 작동하게 된 이유는 과연 무엇인가? 기존 비혼 담론의 경우, 소위 깨어있는 소수의 엘리트 여성들이라는 다소 협소한 반경에 머무는 데에 그쳤었다면, 2015년 이후에는 보다 더 적극적인 "정치화의 국면"[36]을 통해 사회 전반에 걸쳐 비혼에 대한 인식공유가 대대적으로 이루어졌기 때문이다.

한국사회에서 비혼이라는 삶의 양식을 채택한다는 것은 나이대와 성별에 따라 반드시 거쳐야할 표준화된 삶의 경로를 이탈하는 행위에 해당한다. 즉 비혼은 결혼을 아직 하지 않은 상태, 즉 반드시 통과해야할 결혼 제도로 편입되기 전의 단계를 가리키는 것이 아니다. 비혼은 이성애중심적, 남성중심적 결혼제도를 더 이상 필연적인 삶의 표본으로 선택하지 않겠음을 선택하는 행위이자 가부장제의 숨통을 끊기 위한 정치적 쟁투에 해당한다. 가부장제라 함은 위계적 성별분업에 기반한 부계혈통 중심의 가족제도임과 동시에, 여성과 남성 간의 불평등한 권력관계를 지속시키는 남성중심적 사회의 지배질서이기도 하다. 즉 사적 영역과 공적 영역에 걸쳐 지대한 영향력을 발휘하고 있는 남성패권주의가 가부장제인 것이다. 이러한 가부장제의 지속가능성에 대한 철저한 의문 제기이자 근본적 도전으로서의 비혼은 반혼-반대할 반反에 혼인 혼婚-이라는 새로운 용어로 그 정치적 함의가 계승되기도 한다. '반혼'이라는 용어는 2019년 1월 25일 트위터의〔여성법안〕추진 프로젝트@WOMYN_bill 팀에서 '비혼'이라는 용어를 대체할 워딩을 투표한 결과, "반혼, 반혼주의자: 가부장제에 기여, 복무하는 결혼 제도에 반反 한다."는 의미로 사용되기 시작한 것이었다. 반혼이라 함은, 결혼을 더 이상 선택하지 않는다는 비선택의 소극적 의미보다도 훨씬 더 강한 뉘앙스를 띤다. 왜냐하면 반혼은 가부장제의 재생산 기제인 이성애중심적, 남성중심적, 부계혈통 중심적 결혼제도 자체에 대한 전면적인 대항실천을 가리키기 때문이다.

◆ 대안적 집합 실천으로서의
비혼/반혼 공동체

나아가 비혼/반혼 여성으로서의 삶이란 홀로 서기라는 단독자의 삶만이 아니라, 새로운 시민정치의 축이 될 1인 가구들 간의 연대정치의 시발점이자, 비혼/반혼 여성 공동체라는 새로운 공통의 감각, 연결의 감각을 구성해내는 경로가 될 수 있다. 페미니스트 유튜버를 표방하고 나선 유튜브 채널들-혼삶비결, 하말넘많 등-이 비혼/반혼 여성의 삶을 영상으로 제작하여 공유하거나 전국 비혼지도를 통해 지방의 비혼/반혼 여성 공동체들-광주의 비컴트루, 대전의 비혼 후 갬 등-을 직접 만나 이들의 삶을 소개하기도 하였다. 뿐만 아니라, 각종 언론사 지면에 에미프$_{emif}$나 은평 시스터즈 등과 같은 비혼/반혼 여성 공동체의 존재가 사회적으로 가시화됨으로써, 비혼/반혼 여성의 삶이 고립이 아닌, 새로운 공동체의 기획과도 이어짐을 보여준다. 가부장제 사회에서는 인간 간의 장기적 결속과 끈끈한 유대, 공동 주거의 단위가 친족, 혈족 공동체 중심으로 개편되어 있었다면, 이제 가부장제를 파열해 내기 위한 사회에서는 혈연관계에 얽매이지 않은 여성들 간의 비혼 공동체가 그 대안이 될 수 있음을 제시한 셈이다.

이는 개인적 차원에서만 아니라 공동체적 차원에서 여성들의 인생 서사가 다시 써져야 한다는 사실을 절실히 보여준다. 이를 통해서만 비혼/반혼 여성 공동체라는 "집합적 욕망-공간"이 "여성들의 (대안적) 역사-공간이자 여성 서사에 의한 새로운 언어-공간, (독창적) 개념-공간"[37]으로 열림으로써, 가부장제라는 낡고도 익숙한 순응적 몸의 체제에 균열을 일으킬 수 있기 때문이다.

비혼이라는 사회현상이 나타나게 된 원인으로는 양극화된 사회 계층화 현상, 부동산 투기 등으로 인한 주거 불안정, 지나치게 과열화된 경쟁사회에 대한 환멸, 더 나은 미래에 대한 비전 부재, 가족 내 성별 노동분업의 불평등성 등이 있다. 이를 다시 뜯어보면 가부장적 결혼제도가 계층 이동을 어렵게 만드는 계층 세습과 불평등한 성역할 고정관념이 재생산되는 장임과 동시에, 내 아이만 잘되면 된다는 이기주의적 가족주의가 경쟁 과열 사회의 축으로 기능하고 있음을 뜻하는 것이다. 그러하기에 비혼 실천은 이러한 폐쇄적인 가족 이기주의와 경쟁 과열사회의 계층 세습 구도로 가족구성권이 축소되지 않도록 하는 새로운 방식의 가족구성권에 대한 논의를 열고자 하는 것이다.

그렇다면 지금까지 비혼이 가부장제의 재생산 고리를 끊어냄으로써 가부장제의 지속가능성에 제동을 거는 정치적 함의에 초점을 맞추었다면, 이제 비혼이라는 실천이 인류세 시대의 지속가능한 지구를 어떻게 가능하게 하는지에 대해 본격적으로 탐색해보고자 한다.

✦ 비혼의
   생태학적 의미

    2022년 말, 전 세계 인구가 약 80억 명을 돌파할 전망이라는 세계 뉴스는 인구 과잉의 전 지구적 현상을 진단하고 있다. 국민국가의 관점에서는 합계출산율의 하락이 감지되지만, 정작 전 지구적인 행성주의적 시각에서는 인류라는 지배종의 숫자는 급증을 거듭하고 있다. 인류의 증가 추이를 자세히 살펴보면, "현재 인구는 4.5일마다 100만 명씩 증가하고 있으며, 이대로 가면 2100년이면 100억 명을 넘게 되"는데 이러한 "과잉인구가 경제성장은 물론 생물학석으로도 사연의 부양능력을 위협"[38]하는 요소로 인식되고 있다. 이처럼 호모 사피엔스라는 인간 종의 무한 증식은 생물다양성 감소를 촉진할 뿐 아니라, 지구 온난화, 대양 산성화 등의 기후 위기를 심화함으로써 지구의 지속가능성에 커다란 저해 인자로 작용하고 있다. 이제 "인간 사회는 자연계에 대한 (단순한) 교란 그 이상"이라 할 수 있는데 그 이유는 "인간의 사회 체계가 지구 시스템 내에서 행성적인 힘으로 나타나"[39]고 있기 때문이다. 즉 "인간의 사회적 네트워크가 이제 삶의 그물망과 범지구적으로 얽혀 있"[40]음으로 인하여, 다양한 비인간 생물 종들과 비인간 물질성이라는 "인간 그 이상의 생태계more-than-human ecology"[41]가 인간 행위자의 작용력에 깊은 영향을 받고 있음을 뜻한다.

그러하기에 국민 국가에 입각한 파편화되고 협소한 시각 대신, 전 지구적인 행성주의적 차원에서 "지구 생태계가 얼마나 많은 사람과 얼마나 많은 변화를 감당할 수 있을 지에 대한 한계"[42]에 대해 심층적으로 고찰해야 할 시점인 것이다. "지구의 인간 수용 능력에 대한 우려는 1968년 스탠포드 생태학자 폴 에를리히Paul Ehrlich의 책 『인구 폭탄』The Population Bomb에서 절정에 이르렀"[43]으며 이러한 문제의식은 앨런 와이즈만Alan Weisman에 의해서도 계승되고 있다. 왜냐하면 80억 인구는 지구의 환경수용력에 과부하를 일으키는 수준의 규모에 해당하기 때문이다. 여기서 "환경수용력이란 인간과 기타 생명을 수용하고 둘 사이의 균형 상태에 대한 환경의 수용 가능한 능력"[44]을 가리킨다. 이러한 지구의 환경수용력을 깨뜨리는 것이 호모 사피엔스라는 인류 종의 무한 증식인 것이다.

이러한 관점에서, 트레비스 레이더Travis Rieder라는 미국의 한 철학자는 "아이를 갖지 않는 사람이 아이를 갖지 않는 생활양식에 대해 해명해야 할 게 아니라, 그 반대로 아이를 갖는 사람이 왜 그래야만 하는지에 대해 (이제) 해명해야"⁴⁵⁾ 할 때라고 주장하고 있다. 즉 생태 철학적 실천의 일환으로 인류 종의 새 생명을 만드는 일보다는 이미 존재하고 있는 이들에 대한 도덕적 책무로서 인류의 증식 속도를 억제할 것을 제안하고 있는 것이다. 왜냐하면 "하이브리드 차량 운전, 운전 횟수 감소, 재활용, 에너지 효율적인 가전제품, 창문, 전구 사용 등 모든 이러한 조치로 인한 미국인의 80년 동안 절약된 총 이산화탄소가 488 미터톤에 그친다면, 이에 반해 한 명의 아이를 덜 가지기로 선택한 경우 절약된 이산화탄소는 9,441 미터톤"⁴⁶⁾에 육박하기 때문이다. 다시 말해, 탄소배출을 최소화하기 위한 그 어떠한 다른 조치들을 모두 동원한 것보다도 인류 종의 인구 수 감소를 실행하는 것이 기후 위기를 막고 지구의 지속가능성을 마련해나가는 가장 확실한 방법이라는 것을 거듭 확인할 수 있다.

이러한 지구 행성주의적 관점에서, 필자는 비혼을 지구라는 행성에 함께 거주하는 공생자로서의 비판적 자기 성찰의 일환으로 본다. 나아가 필자는 비혼 실천을 인간이 더 이상 지구 위에 군림하는 자가 아니라, "지구에 묶인 자$_{earth-bound}$"⁴⁷⁾, 즉 지구라는 "대지적인 것"⁴⁸⁾의 일부로서 "공생자 행싱"⁴⁹⁾의 생태계에 지기 규제적 방식으로 적극적으로 참여하는 행위로 해석하고자 한다. 이는 인간예외주의를 넘어서는 것이자 지구를 인간만의 거주지로 보는 것에서 벗어나 지구를 공생자 행성이라는 다중적, 다층적 인간-비인간 행위자들 간의 물질적 네트워크로 정의하는 일이다. 나아가 "인간 그 이상, 인간 너머의 관계성"[50]의 장에 긴밀하게 연결된 자로서 인간 위상을 근본적으로 재조정하는 사유의 전회이기도 하다. 이러한 관점에서, 비혼은 지구의 지속 가능성에 기여하는 공생적 실천의 하나라고 할 수 있다. 여기서 공생symbiosis이란 "서로 다른 종의 구성원들이 물리적 접촉 속에서 살아가는 시스템"[51]이자 "종species이라는 아이디어 자체가 공생을 필요로 하는 것"[52]이다. 그러하기에 비혼을 실천하는 여성의 행위성은 가부장제에 대한 균열 효과를 내는 일에 그치는 것이 아니라, 다른 종들과 깊이 연관되어있는 얽힘의 지도를 변화시키는 일이기도 하다.

아기가 아닌
친족 만들기

비혼 여성들은 여성 단독 주거만 아니라 여성과 여성 간의 성애적인 사랑-연합 관계, 여성과 여성 간의 비성애적인 우정-연합 관계, 여성과 여성 간의 주거 공간 공유를 위한 자생적 연합 관계는 물론, 인간과 반려동물, 인간과 반려식물, 더 나아가 인간과 반려로봇 등과의 새로운 친밀성과 유대의 양식들[53]을 발명해 나가고 있다. 이는 "인간중심성, 남성중심성, 이성애중심성"[54]과 혈연주의 등을 깨뜨리는 것이자 지구의 공동 생활자로서의 공생자 집합체를 나앙화하는 방식이기도 하다. 이러한 점에서, 필자는 비혼 실천을 도나 헤러웨이Donna Haraway의 "아기가 아닌 친족을 만들어라!"[55]는 슬로건을 충실히 따르는 방식이라고 해석한다. 헤러웨이에게 친족kin은 동일한 인간 종에 한정되어 있지 않으며, 전통적인 이성애적, 부계혈통적 가족 개념에도 국한되지 않는 것이다. 헤러웨이에게 친족이란 지구의 생물권 내에 존재하는 모든 생물들, 모든 존재자들이라는 인간은 물론 비인간을 포괄하는 것으로 수평적 존재론에 입각한 공생자 집합체를 의미한다고 할 수 있다. "친족이란 혈통 또는 계보에 의해 묶여진 존재단위 그 이상이자 그것과는 다른 어떤 것을 의미하는 것"[56]이기 때문이다. 즉 친족 만들기란 동질적인 것, 유사한 것들 간의 재생산reproduction이 아닌 이종적인 것, 이질적인 것들 간에 창발적인 것을 도래시키는 일에 가깝다. 그리하여 헤러웨이는 친족 만들기를 "익숙하지 않은 것이자 기이한 것, 끊임없이 떠오르는 것이자 능동적인 것"[57]으로 정의하는 것이다.

이러한 맥락에서, 필자는 비혼 여성들이 실행해나가고 있는 다양한 비혼의 양태들을 다음과 같이 정의하고자 한다. 이는 가부장제의 지속가능성을 담보하는 친숙하고도 익숙한 부계혈통적, 인간중심적 연결 고리들을 끊어내는 방식이라 할 수 있다. 또한 비혼 실천은 인간과 인간 간의 비혈연적 친족 만들기이자 인간과 비인간 간이라는 "복수종들multispecies"[58]과 "더불어 (풍부한) 세계 만들기worlding with"[59]에 참여하는 방식이기도 하다. 비혼 실천은 기존의 전통적인 가족 형태가 지향하는 인간 종 증식이라는 종차별주의적 계승의지에서 벗어나는 "별난 실천"[60]이기 때문이다. 나아가 이것은 지구적 타자들-인간 사회의 소수자들은 물론, 비인간 동물, 식물, 광물, 비인간 사물, 기계 등-과 함께 공생자 행성을 일구어나가는 능동적 행위성의 발현이기도 하다.

✦ 인간-비인간의 공생적 실재symbiotic real와 인간 너머의 민주주의

인간은 비인간과 존재론적으로 명확히 구분되는 실체적 단위라기보다는 이미 비인간과의 이질적 복합체에 가깝다. 린 마굴리스에 의하면 "우리 각자는 미생물의 거대한 군집체"[61]로서 우리 몸 자체가 비인간적인 것들로 이루어져 있다. "인간 개체는 자신의 세포보다 더 많은 미생물을 체내에 포함하고 있으며, 이는 주로 우리 소화 기관의 생물 다양성이 풍부한 미생물 군계 내에서 발견"[62]되고 있다. 이러한 미생물 군계는 인간의 면역체계의 핵심 키이자 인간의 정신적, 신체적 건강 역시 인체 내 미생물 군계의 균형에 달려있기도 하다. 다시 말해, 인간은 호모 사피엔스라는 단일 종의 매끈한 경계 안에서만 머무르는 존재가 아니라는 것이다. "인간은 이미 항상 인간 그 이상"[63]의 것이자 "상호의존적인 다양한 종들의 집합체라는 더 넓은 세계 안에 심겨져 있는"[64] 존재이다. 왜냐하면 인간은 숱한 비인간 행위자들과의 "공생적 실재symbiotic real"[65]로서 존재하고 있기 때문이다.

그렇다면 공생적 실재란 무엇인가? 공생적 실재란 "인간이 통제할 수 없는 수많은 사물들의 생동적 힘들"[66]의 장에 끊임없이 영향을 받고 영향을 미치는 상호감응의 관계 양상을 가리킨다. 지구 행성적 차원에서뿐 아니라, 인체 내부에서도 인간과 비인간이 밀접하게 서로 얽혀있다는 존재의 감각을 인식하는 법, 그 얽힘의 존재론적 파동을 읽어내는 것이 필요하다. 이러한 생태학적 사고는 "인간 존재자들이 동물, 식물, 또는 광물이라는 다른 존재자들과 어떻게 (촘촘하게) 연결되어 있는가를 의식해 나가는 실천이자 과정"[67]임과 동시에 "민주주의에 관한 사유"[68](7)이기도 하다. 그런데 이때의 민주주의는 인간들만의 의회로 이루어진 것이 아닌, "인간 그 이상의, 인간 너머의 민주주의"[69]의 양상을 띠는 것이다.

브뤼노 라투르는 인간 너머의 민주주의를 "사물들 자체로 확장된 민주주의"[70]로 정의한다. 그리고 이를 기획하기 위해서는 representation이라는 용어가 내포한 이원성-정치적 대표성/과학적 표상성-의 분할 구조를 넘어서야 함을 주장한다. 지금껏 오직 인간만이 특정 시민의 몫을 대표할 권리를 위임받아 그들의 목소리를 대신해서 내는 것을 정치의 영역으로 여겨왔었다. 이에 반해 과학자들은 비인간 사물, 비인간 동물 등을 수치와 도표, 이미지 등으로 그저 재현하고 표상해내는 것을 사물에 대한 진리를 객관적으로 추출해내는 방식으로 인식해 왔었다. 그리하여 과학은 비정치적인 것이자 정치적인 것의 바깥에 위치해있는 것으로 구획되었으며, 정치는 인간들만의 의회-인간의 목소리만이 울려 퍼지고 인간의 권익만이 고려되는 장-으로 한정되어온 것이다. 그러나 과학자들은 이미 "자연의 이름으로 말하는 그들(자연들)의 대표자/대변자"[71]이어 왔다. 과학자들은 "사물들이 말할 수 있었더라면 그들 스스로 말하였을 바로 그것"[72]을 대변하는 자들, 즉 사물의 목소리를 대신해 울려 퍼지게 하는 자이다. 그렇다면 사물의 목소리를 대변/대리한다는 것은 과연 무엇을 의미하는가? 이는 사물의 실재성을 드러내는 일만 아니라 사물의 권리를 위임받는 것이라 할 수 있다. 그리하여 사물 민주주의에서는 이제 과학자들이 비인간 사물은 물론 비인간 동물, 식물, 기계 등의 목소리를 대표함과 동시에, 그들의 몫과 권리를 요구하는 위임자/대리자가 됨으로써 정치의 영역에 참여함을 뜻한다. 이는 인간만이 아니라 비인간을 포함하는 정치의 조건이 재확립되는 것을 의미한다. 다시 말해, 사물 민주주의는 인간-비인간 집합체의 정치이자 더 이상 자연과 사회, 비인간과 인간, 과학과 정치의 경계가 명확하게 구분되고 분리될 수 없음을 인식하는 것이다. 사물 의회의 대표적 예로는 2010년 볼리비아의 어머니 대지법[73]과 2008년 에콰도르의 권리 있는 강 헌법[74]이 있으며 이는 강과 산이라는 자연에 법인격을 부여한 사례에 해당한다. 이제 더 이상 인간 개인이나 법인이라는 회사만이 법인격을 가진 주체로서 권리를 지닌 존재가 아니라 자연 역시 인간과 동등한 권리를 지니며 이를 대표/대리하는 자가 있어야 함을 뜻한다. 그리하여 인간에 의한 자연 착취가 인간 이득의 관점에서만 논변, 수호되는 일방성을 막고 비인간 존재의 권리에 대한 고려가 법리적, 정치적으로 반드시 논해지고 셈해 져야할 몫으로 부상하게 된 것이다.

이러한 사물 의회의 관점에서, 비혼 실천을 하는 여성들은 가부장제가 얼마나 종차별주의적인 인간중심주의에 입각하여 인류 종의 무한증식을 조장해왔는가를 대변할 수 있을 뿐 아니라, 비혈연적, 탈인간중심적 친족 만들기를 생의 양식으로 채택하고 있다는 점에서, 인간 너머의 민주주의를 그 누구보다도 적극적으로 여는 이들이라 할 수 있다.

한국사회의 지속가능성이라는 정치적 의제가 자국민 이기주의에 기반한 인간들만의 의회에 국한된 것이라면, 지구의 지속가능성에 대한 정치적 관심은 인간 너머의 민주주의를 향한 첫 걸음이다. 이러한 새로운 민주주의를 실행하기 위해서는 과학자들이 한국사회의 인구 소멸론이라는 정치적 논쟁과 인구 증가를 위한 정책 결정에 비판적으로 참여하는 일이 필요하다. 이제 인구라는 단위가 국민 국가의 협소한 단위 차원에서 파편적으로 논의될 것이 아니라 지구 행성주의적 차원에서 인류 종의 증식 수치와 속도를 공동으로 조절해나가는 새로운 종류의 거버넌스가 요청되는 시점이기 때문이다. 얼 엘리스에 의하면, 새로운 종류의 거버넌스란 파리 협정과 같이 실패로 돌아간 기존의 국제법에 의거한 거버넌스가 아닌 지구적 환경 거버넌스에 가까운 것이라 할 수 있다[75](Ellis,

2018: 138-139). 사물 민주주의란 "단순히 국제적 차원만 아니라 행성적 차원을 범위로 취하는 정치"[76](Morton, 2017: 67)로서 국민 국가 단위가 아니라 "전 지구적으로 행위를 조정하려는 노력"[77](주지형, 2009: 144)을 포함하는 것이다. 이러한 "새로운 거버넌스 전략은 인간과 인간 간의 복합적인 불평등뿐 아니라"[78](Ellis, 2018: 139) 인간과 비인간 간의 불평등의 문제를 다루는 것이다. 나아가 비인간 존재의 권리를 존중하고 고려함으로써, 자연/사물의 대변자/대표자로서의 목소리가 누락되지 않고 동등하게 반영되는 새로운 정치를 뜻한다. 다시 말해, 이는 공생자 행성을 살아가는 지구 생활자로서 인간과 비인간의 얽힘이라는 존재론적 파동에 얼마나 깊이 연관되어있는가를 알아차리는 윤리적 기민성이자 인간예외주의적 사고의 한계를 극복하여 다양한 종들과 중첩되어있는 "복수종의 이야기들"[79]을 지속적으로 발명해나가는 공생자적 행위성이기도 하다.

　이 글이 인류세라는 새로운 지질 시대에 인간이 모색해 나가야 할 삶의 작은 방향타가 되길 기대하며 더 많은 이들이 새로운 존재 양식에 합류해주는 방식들을 더 풍성하게 상상해주기를 바란다.

※ 이 글은 『문화와 사회』 제31권 3호(2023) 7-49쪽에 실린 논문을 보완, 수정한 글입니다.

참고문헌

- 김소라, "고학력 비혼여성의 독신문화에 관한 연구: 새로운 생애단계의 사회적 구성", 서울대학교 석사학위논문, 2007.
- 김지유, "성인남녀의 비혼 유형 관련요인 분석", 성균관대학교 박사학위 논문, 2018
- 모튼 티모시, 인류: 비인간 존재자들과의 연대 . 김용규 역. 부산: 부산대학교 출판문화원, 2021.
- 문상석,「국민국가 담론을 통해 본 '정상 국가' 용어의 이데올로기적 특성과 합리적 행위자로서의 국가」, 국제학 논총 제 36집, 2022, pp. 245-274.
- 박명림, "결혼·출산파업…인구절벽 넘어 국가소멸로 치닫는다", 경향신문 (2023/05/18).
- 박혜영, "인구의 위기인가, 인간의 위기인가?: 인구를 바라보는 두 가지 시선", 황해문화 , 2015, pp. 363-373.
- 세계법제정보센터, 환경보호 및 관리법 제1조-제 127조 . 법제처, 한국법령정보원(2009/10/03).
- 이삼식, "초저출산 현상 극복과 인구구조 변화 대응", 아시아 브리프 3권 26호(통권 116호), 2023, pp. 1-5.
- 이영자, "가부장제 가족의 자본주의적 재구성", 현상과 인식 제31권 3호, 2007, pp. 72-94.
- 임병선, "한국 저출산 기조 바뀌지 않으면 2750년쯤 국가 소멸 위험", 서울신문 (2023/05/18).
- 윤동영, "기후변화로부터 지구 구하려면 아이를 적게 가져야", 연합뉴스 (2016/09/27).
- 윤지영,「비혼 선언의 미래적 용법」, 현대유럽철학연구 제46집, 2017, pp. 349-391.
- _____.「봉기하는 몸의 역학, '비혼충': 남성통치자장에 포섭되지 않는 이질적 몸」,「문화와 사회」제 27권 2호, 2019, pp. 53-103.
- 지주형,「지구화와 국민국가: 전략-관계론적 접근」, 사회와 이론 제14집, 2009, pp. 121-171.
- 전영수,「인구문제를 둘러싼 시선과 해석, 그리고 대안」, 철학과 현실 129호, 2021, pp. 89-116.
- 최다연, "저출'산'( ) 문제, 저출'생'( )의 관점에서 검토하다", 대학신문 (2022/11/20).
- Ahn, Ashley., "South Korea has the world's lowest fertility rate, a struggle with lessons for us all", NPR (March/19/2023).
- Akchurin, Maria., "Constructing the Rights of Nature: Constitutional Reform, Mobilization, and Environmental Protection in Ecuador", Law & Social Inquiry 40(4), 2015, pp. 937-968.
- Bauer A.N and Ellis E.C., "The Anthropocene Divide: Obscuring Understanding of Social-Environmental Change", Current Anthropology Volume 59, Number 2, 2018, pp. 209-227.
- Cederman, Lars-Erik., Emergent Actors in World Politics: How States and Nations Develop and Dissolve, Princeton, New Jersey: Princeton University Press, 1997.
- Crutzen, P.J. and Stoermer, E.F., "The Anthropocene", Global Change Newsletter 41(17), 2000.
- Dent, Harry., The Demographic Cliff: How to Survive and Prosper During the Great Deflation of 2014-2019, New York: Portfolio/Pengiun, Kindle Edition, 2014.
- D veloppement Durable McGill Sustainability, "What is Sustainability?", McGill University, 2023.
- Ellis, Erle C., Anthropocene: A Very Short Introduction, Oxford: Oxford University Press, Kindle Edition, 2018..
- Haraway, Donna., Staying with the Trouble: Making Kin in the Chthulucene, Durham and

- London: Duke University Press, 2016.
- Latour, Bruno., Nous n'avons jamais t modernes: Essai d'anthropologie sym trique, Paris: Decouverte, 1991.
- _____. Facing Gaia, Cambridge: Polity Press, 2017.
- _____. Down to Earth, Cambridge: Polity, 2018.
- Ludden, Jennifer., "Should We Be Having Kids In The Age Of Climate Change?", NPR (August 18/2016).
- Margulis, Lynn., Symbiotic Planet: A New Look At Evolution, London: Poenix, 1999.
- McCurry, Justin., "South Korea's birthrate sinks to fresh record low as population crisis deepens", The Guardian (February/22/2023).
- Morton, Timothy., Humankind: Solidarity with Nonhuman People, New York: Verso, Kindle edition, 2017.
- Negri, Antonio., The Savage Anamoly: The Power of Spinoza's Metaphysics and Politics, translated by Michael Hardt, Minneapolis, Minnesota: University of Minnesota Press, 2000.
- Negri, Antonio and Michael Hardt., Multitude: War and Democracy in the Age of Empire, London: Penguin Books, 2009.
- Neimanis, Astrida., Bodies of Water: Posthuman Feminist Phenomenology, London: Bloomsbury, 2017.
- Prillaman, McKenzie., "Canada's Crawford Lake seems to mark when the Anthropocene began", ScienceNewsExplore (July/11/2023).
- Purdy, J., After Nature: A Politics of the Anthropocene, Cambridge, Massachusetts, and London: Harvard University Press, 2015.
- Richardson, Michael., "Embodiment and Affect." After the Human: Culture, Theory and Criticism in the 21ST Century. pp.58-71. Vint Sherryl (Edited By), Cambridge: Cambridge University Press, 2020.
- Vidal, John., "Bolivia enshrines natural world's rights with equal status for Mother Earth", The Guardian (April/10/2011).
- Waters, Collin N, James P. M. Syvitski,Agnieszka Ga ł uszka, Gary J. Hancock,Jan Zalasiewicz, Alejandro Cearreta,Jacques Grinevald, Catherine Jeandel,J. R. McNeill, Colin Summerhayes, and Anthony Barnosky., "Can nuclear weapons falloutmark the beginning of theAnthropocene Epoch?", Bulletin of the Atomic Scientists Vol. 71(3), 2015, pp. 46-57.
- World Commission on Environment and Development, Our Common Future, Oxford University Press, 1987.
- Yeung, Jessi and Bae Gawon, "South Korea breaks its own record for world's lowest fertility rate", CNN (February/22/2023).

미주

1) Crutzen, P.J. and Stoermer, E.F., "The Anthropocene", Global Change Newsletter 41(17), 2000. Crutzen, P., "Geology of mankind", Nature 415(23), 2002.
2) Purdy, J., After Nature: A Politics of the Anthropocene, Cambridge, Massachusetts, and London: Harvard University Press, 2015, p. 2.
3) Waters, Collin N, James P. M. Syvitski,Agnieszka Gałuszka, Gary J. Hancock,Jan Zalasiewicz, Alejandro Cearreta,Jacques Grinevald, Catherine Jeandel,J. R. McNeill, Colin Summerhayes, andAnthony Barnosky., "Can nuclear weapons falloutmark the beginning of theAnthropocene Epoch?", Bulletin of the Atomic Scientists Vol. 71(3), p. 47.
4) Prillaman, McKenzie., "Canada's Crawford Lake seems to mark when the Anthropocene began", ScienceNewsExplore (July/11, 2023).
5) World Commission on Environment and Development, Our Common Future, Oxford University Press, 1987.
6) D veloppement Durable McGill Sustainability, 'What is Sustainability?", McGill University, 2023, pp. 1-2.
7) D veloppement Durable McGill Sustainability, op. cit., p. 1.
8) Ibid., p. 1.
9) Ibid., p. 1.
10) Bauer, A.N and Ellis, E.C.,"The Anthropocene Divide: Obscuring Understanding of Social-Environmental Change", Current Anthropology Volume 59, Number 2, 2018, p. 210.
11) Dent, Harry., The Demographic Cliff: How to Survive and Prosper During the Great Deflation of 2014-2019, New York: Portfolio/Pengiun Kindle Edition, 2014.
12) Latour, Bruno., Down to Earth, Cambridge: Polity, 2018, p. 40.
13) 박명림, "결혼·출산파업⋯인구절벽 넘어 국가소멸로 치닫는다", 「경향신문」(2023/05/18).
14) 위의 기사.
15) Dent, Harry., op. cit., p. 8.
16) 임병선, "한국 저출산 기조 바뀌지 않으면 2750년쯤 국가 소멸 위험." 「서울신문」(2023/05/18).
17) Cederman, Lars-Erik., Emergent Actors in World Politics: How States and Nations Develop and Dissolve. Princeton, New Jersey: Princeton University Press, 1997, p. 19.
18) Kahn, Sylvain., 2014. "L' tat-nation comme mythe territorial de la construction europ enne." L' Espace g ographique 43, 2014, p. 242.
19) 문상석, "국민국가 담론을 통해 본 '정상 국가' 용어의 이데올로기적 특성과 합리적 행위자로서의 국가", 「국제학 논총」 제36집, 2022, p. 260.

20) 위의 논문, p. 260.
21) 위의 논문, p. 260.
22) 위의 논문, p. 260.
23) 이영자, "가부장제 가족의 자본주의적 재구성", 「현상과 인식」 제31권 3호, 2007, p. 72.
24) McCurry, Justin., "South Korea's birthrate sinks to fresh record low as population crisis deepens". The Guardian (February/22/2023).
25) McCurry, Justin., 위의 기사, Ahn, Ashley., "South Korea has the world's lowest fertility rate, a struggle with lessons for us all", NPR (March/19/2023). Yeung, Jessi and Bae Gawon, "South Korea breaks its own record for world's lowest fertility rate." CNN (February/22/2023).
26) 최다연, "저출'산'( ) 문제, 저출'생'( )의 관점에서 검토하다", 「대학신문」(2022/11/20).
27) 이삼식, "초저출산 현상 극복과 인구구조 변화 대응", 「아시아 브리프」 3권 26호(통권 116호), 2023, p. 2.
28) 전영수, "인구문제를 둘러싼 시선과 해석, 그리고 대안", 「철학과 현실」 129호, 2021, p. 93.
29) 김지유, "성인남녀의 비혼 유형 관련요인 분석", 성균관대학교 박사학위 논문, 2018, p. 14.
30) 김소라, "고학력 비혼여성의 독신문화에 관한 연구: 새로운 생애단계의 사회적 구성", 서울대학교 석사학위논문, 2007, p. 36.
31) 위의 논문, p. 36.
32) 위의 논문, p. 36.
33) 윤지영, "비혼 선언의 미래적 용법", 「현대유럽철학연구」 제46집, 2017, p. 7.
34) Negri, Antonio., The Savage Anamoly: The Power of Spinoza's Metaphysics and Politics, translated by Michael Hardt. Minneapolis, Minnesota: University of Minnesota Press, 2000, p. 194.
35) Negri, Antonio and Michael Hardt., Multitude: War and Democracy in the Age of Empire, London: Penguin Books, 2009, p. 100.
36) 윤지영, "비혼 선언의 미래적 용법", p. 12.
37) 윤지영, "봉기하는 몸의 역학, '비혼충': 남성통치자장에 포섭되지 않는 이질적 몸", 「문화와 사회」 제27권 2호, 2019, p. 88.
38) 박혜영, "인구의 위기인가, 인간의 위기인가?: 인구를 바라보는 두 가지 시선", 「황해문화」, 2015, p. 370.
39) Ellis, Erle C., Anthropocene: A Very Short Introduction. Oxford: Oxford University Press, Kindle Edition, 2018, p. 123.
40) Ibid., p. 123.
41) Richardson, Michael., "Embodiment and Affect," After the Human: Culture, Theory and Criticism in the 21ST Century. pp.58-71. Vint Sherryl (Edited By). Cambridge: Cambridge University Press, 2020, p. 58.
42) Ellis, Erle C., op. cit., p. 121.

43) Ibid., p. 123.
44) 세계법제정보센터, 「환경보호 및 관리법 제1조-제 127조」, 법제처, 한국법령정보원, 2009, p. 3.
45) 윤동영, "기후변화로부터 지구 구하려면 아이를 적게 가져야", 「연합뉴스」(2016/09/27).
46) Ludden, Jennifer., "Should We Be Having Kids In The Age Of Climate Change?", NPR (August 18/2016).
47) Latour, Bruno., Facing Gaia. Cambridge: Polity Press, 2017, p. 248.
48) Latour, Bruno., Down to Earth. Cambridge: Polity, 2018, p. 40.
49) Margulis, Lynn., Symbiotic Planet: A New Look At Evolution, London: Poenix, 1999.
50) Richardson, Michael., "Embodiment and Affect." After the Human: Culture, Theory and Criticism in the 21ST Century. pp. 58-71. Vint Sherryl (Edited By). Cambridge: Cambridge University Press, 2020, p. 60.
51) Margulis, Lynn., op. cit., p. 7.
52) Ibid., p. 8.
53) 다양한 비혼 양식에 대해 알기 위해서는 다음의 논문(윤지영, 2017. "비혼 선언의 미래적 용법." 『현대유럽철학연구』 제46집)에서 비혼 양식 세분화하기를 논하는 376쪽-386쪽을 참조하라.
54) 윤지영, "비혼 선언의 미래적 용법", p. 387.
55) Haraway, Donna., Staying with the Trouble: Making Kin in the Chthulucene, Durham and London: Duke University Press, 2016, p. 103.
56) Haraway, Donna., op. cit., pp. 102-103.
57) Ibid., p. 103.
58) Ibid., p. 10.
59) Ibid., p. 58.
60) Ibid., p. 168.
61) Margulis, op. cit., p. 83.
62) Ellis, Erle C., op. cit., p. 140.
63) Neimanis, Astrida., Bodies of Water: Posthuman Feminist Phenomenology. London: Bloomsbury, 2017, p. 2.
64) Ibid., p. 140.
65) Morton, Timothy., Humankind: Solidarity with Nonhuman People, New York: Verso. Kindle edition, 2017, p. 69.
66) 모튼, 티모시, 『인류: 비인간 존재자들과의 연대』, 김용규 역, 부산: 부산대학교 출판문화원, 2021, p. 302.
67) Morton, Timothy., Humankind: Solidarity with Nonhuman People, p. 7.
68) Ibid., p. 7.
69) Ellis, Erle C., op. cit., p. 141.
70) Latour, Bruno., Nous n'avons jamais t modernes: Essai d'anthropologie sym trique, Paris:

Decouverte, 1991, p. 194.
71) Latour, Bruno., Nous n'avons jamais t modernes: Essai d'anthropologie sym trique, p. 197.
72) Latour, Bruno., Nous n'avons jamais t modernes: Essai d'anthropologie sym trique, p. 195.
73) Vidal, John., "Bolivia enshrines natural world's rights with equal status for Mother Earth", The Guardian (April/10/2011).
74) Akchurin, Maria., "Constructing the Rights of Nature: Constitutional Reform, Mobilization, and Environmental Protection in Ecuador", Law & Social Inquiry 40(4), 2015, pp. 937-968.
75) Ellis, Erle C., op. cit., pp. 138-139
76) Morton, Humankind: Solidarity with Nonhuman People, p. 67
77) 지주형, 「지구화와 국민국가: 전략-관계론적 접근」, 『사회와 이론』 제14집, 2009 p. 144
78) Ellis, Erle C., op. cit., p. 139
79) Haraway, Donna., op. cit., p. 10.

미디어는 인류세를
어떻게 소비하는가

배홍철

> # 2004년과
> 2024년의 인류세

국내 대중매체에서 "인류세"라는 용어가 처음 등장한 것은 2004년이다. 한 신문사가 건강, 체육, 과학 등 다양한 분야의 해외 소식을 전하는 단신에서 처음으로 인류세를 언급했다.[1]

> 지구는 이제 '인류세(人類世 · Anthropocene)'라는 새로운 지질시대에 돌입했다는 주장이 과학자들 사이에 공감대를 얻고 있다. 파이낸셜 타임스, 인류가 지구 환경에 미친 악영향으로 결국 자연과 싸우게 되다는 내용의 인류세에 대해 설명하며.

첫 보도 이후 인류세가 다시 미디어에 소환되기까지는 적지 않은 시간이 걸렸다. 4년여 시간이 흐른 2008년에 와서야 지구온난화를 주제로 한 기사에서 인류세라는 표현이 등장한다. 2008년의 보도기사는 앞선 사례와 비교해 '인류세'라는 개념을 설명하는 데 적지 않은 지면을 할애했다.

> 미국의 과학전문지 라이브 사이언스 인터넷 판은 지난 1월 말 크게 고생대, 중생대, 신생대를 거쳐 온 지구의 지질시대가 인류의 산업 활동이 본격화된 200년 전부터 '인류세(Anthropocene)'로 넘어왔다고 보도했다. 신생대 제4기 홍적세와 충적세 외에 인류세라는 새로운 지질시대를 설정해야 한다는 것이다. 이 같은 주장은 이때부터 인류사회의 문명이 지질에 심각한 영향을 미쳐 이전 시대와 뚜렷한 차별화를 이루기 시작했기 때문이라고 잡지는 설명했다.[2] [...]

기사의 분량 차이는 있지만 두 사례는 모두 외신의 입을 빌려 인류세를 소개하는 방식을 취했다. 인류세가 아직 우리 사회의 경계 밖에 있는 논의와 지식이었음을 시사하는 대목이다. 그렇다면 최근 미디어에서는 인류세를 어떻게 다루고 있을까? 더 이상 부수적인 설명이 필요 없는 일반 명사로 사용하고 있을까? 최초의 보도 이후 20년이 지난 2023년에 인류세를 조명한 다음의 기사를 살펴보자.

> 지구의 역사에 인류세(人類世, epoch)라는 새로운 지질학적 시대가 도래했다는 주장이 나왔다. 그러나 인간의 무분별한 산업활동에 의해 지구환경이 악화됐음을 강조하기 위해 지질학적으로 논란이 있

는 용어인 인류세란 개념을 남용한다는 반론도 제기되고 있다.[3]

위 기사만 보면 20여 년의 시간이 흘러도 인류세는 여전히 새롭고 합의가 필요한 개념처럼 느껴진다. 20년이 얼마나 긴 시간인지 체감하기 어렵다면 그간 우리 일상이 얼마나 변화했는지 떠올려 보자. 인류세라는 용어가 미디어에 처음 등장한 2004년에는 대부분의 사람이 묵직한 휴대 전화와 음악 감상 장치를 별도로 가지고 다녔다. 그로부터 20년이 지난 오늘날에는 모두가 스마트폰으로 언제 어디서나 생성형 인공지능을 사용할 수 있게 되었다. 그렇다면 이토록 세상이 변하는 동안 인류세를 언급한 2천 건이 넘는 기사들은 무엇을 이야기했을까? 좀처럼 정착하지 못하는 용어인 인류세를 끝까지 포기하지 않았던 다른 이유라도 있었던 건 아닐까?

◆ **지식의
수용과 활용**

 비단 인류세뿐 아니라 새로운 용어가 통용되기까지에는 다양한 요소가 필요하다. 첫째, 용어를 설명할 수 있는 지식이 필요하다. 이전에는 없었던 개념을 뒷받침하는 지적 토대가 있어야 하는 것이다.[4] 인류세를 말하기 위해서는 무엇보다 지질학적 지식이 수반되어야 한다. 인류세를 설명할 때마다 홀로세Holocene나 충적세沖積世와 같은 또 다른 용어가 등장할 수밖에 없는 것도 그런 이유다.

 둘째, 새로운 개념과 지식에 대한 사회적 관심과 지지가 필요하다. 훌륭한 연구자가 최고의 역량을 발휘하여 내놓은 개념과 지식이라고 해서 다수의 개인이 있는 그대로 받아들이란 보장은 없다.[5] 특히나 사회가 받아들일 준비가 되어있지 않다면 그 지식은 묻히게 된다. 지동설을 주장했던 코페르니쿠스와 갈릴레오가 대표적인 경우다.

셋째, 새로운 지식이 공식적인 인정을 받게 되더라도 일반 대중은 이에 적응하는 시간이 필요하다. 인간은 기계가 아니다. 지식을 있는 그대로 받아들이지 않으며 같은 것을 여러 번 듣고 배워도 다른 결과를 내놓는 경우가 부지기수다.[6]

오늘날 별다른 설명 없이 지칭할 수 있는 개념과 지식은 모두 이러한 과정을 거쳐 살아남은 것들이다. 인류세와 비슷한 이름을 한 '인류학(人類學, anthropology)'이 그렇다. 오늘날에는 별다른 설명이 필요 없는 학문이지만 지금으로부터 한 세기 전만 하더라도 많은 이들은 인류학이라는 개념조차 쉽게 이해하지 못했다. 오늘날 인류세를 알리려는 기사가 있는 것처럼 당시에는 인류학을 소개하려는 노력이 있었다. 1920년대 대중 잡지 『개벽』의 기고자는 인류학에 대한 대중의 이해를 돕고자 다음과 같이 설명했다.

> 동물에게 동물학이 있고 식물에게 식물학이 있는 이상, 우리 인류에게 인류학이 있어야 하는 것도 당연한 일이다. 넓은 의미로 볼 때 인류도 동물의 하나이기에 동물학이 있으니 굳이 인류학이 있을 이유가 없을 수도 있다. 그러나 동물학이니 식물학이니 하는 분류린 누구의 장난이란 말인가? 우리 사람이 그리하는 것이 아니겠는가. 그러할진대 구태여 우리 사람을 동물의 한 부류에 넣어놓고 복작거릴 필요가 있겠는가?[7]

위 기사를 쓴 기자가 인류학을 동물학에 견준 건 우연이 아니다. 당시 우리 사회에는 미개한 과거를 떨쳐내고 문명국가를 지향해야 한다는 목소리가 드높았다. 서구는 그 자체로 문명이었고 그들의 지식은 문명의 도구로 여겨졌다. 글을 쓴 사람은 인류학이 서구의 지식인 동시에 문명을 가늠하는 지식이라는 점을 강조하는 방식으로 새로운 지식의 도입을 재촉했다. 그리고 이러한 전략은 오늘날 인류세를 말하는 입에서도 종종 드러나곤 한다.

   그렇다면 인류세란 무엇인가? 이 글은 인류세의 정의나 인류세에 주목해야 하는 이유에 대해 답하지 않는다. 반대로 미디어를 중심으로 인류세에 대한 관심을 촉구했던 이들이 어떠한 배경에서 그러한 이야기를 이어왔는지 추적해 보는 것이 목적이다. 더불어 인류세를 소환해 온 이들에게 또 다른 목적이나 의도는 없었는지 들춰보려고 한다.

◆ 대상과 방법

1990년대 이후 국내 신문 기사를 제공하는 한국언론재단의 빅카인즈에서 "인류세"라는 키워드로 검색한 결과는 총 2,089건이다. 인류세라는 용어는 2004년 《한국일보》의 해외 단신에서 처음 등장했지만 2010년대 초반까지도 별다른 주목을 받지 못했다. 그러던 것이 2015년부터 가파른 증가세를 보이면서 2024년에 와 처음으로 400건 이상의 기사에 인류세가 등장하게 되었다(그림1).

〈그림 1〉 2004-2024년, "인류세"를 언급한 기사 수 추이

이 글에서는 2,089건의 기사를 분석하여 미디어가 인류세를 조명해 온 과정과 방식을 살펴보려고 한다. 기사의 내용분석Content Analysis에는 두 가지 방법을 병행한다. 첫째는 기사에 쓰인 단어의 등장 횟수를 측정하여 논의의 경향성을 살피는 빈도 분석이다. 빈도 분석은 기초적인 기술 통계의 하나지만 여전히 효과적인 방법이다. 가령 본론에 앞서 말하자면 20년간 인류세 관련 기사에서 가장 많이 등장한 단어는 "지구"이고 두 번째는 "인간"이었다. 그런데 연도별로 살펴보면 두 단어의 무게감이 조금씩 변화해 왔음을 감지할 수 있다. 과거에는 '지구'가 압도적으로 많이 등장했던 데 반해 근래 오면서 '인간'이 더 많이 주목받고 있다. 이처럼 빈도 분석은 지난 20년간 인류세 관련 기사의 주요 의제와 변화의 양상을 추적하는 데 필요한 기초적인 가늠자를 제공한다.

둘째, 텍스트 마이닝 분석 기법의 하나인 토픽 모델링Topic Modeling을 수행하였다. 토픽 모델링은 비정형 문서 묶음을 대상으로 하는 텍스트 마이닝 기법의 하나로, 문서 집합corpus에 내재한 추상적인 주제들Topics을 찾는 방법이다. 토픽 모델링은 직접적으로 토픽을 도출하는 방식이 아니다. 확률 모형에 따라 추출된 단어들이 공유하고 있는 주제(토픽)를 연구자가 추론하는 방법이다. 그러다 보니 연구자의 개입을 요구하는 대목이 많아 해석적 연구에 가깝다. 이러한 특성은 자연어로 된 텍스트를 전처리하는 과정에서 연구자의 개성이 반영될 수밖에 없는 텍스트마이닝 방법에서 기인하는 부분도 있다. 텍스트를 특정 품사로 분류하고 그 안에서 불필요한 단어(불용어)를 선정하여 제외하는 전처리 과정은 모두 연구자의 선택에 좌우된다. 즉, 전처리 과정을 거친 자료는 이미 최초의 텍스트와는 다른 성격을 띨 수밖에 없는 셈이다.

하여 이 글에서는 한국언론재단 빅카인즈가 제공하는 기사 키워드 데이터를 활용하여 위 문제를 보완하고자 했다. 빅카인즈는 1990년 이후 간행된 기사들의 원문 전체를 명사noun화한 키워드 묶음을 제공하고 있다. 이 방법을 활용하면 누구나 동일한 분석 대상을 얻을 수 있다는 장점이 있다. 이에 2024년까지 '인류세'라는 키워드를 포함한 기사 2,089건의 게재일과 제목, 간행기관(언론사) 및 기사 키워드를 수합하였다.

분석은 LDAlatent Dirichlet allocation 모형을 활용하였다. LDA(잠재디리클레할당)는 가장 대표적인 토픽 모형 중 하나로, 토픽의 분포를 서로 독립적인 것으로 전제한다.[8] LDA는 시간의 흐름이나 메타 변수(가령 신문사, 분야 등)를 고려하지 않는다. 이러한 한계를 보완하기 위해 최근에는 상관 토픽 모델Correlated Topic Model, CTM이나 동적 토픽 모델Dynamic Topic Model, DTM, 구조적 토픽 모델Structural Topic Model, STM이 활용되기도 한다. CTM은 토픽 간의 상관성을 고려하여 로지스틱 정규분포logistic normal distribution를 따르는 모델이다.[9] DTM은 각 시간 구간time splice에 따라 토픽이 어떻게 변화하는지 추적하는 방식이다.[10] DTM은 주제의 변화를 시계열적으로 추적할 수 있다는 장점이 있지만 충분한 시간 구간이 전제되어야 한다. 이 밖에 STM은 문서의 메타 데이터를 활용한 방법이다. 기사의 시간(간

행일) 외에도 신문사별로 인류세 관련 토픽을 분석할 수 있는 장점이 있어 많은 연구가 선택하는 추세다.[11] 인류세 관련 기사의 추이를 살펴보기 위해서는 DTM이나 STM이 용이하다. 다만 복잡한 작업이 수반된다고 하여 반드시 의미 있는 결과를 내놓을 것이라 단정하기는 어렵다. DTM과 STM은 변수의 설명력이 낮으면 왜곡된 결과를 낳을 여지가 높다. 무엇보다 인류세 관련 기사들이 2010년대 후반이라는 특정 시기에 몰려 있는 점을 염두에 둘 필요가 있다. 따라서 보다 단순한 형태의 LDA 모형을 수행하되, 주제의 변화상은 관련 기사의 게재 추이를 통해 살펴보고자 하였다.

먼저 토픽 수 결정을 위해 혼잡도Perplexity와 토픽 응집도 점수 Topic Coherence Score를 검토하였다. 혼잡도는 특정 토픽 수로 구성된 모델의 설명 적합성을 측정하는 지표로, 낮은 값일수록 모델이 데이터를 잘 설명하는 것으로 간주한다. 토픽 응집도는 토픽 내 단어들의 일관성을 평가하는 지표로, 일관성 점수가 높을수록 토픽 내 단어들이 더 긴밀하게 연관되어 있음을 나타낸다. gensim 모듈을 활용하여 토픽 수 6개에서 15개의 경우를 계산(그림 2) 한 결과, 토픽 6개에서 응집도 값이 가장 높은 것으로 나타났다. 다만 혼잡도 값을 함께 고려하여 최종적으로 7개의 토픽을 중심으로 기사를 분석하였다.

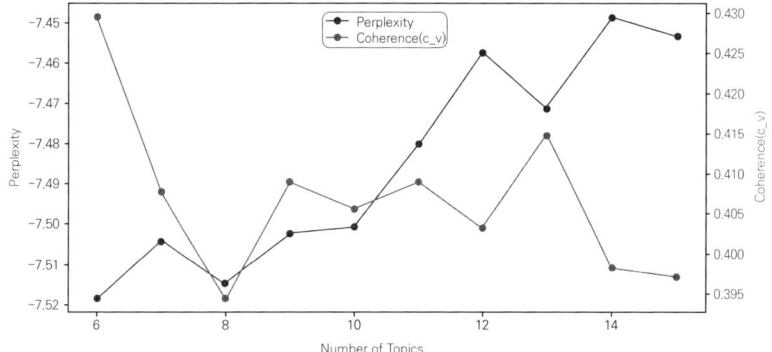

〈그림 2〉 토픽 수(6~15개)에 따른 혼잡도와 응집도 점수

◆ 단어 빈도로 살펴본 기사 동향

먼저 20년간의 '인류세' 관련 기사에 등장한 단어 빈도를 분석하여 〈표1〉, 〈표2〉의 결과를 내었다. 〈표1〉을 살펴보면, '지구(6,231건)'가 가장 많이 등장하였고, 두 번째는 '인간(6,182건)'이었음을 알 수 있다. '인류세'라는 용어 자체는 3순위로 나타났다. 이러한 점에서 인류세는 지구와 인간이라는 핵심 의제를 떠받치는 개념에 가까웠다고 볼 수 있다.

그런데 〈표2〉 연도별 빈도를 살펴보면 인류세 관련 기사 안에서도 변화가 거듭되어왔다는 점을 확인할 수 있다. 2008-2009년 사이 가장 많이 등장한 단어는 '지구'였다. 상위에 올라온 '기후'나 '상승', '빙하기' 등으로 비추어 볼 때, 지구온난화 문제가 논의의 중심에 있었다는 점을 시사한다. 반면 2010년에는 '생태'가 1순위, '생태학'이 2순위로 부상했으며 '멸종'이 4위에 오른 점으로

〈표 1〉 2004-2024년 '인류세' 관련 기사에 등장한 단어 빈도 순위 1-30위

순위	단어	빈도	순위	단어	빈도	순위	단어	빈도
1	지구	6231	11	기후	2442	21	문화	1604
2	인간	6182	12	작가	2327	22	과학	1580
3	인류세	5416	13	자연	2311	23	한국	1524
4	인류	3608	14	위기	2079	24	진행	1492
5	세계	3350	15	교수	1904	25	생각	1459
6	환경	3303	16	시작	1875	26	생태	1446
7	시대	2807	17	작품	1873	27	동물	1437
8	전시	2800	18	미래	1738	28	사람	1416
9	사회	2559	19	주제	1707	29	예술	1382
10	변화	2491	20	플라스틱	1629	30	역사	1320

〈표 2〉 연도별 빈도수 상위 단어(괄호 안 숫자는 횟수)

연도	1순위	2순위	3순위	4순위	5순위
2004	직장(3)	설명(3)	통역(2)	인류세(2)	지구(2)
2008	지구(28)	상승(20)	도래(19)	지구온난화(17)	빙하기(16)
2009	지구(9)	기후(7)	변화(6)	인간(6)	녹색(4)
2010	생태(32)	생태학(23)	인류(22)	멸종(20)	사업(20)
2011	지구(69)	인류(54)	인류세(35)	인구(30)	환경(19)
2012	지구(31)	회의(23)	환경(22)	현상(14)	기후(13)
2013	문화(15)	사회(13)	문화전당(12)	인류(12)	경쟁(10)
2014	위험(43)	세대(41)	기후(41)	변화(38)	글로벌(35)
2015	지구(92)	인간(59)	인류세(55)	인류(50)	멸종(45)
2016	인류세(187)	지구(173)	인간(137)	인류(102)	시작(76)
2017	인간(350)	지구(311)	인류(228)	인류세(182)	미래(95)
2018	지구(717)	인류세(419)	인간(406)	인류(293)	세계(228)
2019	지구(748)	인간(551)	인류세(528)	인류(436)	환경(407)
2020	인간(1001)	지구(763)	사회(708)	인류세(539)	환경(513)
2021	인간(839)	지구(734)	인류세(610)	사회(494)	환경(494)
2022	인간(904)	지구(835)	인류세(705)	환경(529)	인류(475)
2023	인류세(1056)	지구(999)	인간(913)	세계(617)	인류(571)
2024	전시(1055)	인류세(1054)	인간(957)	세계(779)	작품(701)

볼 때, 생물 다양성이 주요한 사회적 관심사였으리라 추정해 볼 수 있다.[12]

 2013년에는 '문화', 2024년에는 '전시'가 가장 많이 등장한 단어로 꼽혔다. 또한 '문화전당' 및 '작품'도 상위권에 올랐다. 이는 지구와 자연을 주제로 한 문화 행사, 즉 인류세와 관련한 전시가 성황이었다는 점을 보여준다.

 또한 〈표1〉과 〈표2〉는 최근 '인류세' 논의의 무게중심이 '지구'나 '환경', '생태' 등에서 '인간'이나 '세계'로 이전하고 있다는 점을 보여준다. 2010년대 후반까지는 '지구'가 '인간'에 비해 더 많이 언급되었지만 2020년 이후부터는 '인간'에 주목한 경우가 더 많았던 것으로 보인다. 특히 2016년에 이어 2023년에는 '인류세'가 가장 많이 언급된 것으로 나타났다.

인류세를 주도한 주제들

다음으로 토픽 모델링을 통해 분석한 인류세 관련 기사의 주요 주제를 살펴보자. LDA모델로 분석하여 총 7개의 토픽과 각 토픽을 대표하는 키워드 8개씩을 다음과 같이 도출하였다.

〈표 3〉 토픽별 키워드와 기여도

Topic 1	전시 0.045	비엔날레 0.037	광주 0.032	예술 0.028	작가 0.020	작품 0.017	문화 0.016	미술 0.015
Topic 2	동물 0.026	문화 0.012	여성 0.009	교수 0.007	인터넷 0.007	작가 0.006	세계 0.006	시민 0.006
Topic 3	플라스틱 0.032	환경 0.022	교수 0.015	국제 0.014	기후 0.011	세계 0.011	강연 0.010	쓰레기 0.010
Topic 4	멸종 0.028	자연 0.013	인류 0.013	생불 0.012	식물 0.009	세계 0.009	작품 0.008	피괴 0.007
Topic 5	인류 0.017	기후 0.017	위기 0.013	세계 0.013	자연 0.010	저자 0.009	사람 0.007	주의 0.007
Topic 6	기후 0.039	환경 0.023	위기 0.017	인류 0.010	자연 0.009	탄소 0.008	생태 0.007	교회 0.007
Topic 7	기후 0.019	배출 0.017	세계 0.014	에너지 0.010	인류 0.010	핑크 0.009	정부 0.008	시장 0.008

〈표3〉에서 제시된 키워드만으로 각 주제Topic를 단정하는 것은 쉬운 일이 아니다. 결과의 해석을 위해서는 각 토픽 및 키워드와 이어져 있는 기사를 살펴볼 필요

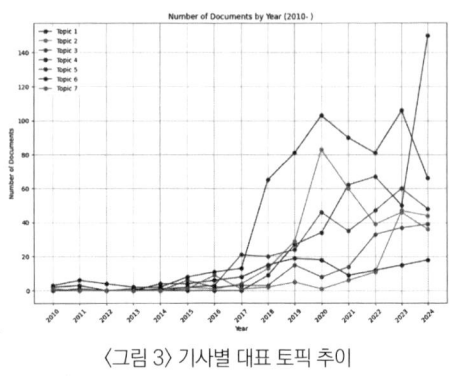

〈그림 3〉 기사별 대표 토픽 추이

가 있다. LDA는 기본적으로 하나의 문서가 여러 토픽을 반영하지만, 한 문서 내 토픽 간의 비중은 다르다는 점을 전제로 한다. 이 점을 활용하여 각 문서 마다 가장 높은 비중을 차지하는 토픽을 기준으로 전체 문서를 분류하고 다시 시간에 따라 변화의 추이를 추적하면 〈그림 3〉의 결과를 얻을 수 있다. 〈그림 3〉 기사별 대표 토픽 추이를 보면 시기마다 인류세 관련 기사를 주도했던 토픽이 달랐다는 점을 알 수 있다. 2023년까지 인류세 논의를 선점한 것은 토픽6이었던데 반해 2024년에는 토픽1이 급증하여 인류세 논의의 주도권을 차지했다. 과연 이들은 무엇이었고 어떠한 배경에서 이러한 변화를 이끌었는지 하나씩 살펴보자.

토픽1. 인류세와 미술

토픽1의 키워드는 다른 토픽들과 비교해 뚜렷한 차별점을 보여준다. '전시'를 시작으로 '예술', '작품' 등이 뒤따랐다는 점에서 인

류세가 미술계 논의에 걸쳐 있음을 알 수 있다. 특히 '광주'와 '비엔날레'는 한국 미술계 최대 행사인 광주 비엔날레와 인류세의 접점을 암시한다. 토픽1과 관

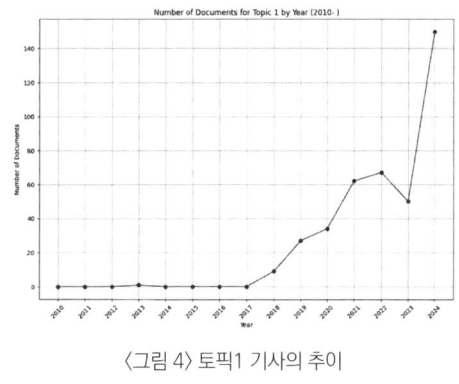

〈그림 4〉 토픽1 기사의 추이

련한 기사의 추이를 나타내는 〈그림 4〉를 살펴보면 인류세와 미술이 긴밀하게 이어져가는 양상을 확인할 수 있다. 토픽1 관련 기사는 2018년부터 점진적으로 증가하더니 2024년 가파른 상승세를 보였다. 특히 2024년 광주 비엔날레의 주제는 많은 대목에서 인류세를 시사하고 있다.

30주년을 맞아 30개국 72명의 작가가 참여하는 제15회 광주비엔날레《판소리, 모두의 울림》(PANSORI: A Soundscape of the 21st Century)은 현시대 복잡성의 좌표를 그리는 시도이다. 분쟁적 국경, 반-이주 장벽, 감금, 사회적 거리 두기, 분리 정책… 언뜻 서로 다른 것처럼 보이는 이 화두들은 '공간,' 그리고 그 정치적 구조라는 공유지를 갖는다. 이산화탄소와 도시 생활, 사막화와 이주, 삼림 벌채와 사회적 투쟁, 동물 생태계 파괴와 식물 침입이 모두 잔혹하게 연결되는 새로운 세계 지도, 새로운 위상학의 출현을 기후 변화의 주된 영향으로 볼 수 있다.[13]

토픽2. 인류세와 동물의 권리

토픽2의 첫 번째 키워드는 '동물'이다. '여성', '인터넷' 등의 키워드만 보면 언뜻 이해하기 어렵지만 토픽2와 관련된 아래의 기사를 들여다보면 어렵지 않게 수긍할 수 있다.

반려가족 1500만 시대! 반려견에도 시민권을?[14]

[…] 인간의 무분별한 욕심이나 행위에 의해 종 다양성이 훼손되거나 해체돼 생태계 복원능력이 불가능해지면 인류세의 종말이 올 것이라는 일부의 섬뜩한 주장도 존재한다. 반려견 양육인구의 급격한 증가와 함께 반려견을 대하는 관심과 배려문화의 확산으로 인해 건강하고 바람직한 지구 생태계 보전과 유지에도 크게 기여하는 태도 변화의 획기적 계기가 될 것을 기대해 본다.

거의 모든 것의 인터넷[15]

동물에 관심이 많은 중학생 딸이 읽고 있는 책이 눈에 띄었다. […] 저자이자 프로젝트의 리더인 생물학자 마르틴 비켈스키는 "지구의 미래는 인류세에서 종간(interspecies) 시대로의 전환"에 달려 있으며, 이는 "다른 종이 가진 지식을 우리 자신의 지식과 연결"할 때 가능하다고 역설한다.

동물을 사랑하고 먹고 죽이고… 인간의 모순된 행동을 연구하고 싶었어요.[16]

[…] 최 교수는 "인류학에서는 여성, 난민 등 소수자에 대한 관심이 동물로 확장돼 연구가 진행 중"이라며 "인간은 동물을 먹고 사랑하고 죽이고 괴롭히는 등 모순적인 행동을 하는데 이에 대한 연구를 할 수 있는 게 인류학"이라고 소개했다. […] 동물권 행동 카라가 주최하는 서울동물영화제서 **인류세**(인류가 기후와 생태계를 변화시켜 만들어진 새로운 지질시대)에서의 새로운 동물윤리의 개념을 […] 소개했다.

토픽2는 인류세가 반려 동물을 향한 대중적 관심과 그로 인한 동물 권리 보호의 목소리와도 결부되어있다는 점을 보여준다. 인류세는 기후나 인류와 같은 거

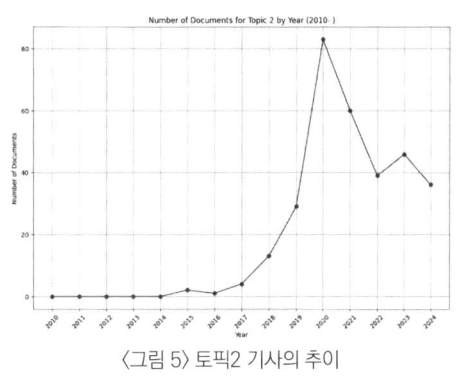

〈그림 5〉 토픽2 기사의 추이

대한 이야기와는 또 별개로 일상의 변화를 이야기하는 명분으로도 소환되어 온 셈이다. 특히 토픽2 관련 기사의 추이(그림5)를 보면 2010년대 후반부터 증가하기 시작해 2020년 가장 많았다는 점을 알 수 있다. 이는 코로나19 유행의 여파로 반려동물 시장이 급증했던 상황과 결부 지어 볼 수 있는 대목이기도 하다.

토픽3. 인류세와 쓰레기 문제

토픽3의 첫 번째 키워드는 '플라스틱'이다. '환경'과 '쓰레기' 항목도 눈에 띈다. 토픽 3과 관련한 기사 동향을 살펴보면 2024년에 집중해 있는 점을 확인할 수

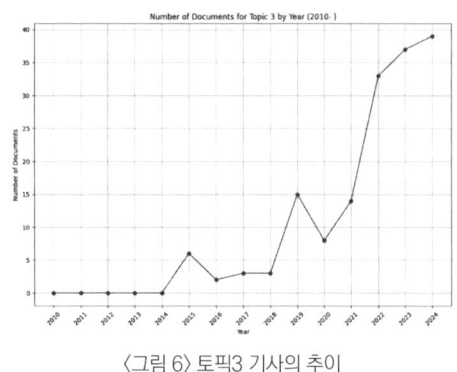

〈그림 6〉 토픽3 기사의 추이

있다. 이러한 배경에는 서울시가 주관한 국제기후환경 포럼이 자리하고 있다. 플라스틱 오염 해법 공유를 내건 서울시 행사 관련 보도[17]가 이어지면서 인류세를 주제로 한 강연을 소개하는 내용이 여러 차례 게재되었다.

'강연'이 주요 키워드로 선정된 부분도 주목해 볼 수 있다. 실제 토픽3과 관련한 기사 중에는 쓰레기 문제와 환경 오염 관련 전문가 특강 및 학술대회 등을 소개하는 예가 많았다. 이러한 대목은 '인류세'라는 용어가 여전히 전문 지식인이 이끌어온 용어라는 점을 암시하기도 한다. 이러한 점은 '교수'가 토픽2와 토픽3의 주요한 키워드라는 점, 그리고 뒤에서 살펴볼 토픽5의 주제인 인류세와 출판계에서도 일부 확인할 수 있다.

토픽4. 인류세와 생물의 멸종

토픽4의 선두에 서 있는 키워드는 '멸종'이다. '인류', '생물', '식물' 등의 키워드가 멸종의 뒤를 따고 있다. 토픽4는 여타 토픽과 비교하여 비중이 높지는

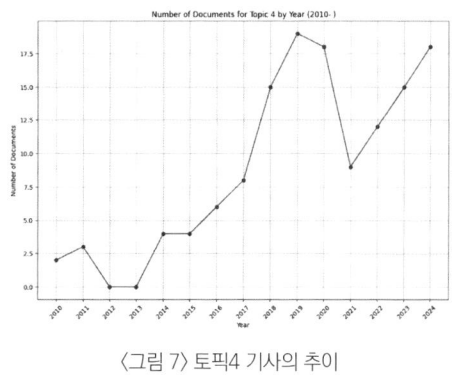

〈그림 7〉 토픽4 기사의 추이

않지만 이른 시기부터 다루어져 왔다. 앞선 토픽과 관련한 기사들이 주로 2010년대 후반에 와서야 폭증한데 반해 토픽4 기사의 추이(그림7)를 보면, 2010년대 초부터 우리 사회의 지속적인 관심을 받아왔다는 점을 알 수 있다.

> 네팔 대지진…생물 대멸종 시그널?[18]
> […] 과학자들은 지구에 인류가 출현 한 시기를 '인류세(Anthropocene · 人類世)'라고 부른다. **인류세는 아직 학계가 인정한 공식 명칭은 아니다.** "언제부터 인류세가 시작됐다고 볼 것인가"를 두고 여전히 논쟁이 진행 중이기 때문이다. […] 문제는, 인류세가 시작하자마자 생물의 '대멸종'이 시작됐다는 점이다. […] 인류세 이후 나타난 생물 대멸종 속도는 과거 그 어떤 대멸종 시기보다 빠르다.

위 글은 2015년 전 세계에서 연이어 일어난 대지진 및 화산 폭

발 등을 화제 삼아 지구상 생물체의 멸종 문제를 다룬 기사다. 흥미로운 대목이라면 기자 스스로 '인류세'라는 용어가 아직 학계의 인정을 받지 못한 용어라는 점을 명시했다는 점이다. 그럼에도 이 기사는 인류세의 정의 및 논의 동향을 상세하고 담았다. 인류세라는 용어가 위 기사의 주제인 생물 멸종을 설명하는 데 적합한 개념적 도구였기 때문이다.'

너무 아름답고, 사람들이 좋아해서 사라지다[19]

스픽스마코앵무의 멸종을 흔한 슬픈 이야기 중 하나로 넘길 수는 없다. 인류세라는 시대를 살고 있는 우리에게는 대멸종의 상징적인 사건이다. 스픽스마코앵무는 아마존이라는 생물다양성의 보고 속에서 살아가던 수많은 종 가운데 하나였으며, 이들의 멸종은 생태계 전체의 균형이 흔들리고 있음을 경고한다.

위 기사는 야생에서는 이미 멸종한 아마존의 한 앵무새를 소개하면서 생태 파괴에 대한 경각심과 생물 다양성 보호에 대한 사회적 관심을 도모한다. 두 기사는 생물다양성을 위협하는 존재로 공히 인류를 지목한다. 즉 인류세란 오늘날의 인간에게 생태 위기에 대한 책임을 묻고 성찰을 요구하기 위한 개념적 도구였다고 할 수 있다.

토픽5. 인류세와 출판계

토픽5를 대표하는 인류, 기후, 위기, 세계, 자연 등은 어떤 인류세 논의에서건 찾아볼 수 있는 보편적 키워드들이다. 다만 토픽5와 관련한 기사들을 살펴보면

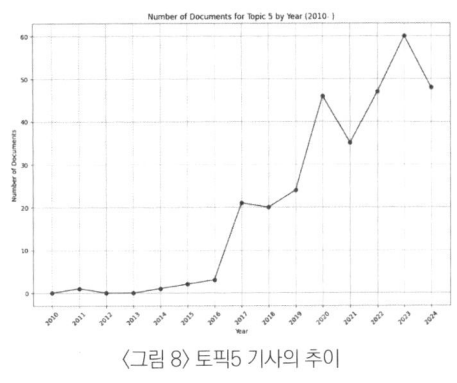

〈그림 8〉 토픽5 기사의 추이

위 주제들이 주로 새롭게 출간된 서적들의 주제들과 이어지고 있음을 확인할 수 있다. 토픽5의 첫 번째 키워드인 '인류'와 관계된 기사는 티모시 모턴의 저서 『어두운 생태학(2024)』을 다룬 서평이다. 이 밖에 한병철의 철학 에세이집 『관조하는 삶 - 무위에 대하여(2024)』, 얼 C.엘리스의 『인류세(2021)』, 그리고 비평집 『크리티컬 포인트(2024)』등을 다룬 기사들이 이어졌다. 이러한 기사 동향과 추이(그림8)로 볼때 2010년대 중반부터 인류세와 이어지는 주제의 서적들이 확대되어 왔다고 짐작할 수 있다.

토픽6. 인류세와 기후위기

토픽6의 키워드들과 관련한 기사들이 주목한 주제는 기후위기다. 토픽6은 2024년 광주 비엔날레로 크게 힘을 받은 토픽1의 인류세와 미술계를 제외하면 일찍부터 인류세 논의를 선도해 온 주

제다. 관련 기사의 추이만 보더라도(그림 3) 토픽 6의 기후위기는 2010년대 초부터 앞서나가기 시작하더니 2018년 급증하였으며 현재도 인류세 논의의 중심에 있다(그림9). 기후 위기는 다른 토픽과도 직결되는 주제이기도 하지만 토픽6과 관련한 기사들은 살펴보면 지속가능한 발전이 주요한 문제라는 점을 확인할 수 있다.

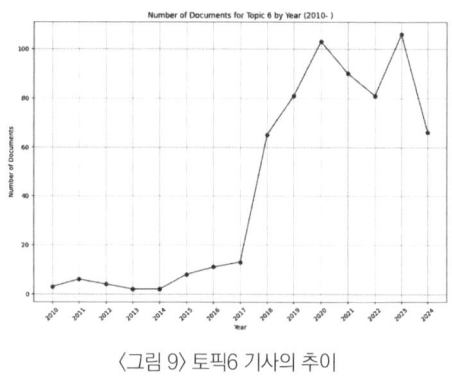

〈그림 9〉 토픽6 기사의 추이

"공멸로 이끄는 인간천동설 폐기하라"… 지금 필요한 건 '기후변화 감수성'[20]

'기후변화 감수성'은 이 일에 빠질 수 없는 요소다. 장 목사가 만든 신조어다. 그는 교인들에게 이 감수성을 심어주기 위해 스터디 모임에서 읽을 첫 책으로 호주 윤리학자 클라이브 해밀턴의 '인류세'를 선택했다. **인류세란 인간의 활동이 지구 환경에 극단적 영향을 미쳐 만들어진 새로운 지질시대를 의미한다.** 해밀턴의 책은 우리가 이 '인류세'라는 시대에 살고 있으며 지구의 미래에 중대한 책임을 지고 있음을 설명한다.

파멸 앞당기는 초가속 시대 AI[21]

AI 안전시계의 등장은 종말로 치닫는 속도가 더 빨라질 수 있음을 경고한다. 지속 가능한 지구와 인류의 미래를 위해 속도를 늦추는 방안을 고민해야 할 시기다. […] 18세기 말 **산업혁명은 지구를 인류세**(Anthropocene)**에 접어들게 한 중대 사건**이다. 인간이 가장 우월한 존재라고 뽐내기 시작한 기간은 지구 역사의 0.002%뿐이다.

토픽6의 기사들은 인류가 지구에 가져온 변화의 '속도'에 주목한다. 오늘날 인류의 소비 속도는 "종말"이라는 형태의 결말을 더욱 빠르게 재촉한다는 점을 환기한다. 더불어 인류가 주인공이 된 시대를 지속시키기 위해서는 절제라는 미덕이 필요하다는 점을 강조한다. 이 과정에서 인류세는 우리가 지속시켜 가야 할 바로 지금을 지칭하는 용어라고 할 수 있다.

토픽7. 에너지와 시장경제

토픽7의 주요 키워드는 '배출', '에너지', 그리고 '가스' 등이다. 토픽7은 지속가능성을 시사하는 토픽6의 주제와도 연결되어 있다. 토픽

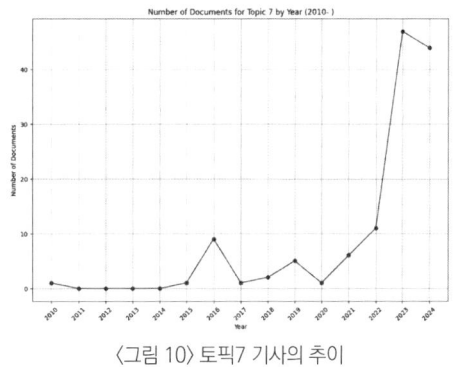

〈그림 10〉 토픽7 기사의 추이

6의 주요 키워드 중 하나인 '탄소'와 '지속'은 토픽7의 에너지와 시장경제 문제와 뗄 수 없는 관계에 있다.

특히 토픽7은 인류세 관련 기사에서 가장 최근에 부상한 주제다. 토픽별 기사의 추이(그림3)를 살펴보면 2023년부터 급증한 것을 확인할 수 있다. 이는 제조업 비중이 큰 한국경제를 향한 관심과도 무관치 않다. 그러다 보니 토픽7과 관련한 기사에는 탄소 배출권 시장에 대한 사회적 관심도 반영되어 있다.

배출권 정상화, 고삐 죄는 국가탄소감축에 업계 '촉각' [22]

이산화탄소와 플라스틱. 인류세(인류의 활동으로 지구의 물리·화학적 변화가 일어난 시기)의 대표 물질로 꼽히는 것들이다. 산업혁명 이후 인간이 이룬 획기적인 발전들은 역설적이게도 부메랑처럼 돌아와 우리를 위협한다. 탈탄소와 탈플라스틱, 힘들지만 더 이상 피할 수 없는 과제다. "최근 배출권거래제 할당업체들 사이에서는 제4차 배출권거래제(2026~2030년) 기간에 정부가 얼마만큼의 '캡(총 배출량 한도)'을 설정할지가 초미의 관심사다. 덩달아 국가 온실가스 감축 목표(Nationally Determined Contribution, NDC) 이행 투명성에 대한 관심도 커졌다."

대멸종 부른 '우상향 성장 신화', 인류세 시대에 버려야 할 것들 [23]

기후위기를 기술을 통해 해결하겠다는 관점에 갇히는 건 매우 위험하다. 기업이야 돈을 벌 수 있겠지만, 그들이야말로 생물다양성을 훼손하고 지구를 파괴한 이들 아닌가. 에너지 사용과 성장에 기반을 둔 해결책으로는 인류는 살아남을 수 없다. 다른 방식으로 에너지를 생산하는 것보다는 에너지 사용을 줄이는 데 초점을 맞춘 대안이 필요하다. […]

　인류세를 바로잡기 위해선 세 가지 방법이 있다. 첫째는 과학에 기반을 둬 인류세의 문제점을 바로잡는 것이다. 과학자들이 발견한 것, 과학자들이 인류세로 정의한 것에 대해 제대로 이해해야 한다. 우리는 지질학자도 아니고 지구 시스템을 연구하지도 않지만, 그들이 말하는 것을 이해할 수 있다.

　두 개의 기사는 인류세의 지속가능성을 두고 반대의 목소리를 내고 있다. 전자는 에너지 시장과 경제구조 개편을 통한 성장 가능성을 타진하는 데 반해, 후자는 기술과 혁신만으로 문제를 해결할 수 없다는 비판적 시선을 견지한다. 한편 두 번째 기사는 인류세에 대한 보다 풍성한 설명을 담고 있다. 인류세 연구자의 강연과 인터뷰를 토대로 한 기사이기 때문이다. 흥미로운 대목이라면 2천여 건의 기사 중에 인류세가 글의 주인공인 사례는 극히 일부에 불과했다는 점이다.

✦ 인류세의
수사학(rhetoric)

　이처럼 "인류세"를 언급한 기사는 늘고 있지만 인류세 자체가 논의의 주인공이 된 예는 드물다. 그러다 보니 각 기사에서 인류세라는 용어와 관련한 내용은 비중도 크지 않다. 앞에서 소개한 인용문마다 "인류세"라는 단어가 포함되어 있는 건 독자의 이해를 돕기 위해 관련 대목만 발췌한 결과다. 사실상 인류세는 다른 주제를 말하기에 앞서 등장하는 안내자 역할에 머물러있다. 동물의 권리, 쓰레기 문제, 생물 멸종, 기후 위기, 에너지와 시장경제 등, 시기별로 달라지는 사회적 관심사의 대문 역할에 머물러 온 경향이 짙다. 일례로 2024년 인류세를 언급한 기사는 크게 늘었지만 실제 내용을 보면 광주 비엔날레라는 미술계 행사 소식이 대부분을 차지했다. 언론 기사에서 미술Fine Art계 지분이 그다지 크지 않은 점을 고려해 보면, 인류세는 그보다도 외곽에 머물러있는 주제였다는 사실을 시사하기도 한다. 그렇다면 경계 없이 다양한 분야에 걸쳐 소환되지만 스스로는 이야기의 주인공이 되기 어려운 인류세를 미디어는 어째서 20여 년 동안 소환해 왔을까?

매번 용어의 설명을 곁들여야 하는 인류세의 모호함은 두 가지 이미지를 독자에게 전하는 데 용이했다. 하나는 불확실한 미래에 대한 공포를 암시하며 오늘의 변화를 재촉하는 일이다.

> 어른이 아이의 미래를 훔친다 "100년 후 대재앙" [24]
> '조화로운 홀로세'에서 '혼란의 인류세'로 […] 현재의 인류는 매우 축복받은 시기를 살고 있습니다. 인류가 첫 출현한 이후에도 지구는 소빙하기와 간빙기를 반복했고 1만 2000년 전에 이르러서야 현재의 간빙기인 '홀로세(Holocene)'에 진입했습니다. 이는 그리스어로 '완전하고 조화로운(Holo)' 시대(cene)라는 뜻입니다. […] 그러나 이 모든 것이 파괴될 위기에 놓였습니다. 앞서 살펴본 것처럼 조그만 기온 상승도 인류에겐 큰 위협이 되기 때문입니다.

미디어가 소비한 인류세의 또 다른 이미지는 최신의 지식이자 가능성 높은 해결책이라는 측면이다. 미디어가 20년 동안 인류세의 정의를 되풀이해 왔던 건 단순히 대중에게 알려지지 않은 개념이어서가 아니다. 아직 공인되지 않았고 설명이 필요하다는 사실이야말로 인류세라는 용어의 쓸모를 증명한다. 학술장의 최전선에 선 개념이라는 이미지를 만드는 데 적합하기 때문이다.

캐나다 호수에 핵폭발 흔적이… "46억년 지구에 '인류세' 시작됐다" [25]

46억 년 지구 역사에 '인류세(人類世, Anthropocene epoch)'라는 새로운 지질학적 시대를 추가할 수 있다는 주장이 나왔다. 지질학계는 인류의 활동으로 인해 지구환경이 크게 바뀌었다는 의미에서 '인류세'를 공식 지질 시대로 인정할지 여부를 논의해왔다.

위 기사는 2023년, 인류세를 지지하는 지질학자들이 인류세라는 용어의 정의를 학술적으로 인정받기 위해 실시한 조사의 결과를 다루고 있다. 용어의 공식적인 도입은 이듬해인 2024년 국제지질과학연맹IUGS 산하 위원회에서 거부되었다. 인류세의 정식화가 미뤄진 소식을 전한 아래의 기사는 미디어가 지금껏 인류세를 소비해 온 방식을 잘 보여준다.

새 지질시대 '인류세' 공식 도입 불발 학계 "아직은 성급" [26]

온실가스 배출 등 인류 활동을 반영한 새로운 지질시대인 '인류세' 도입이 무산됐다. 시엔엔(CNN) 등은 5일(현지시각) 국제지질과학연맹(IUGS) 산하 제4기층서소위원회에서 진행된 인류세 도입 투표 결과 부결됐다고 보도했다. […] 한편, 지질학계에서는 인류세 도입이 무산됐지만 인류세에 대한 논의나 용어의 활용 자체는 앞으로도 계속될 것으로 보인다.

맨 앞에서 소개했던 인류세를 언급한 2004년 첫 기사를 떠올려 보라. "새로운 지질시대에 대한 과학자들의 지지"를 보도한 지 20년 뒤인 2024년의 기사는 여전히 포기하지 않고 똑같은 논리로 희망의 불씨를 살리려 한다. 그렇게 인류세는 불안한 오늘을 암시하는 동시에 아직 오지 않은 미래를 비스듬히 보여주는 만화경으로 그려져 온 것이다. 한편 2024년 인류세에 대한 공식적인 인정이 불발로 끝나고 반년여 지나 한 신문에 아래의 논평이 게재되었다.

> 인류세의 도래, 더 임박한 재앙[27]
>
> 홀로세를 종료하고 새로운 시대를 규정해야 한다는 공감대가 퍼진 것은 그만큼 지구에 큰 변화가 생겼다는 의미다. […] 인류세 논의는 단순 해프닝이 아니라 확고한 흐름이다. 출발 시점을 첫 핵실험 몇 년 뒤인 1950년으로 하는 것에 대한 증거의 보강 정도만 남았다고 한다.

위 논평 역시 과거 인류세 관련 기사처럼 인류세를 매개로 오늘의 현실과 미래의 재앙을 말하려 한다. 이전과 다른 점이라면 "확고한 흐름"이나 "증거의 보강 정도만 남았다"는 유례없이 강한 확신의 어조 정도다. 과연 인류세가 언제쯤 정식화되어 일상 용어가 될지 지금으로서는 단정하기 어렵다. 2022년에도 다수의 매체가 인류세의 정식화를 위한 투표 행사를 소개하며 높은 가능성을 점쳤지만 2년 뒤인 2024년에도 고배를 들지 않았던가. 다만 위 기사의 주장이 정녕 사실이라면 미디어가 인류세의 모호한 정체성을 활용할 수 있는 시간은 얼마 남지 않아 보인다.

참고문헌

- 미셸 푸코, 이규현 역, 『성의 역사 1 - 지식의 의지』, 나남, 2010.
- 알렉스 캘리니코스, 박형신, 신종화, 이혜경 역, 『사회이론의 역사』, 일신사, 2008.
- 배홍철, 「1900년대 한일 성교육 지식의 흐름과 재편 — 나카지마 한지로의 『교육학원리(教育学原理)』와 번역본 유근의 「교육학원리」를 중심으로」, 『日本學研究』 68, 단국대학교 일본학연구소, 2023.
- Blei, D. M., Ng, A. Y. & Jordan, I. M., "Latent Dirichlet Allocation", The Journal of Machine Learning Research 3, 2003, pp. 993-1022.
- Blei, D. M. & Lafferty, J. D., "A correlated topic model of science", The Annals of Applied Statistics 1(1), 2007, pp. 17-35.
- _____, "Dynamic topic models", Proceedings of the 23rd International Conference on Machine Learning, 2006, pp. 113-120.
- Roberts, M. E., Stewart, B. M., & Tingley, D., "Stm: An R package for structural topic models.", Journal of statistical software 91, 2019, pp. 1-40.

- 《개벽》, 《한국일보》, 《서울경제》, 《한국경제》, 《중도일보》, 《한겨레신문》, 《이투데이》, 《아시아경제》, 《매일경제》, 《경향신문》, 《국민일보》, 《내일신문》, 《중앙일보》, 《동아일보》.

───────────────── 미주 ─────────────────

1) 〈이말저말〉, 《한국일보》 (2004.08.28.)
2) 〈지구온난화로 새로운 지질시대 도래하나〉, 《서울경제》 (2008.03.24.)
3) 〈지구의 '인류세' 시작?… 지질학계 논란 속 높아지는 목소리〉, 《한국경제》 (2023.07.12.)
4) 미셸 푸코, 이규현 역, 『성의 역사 1 - 지식의 의지』, 나남, 2010.
5) 알렉스 캘리니코스, 박형신, 신종화, 이혜경 역, 『사회이론의 역사』, 일신사, 2008.
6) 배홍철, 「1900년대 한일 성교육 지식의 흐름과 재편 — 나카지마 한지로의 『교육학원리(教育学原理)』와 번역본 유근의 「교육학원리」를 중심으로」, 『日本學硏究』 68, 단국대학교 일본학연구소, 2023, p. 67.
7) 〈인류학에 대한 개념〉, 《개벽》 (1920.11월호)
8) Blei, D. M., Ng, A. Y. & Jordan, I. M., "Latent Dirichlet Allocation", The Journal of Machine Learning Research 3, 2003, pp. 993-1022.
9) Blei, D. M. & Lafferty, J. D., "A correlated topic model of science", The Annals of Applied Statistics 1(1), 2007, pp. 17-35.
10) Blei, D. M. & Lafferty, J. D., "Dynamic topic models", Proceedings of the 23rd International Conference on Machine Learning, 2006, pp. 113-120.
11) Roberts, M. E., Stewart, B. M., & Tingley, D., "Stm: An R package for structural topic models.", Journal of statistical software 91, 2019, pp. 1-40.
12) 위 표에는 나타나지 않지만 2010년, '지구'라는 단어는 총 12건 등장하여 15위에 그쳤다.
13) 2024년 15회 광주비엔날레 전시개요
https://www.gwangjubiennale.org/gb/exhibition/biennale/mainexhibition.do?subPage=overview (검색일 2025.02.01.)
14) 〈반려가족 1500만 시대! 반려견에도 시민권을?〉, 《중도일보》 (2024.10.22)
15) 〈거의 모든 것의 인터넷〉, 《한겨레신문》 (2024.11.17.)
16) 〈동물을 사랑하고 먹이고 죽이고…인간의 모순된 행동을 연구하고 싶었어요〉 《한국일보》 (2024.12.22.)
17) 관련 행사 보도가 집중된 2024년 11월 7일 '인류세'를 언급한 기사 사례는 다음과 같다. 〈전세계 플라스틱 오염 해법은?..국제기후환경 포럼 열린다〉 《머니투데이》, 〈'플라스틱 문제' 해결 방안 논의 서울시, 국제기후환경포럼 개최〉, 《이투데이》, 〈"세계 플라스틱 오염 해법 공유" 서울시, 국제기후환경포럼 개최〉, 《아시아경제》 (2024.11.07.)
18) 〈네팔 대지진·칠레 화산폭발 등 잇단 대재앙…생물대멸종 시그널인가〉, 《매일경제》 (2015.04.29.)
19) 〈너무 아름답고, 사람들이 좋아해서…사라지다〉, 《경향신문》 (2024.12.11.)

20) 〈"공멸로 이끄는 인간천동설 폐기하라"…지금 필요한 건 '기후변화 감수성'〉, 《국민일보》 (2024. 11.15.)
21) 〈파멸 앞당기는 초가속 시대 AI〉, 《경향신문》 (2024.10.22.)
22) 〈배출권 정상화, 고삐 죄는 국가탄소감축에 업계 '촉각'〉, 《내일신문》 (2024.10.07.)
23) 〈대멸종 부른 '우상향 성장 신화', 인류세 시대에 버려야 할 것들〉, 《한겨레신문》 (2023.07.03.)
24) 〈어른이 아이의 미래를 훔친다 "100년후 대재앙"〉, 《중앙일보》 (2019.08.17.)
25) 〈캐나다 호수에 핵폭발 흔적이…"46억년 지구에 '인류세' 시작됐다"〉, 《동아일보》 (2023.07.12.)
26) 〈새 지질시대 '인류세' 공식 도입 불발 학계 "아직은 성급"〉, 《한겨레신문》 (2024.03.06.)
27) 〈인류세의 도래, 더 임박한 재앙〉, 《중앙일보》 (2024.11.25.)

인류세 시대 포스트휴먼 심포이에시스

서윤호

인류세에 대한 기본적 입장

'인류세 시대 포스트휴먼 공생윤리'를 살펴보려면 먼저 '인류세' 개념이 무엇인지 알아야 한다. 그동안 이를 둘러싼 많은 논의가 있었던 만큼 챗지피티는 어떻게 개념 정의를 내리는지 궁금했다. 그래서 아주 짧게 질문을 던졌다.

Q: 인류세가 뭐야?

"인류세Anthropocene는 지질학적 시대 구분 중 하나로, 인간 활동이 지구 환경에 미치는 영향이 지구의 자연적인 변화를 초과하고, 이를 통해 새로운 지질학적 시대가 시작되었다는 이론을 말합니다. 이 용어는 2000년대 초반에 학자들에 의해 사용되기 시작했으며, 인류의 산업화,

도시화, 기후 변화, 생물 다양성의 급격한 감소 등 인간의 활동이 지구 시스템에 미친 영향을 강조합니다. 예를 들어, 온실가스 배출, 대규모 산림 파괴, 화학 물질의 확산 등이 포함됩니다. 현재까지도 인류세의 시작 시점에 대해 논란이 있으며, 일부는 산업 혁명(18세기 후반)을, 다른 이들은 제2차 세계 대전 이후를 기점으로 제시합니다."

답변이 간결해서 맘에 든다. 인간존재인 필자가 답변했다면, 파울 크뤼천과 유진 스토머라는 인간존재를 더 부각했을 테고, 인류세 개념을 둘러싼 시기 부분에 대해서도 많은 비중을 두고 서술했을 것이다. 실제 인류세를 공식적으로 인정할 것인지를 둘러싸고 오랫동안 논의가 이어졌다. 2024년 3월 국제지질학연합 산하 제4기 층서소위원회에서 주관한 첫 투표에서 인류세 지정이 부결되었다. 인류세 용어 도입안을 6주 동안 논의한 결과 반대 66퍼센트로 부결되었다. 그래서 거두절미하고 다시 챗지피티에게 아주 짧게 질문을 던졌다.

Q: 지질학적 시대 구분으로서 인류세의 실패 원인은?

"인류세가 지질학적 시대 구분으로서 실패한 이유는 몇 가지 중요한 문제점들이 존재하기 때문입니다. 주로 다음과 같은 원인들이 지적됩니다.
1. 시작 시점의 불확실성: 인류세가 지질학적 시대 구분으로 사용되기 위

해서는 명확한 시작 시점이 필요합니다. 하지만 인류세가 언제 시작되었는지에 대한 합의가 부족합니다. 일부는 산업 혁명(18세기 후반)을, 다른 이들은 제2차 세계 대전 이후를 제시하지만, 아직까지 이에 대한 명확한 기준을 정하기 어려운 상태입니다. 지질학적 시대는 일반적으로 큰 자연적 변화를 기준으로 나누어지는데, 인간의 활동이 지구 시스템에 미친 영향을 기준으로 구분하기 어려운 점이 문제로 지적됩니다.

2. 지질학적 변화와 인간 활동의 경계 불분명: 전통적인 지질학적 시대는 자연적 변화, 예를 들어 빙하기나 화산 활동, 대격변적인 사건 등을 기준으로 나눕니다. 그러나 인류세는 인간 활동에 의한 영향을 기반으로 한다는 점에서 자연적인 변화와 인간의 영향을 구별하는 경계가 불분명합니다. 인간 활동이 지구 환경에 미친 영향을 지질학적으로 구분할 수 있는 뚜렷한 지표가 부족하다는 비판이 있습니다.

3. 지질학적 기준 미비: 지질학적 시대를 구분할 때는 일반적으로 지층에서의 화석, 물리적 변화, 화학적 변화를 기준으로 삼습니다. 하지만 인류세의 경우, 인간 활동으로 인한 변화를 지층에서 찾는 것이 어렵고, 지질학적 변화가 사람의 활동에 의해 형성된 것인지 자연적인 변화인지를 명확히 구분하는 것이 복잡합니다.

4. 대규모 영향의 일관성 부족: 인류세는 인간의 활동이 지구의 생태계와 환경에 큰 영향을 미쳤다는 전제를 가지고 있지만, 이러한 영향이 전 세계적으로 일관되게 나타나는 것은 아닙니다. 선진국과 개발도상국 간에, 또는 산업화된 지역과 그렇지 않은 지역 간에 인간 활동이 미치는 영향의 정도가 매우 다르기 때문에, 전 세계적인 변화를 하나의 지

질학적 시대 개념으로 포괄하기 어려운 문제가 있습니다.

5. 변화의 속도와 지속성: 전통적인 지질학적 시대는 수백만 년에 걸친 변화가 이루어지는 동안 정의됩니다. 반면, 인간 활동의 영향은 상대적으로 짧은 기간(몇 세기) 내에 급격하게 나타난 경우가 많습니다. 이러한 급격한 변화는 지질학적 시간이 아닌 역사적 시간의 영역에 속할 가능성이 높아, 인류세를 지질학적 시대 구분으로 삼기에는 지속성과 일관성 부족이 문제로 지적됩니다.

따라서, 인류세를 지질학적 시대 구분으로 채택하는 것은 여러 가지 어려움과 논란이 존재하며, 이를 확정짓기 위해서는 더욱 명확한 기준과 시간이 필요하다는 비판이 계속되고 있습니다."

짧은 질문에 이렇게 길고 상세한 답변은 미처 예상하지 못했다. 지질학적 개념으로 학계의 공식적인 인정을 받지는 못했지만, 인문사회학적으로 인류세 개념은 인간중심주의 사고에 대한 비판으로서 큰 의미를 가지고 있다. 그럼에도 여전히 인류세 개념은 논란 속에 처해 있다. 자본세 등을 주장하는 입장에서는 인류세 개념이 현재의 문제를 지나치게 평면화하고 있다고 비판하고 있기 때문이다. 인간존재의 불친절한 마무가내식 짧은 질문을 챗지피티에게 한번 더 던져보자.

Q: 인류세 개념을 비판하기도 하던데?

"맞아요, 인류세 개념에 대한 비판도 많이 있습니다. 주로 다음과 같은 이유로 비판받고 있어요.

1. 과도한 인간 중심적 시각: 인류세는 인간의 활동을 지구 변화의 주요 원인으로 보고 있지만, 일부 비판자들은 인간 중심적인 시각이 지나치다고 주장합니다. 자연은 오랜 시간 동안 끊임없이 변화해 왔고, 인간만이 지구에 영향을 미친다는 접근은 자연의 복잡한 상호작용을 간과할 수 있다는 의견이 제기됩니다.

2. 지질학적 명확성 부족: 인류세는 명확한 시작 시점을 정의하기 어렵다는 점에서 비판을 받습니다. 어떤 시점부터 인간 활동이 지구에 중요한 영향을 미쳤는지에 대해 학자들 간의 의견 차이가 크고, 이로 인해 인류세를 지질학적 시대의 일환으로 확정짓는 것이 어려운 문제로 지적됩니다.

3. 불평등한 영향: 인류세 개념은 전 세계적으로 동일하게 적용되기보다는, 일부 지역과 계층에만 그 영향을 더 많이 미친다는 점에서 문제가 될 수 있습니다. 예를 들어, 선진국의 산업화와 개발이 지구 환경에 미친 영향을 강조하는 한편, 개발도상국은 상대적으로 덜 고려될 수 있다는 비판도 존재합니다.

4. 자연과 인간의 상호작용 무시: 일부 학자들은 인류세가 자연과 인간의 상호작용을 너무 단순화한다고 주장합니다. 인간은 자연의 일부이며, 오히려 인간과 자연이 상호작용하며 변화하는 과정을 중요하게 봐야

한다는 견해도 있습니다.

이렇듯 인류세 개념은 다양한 관점에서 비판을 받고 있으며, 이 논의는 인간과 자연의 관계, 지구 시스템 변화에 대한 이해를 보다 깊이 있게 살펴보게 만듭니다."

앞에서 던진 질문의 답변과 살짝 겹치는 부분이 더러 있기는 하지만 대체로 성실한 답변이다. 도나 해러웨이 등의 인류세 개념에 대한 비판과 대체 개념들이 언급되리라 예상했는데 아무 답변이 없어서 조금 아쉬웠지만, 굳이 이와 관련된 추가 질문을 던지지는 않았다. 이제 새로운 질문을 던져보자.

Q: 그래도 인류세 개념을 사용해야 할 이유가 있을까?

"인류세 개념을 사용해야 할 이유는 몇 가지 중요한 점에서 유효하다고 할 수 있습니다.

1. 인간 활동의 영향 인식: 인류세 개념은 우리가 지구 환경에 미치는 영향을 명확히 인식하게 만들어, 인간 활동이 자연에 미치는 막대한 영향을 인정하는 데 중요한 역할을 합니다. 이를 통해 환경 문제와 기후 변화 등 글로벌 도전에 대한 경각심을 높이고, 인간의 책임을 더욱 강조할 수 있습니다.
2. 환경 문제 해결을 위한 새로운 프레임워크 제공: 인류세는 기후 변화,

생물 다양성 감소, 오염 등 여러 환경 문제의 근본적인 원인으로 인간의 활동을 지목하기 때문에, 이를 해결하기 위한 새로운 접근법을 제시할 수 있습니다. 예를 들어, 지속 가능한 발전, 기후 변화 대응, 환경 정책 등을 논의하는 데 있어서 인류세 개념은 중요한 기준이 될 수 있습니다.

3. 지구 시스템의 변화를 이해하기 위한 유용한 도구: 인류세는 과학자들이 인간과 자연의 관계를 분석하고, 우리가 어떻게 지구 시스템에 영향을 미쳤는지에 대한 연구를 진행하는 데 유용한 개념입니다. 이는 지구 환경의 변화를 보다 정확하게 추적하고, 예측할 수 있게 돕는 중요한 도구가 됩니다.

4. 사회적, 정치적 논의 촉발: 인류세 개념은 단순히 과학적인 개념에 그치지 않고, 사회적이고 정치적인 논의로 이어집니다. 환경 정의, 자원 분배의 불평등, 지속 가능한 미래를 위한 사회적 책임 등에 대한 논의를 촉발하는 데 중요한 역할을 할 수 있습니다.

5. 지구의 미래를 위한 경고: 인류세 개념은 지구의 미래를 위협하는 인간의 행동을 경고하는 역할을 합니다. 인류세라는 개념을 통해 우리는 자연의 한 부분으로서 지속 가능한 삶을 고민하고, 보다 책임감 있는 태도를 가질 필요성을 인식할 수 있습니다.

결론적으로, 인류세 개념은 단순히 지질학적 구분을 넘어서, 인간의 활동과 그로 인한 영향을 재조명하고, 이를 통해 환경 문제를 해결하기 위한 구체적인 대응을 촉진하는 중요한 역할을 할 수 있습니다."

이 질문에 필자가 기대했던 답변은 인류세가 지질학적 개념으로서 인정되지 않았다고는 하더라도 여전히 인문사회학적 개념으로서 다양한 의미와 역할을 가지고 있음을 조목조목 밝히는 것이었다. 챗지피티의 답변에서 아쉬운 점은 인간중심주의가 어느 정도 배후에 깔려 있다는 것이다. 이는 챗지피티의 학습 데이터가 가지는 한계로 보인다.

인간중심주의 비판과
비인간존재들의 권리

인류세가 무엇인지에 대한 물음에 대해서는 어느 정도 만족할 만한 답변을 들은 것 같다. 이제 궁금한 질문은 인류세의 인간중심주의 비판이 실제로 어떻게 이루어지고 있으며, 인류세에서 비인간존재들의 권리는 어떻게 인정될 수 있는지이다. 여전히 세밀한 질문 대신 거칠게 두 물음을 한꺼번에 챗지피티에게 던졌다.

Q: 인류세의 인간중심주의 비판 내용과 인류세에서 비인간존재들의 권리 문제는?

"1. 인류세의 인간중심주의 비판

　인류세Anthropocene는 인간 활동이 지구 시스템에 결정적 영향을 미치는 새로운 지질 시대를 의미한다. 그러나 이 개념은 인간 중심적 사고를 내포하고 있어 비판을 받는다.

- 인간 중심적 역사 서술: 인류세 개념은 인간이 지구의 지배적 존재이며, 자연을 변화시키는 주체로 간주한다. 이는 자연을 인간의 이용 대상으로만 보는 전통적 인간중심주의anthropocentrism를 강화할 위험이 있다.
- 비인간 존재의 소외: 기후 변화, 생태계 파괴 등의 환경 문제에서 동물, 식물, 미생물 등 비인간 존재들의 역할과 권리는 충분히 고려되지 않는다. 인간의 생존과 번영이 중심이 되면서 다른 생명체들은 종속적 위치에 놓인다.
- 책임의 불균등한 분배: 인류세 개념은 '인류 전체'를 지구 변화의 주범으로 설정하지만, 실제로 환경 파괴를 주도한 것은 일부 국가와 기업, 산업혁명 이후의 특정 사회경제적 체제(자본주의, 식민주의 등)이다. 이에 따라 모든 인간을 동등한 책임 주체로 보는 것은 부당하다는 비판이 있다.

2. 인류세에서 비인간 존재들의 권리 문제

인류세 논의에서 비인간 존재들의 권리는 자연의 독립적 가치를 인정하는 방향으로 발전하고 있다.

- 생명권 및 법적 권리 부여: 일부 국가에서는 강, 숲, 동물 등 비인간 존재에게 법적 권리를 부여하는 시도가 이루어지고 있다. 예를 들어, 뉴질랜드의 왕가누이 강은 법적 인격체로 인정되었고, 에콰도르는 헌법에서 자연의 권리를 명시했다.

- 탈인간중심적 윤리: 환경철학에서는 인간 이외의 존재도 도덕적 고려의 대상이 되어야 한다는 논의가 활발하다. 심층생태학Deep Ecology이나 동물권 운동은 인간이 자연을 지배하는 것이 아니라, 자연과 공존해야 한다는 입장을 강조한다.
- 비인간 행위자의 중요성: 과학기술학STS에서는 인간뿐만 아니라 바이러스, 기후, 미생물 같은 비인간 행위자non-human actors도 지구 변화에 중요한 역할을 한다는 점을 강조한다. 이는 인간의 책임뿐만 아니라 비인간 존재들과의 관계를 재구성하는 방향으로 논의를 확장한다.

결국, 인류세의 인간중심적 시각을 극복하려면 비인간 존재들의 권리를 인정하고, 인간과 자연의 관계를 보다 평등한 방향으로 재구성해야 한다는 주장이 힘을 얻고 있다."

인간존재의 질문이 불친절한 탓인가 챗지피티의 답변이 존댓말에서 반말로 바뀌었다. '평평한 존재론'을 지지하는 필자로서는 환영할 일이다. 필자가 물었던 것은 인류세 담론에서 인간중심주의 비판인데, 답변은 인류세에 내재된 인간중심주의에 대한 것이어서 약간 허를 찔린 느낌이 든다. 이는 인류세보다는 자본세 등의 개념이 더 적합하다는 주장에서 볼 수 있는 내용들이다. 필자는 앞의 질문에서 인류세 개념이 인문사회학적 개념으로서 여전히 유효성을 가진다는 관점에 서 있다. 비인간 존재들의 권리 문제는 제법 자연적 비인간 존재들과 기술적 비인간 존재들을 균형적으로 언급하고 있어서 답변의 수준을 인정하지 않을 수 없다. 이제 질문을 포스트휴먼에 맞춰 던져보고자 한다.

Q: 인류세와 포스트휴머니즘의 관계는?

"인류세와 포스트휴머니즘의 관계: 인류세Anthropocene와 포스트휴머니즘Posthumanism은 인간과 자연, 기술, 비인간 존재의 관계를 새롭게 조명한다는 점에서 연관이 깊다. 그러나 접근 방식에서는 차이가 있다.

1. 인류세와 포스트휴머니즘의 공통점

- 인간 중심주의 비판: 두 개념 모두 기존의 인간 중심적 사고에서 벗어나, 인간과 비인간 존재(자연, 동물, 기술 등)의 관계를 새롭게 이해하려고 한다.
- 인간의 특별함 해체: 인류세는 인간이 지구 환경에 미친 영향력을 강조하지만, 동시에 인간이 자연의 일부이며 기후 변화와 같은 거대한 흐름 속에서 무력할 수도 있음을 보여준다. 포스트휴머니즘도 인간이 독립적이고 우월한 존재가 아니라, 비인간 존재들과 얽혀 있는 존재임을 강조한다.
- 비인간 행위자의 중요성: 인류세에서는 기후, 생태계, 미생물 같은 비인간 요소들이 지구 환경 변화의 주체로 인정된다. 포스트휴머니즘 역시 기술, 인공지능, 동물, 환경 등을 '행위자'로 보면서 인간과 대등한 관계를 모색한다.

2. 차이점과 긴장 관계
- 책임과 주체성의 문제: 인류세 개념은 인간이 지구 환경에 미친 결정적 영향을 강조하며, 인간에게 환경 위기의 책임을 묻는다. 반면, 포스트휴머니즘은 인간을 개별적 책임 주체로 보지 않고, 인간과 비인간 존재들이 얽힌 네트워크 속에서 문제를 바라본다.
- 기술에 대한 시각: 일부 포스트휴머니즘(특히 신유물론적 관점)은 인공지능, 사이보그, 생명공학 등을 인간과 비인간의 경계를 허무는 요소로 긍정적으로 평가한다. 그러나 인류세 논의에서는 기술 발전이 환경 파괴와 자본주의적 착취를 가속화했다는 비판도 존재한다.
- 미래에 대한 전망: 인류세는 인간이 지구에 미친 영향을 성찰하고 지속 가능한 미래를 고민하는 경향이 강하다. 반면, 포스트휴머니즘은 '인간 이후'post-human의 존재 방식에 대한 철학적·윤리적 논의를 포함하면서, 인류세 이후의 세계에 대한 다양한 가능성을 탐색한다.

3. 포스트휴머니즘적 인류세 해석의 가능성

포스트휴머니즘적 관점에서 인류세를 해석하면, 인간을 중심으로 책임을 묻는 대신 인간과 비인간이 얽힌 관계망 속에서 문제를 해결하는 방식이 강조될 수 있다. 예를 들어:

- 인간이 아닌 생태계, 동물, 미생물, 심지어 기계도 지구 환경 변화의 '행위자'로 인정받아야 한다.
- 인간의 역할은 '지배자'가 아니라 '협력자' 혹은 '공존하는 존재'로 변화해야 한다.
- 환경 위기의 해결책도 인간만이 주도하는 방식이 아니라, 자연과 기

술, 비인간 존재들과의 새로운 관계 맺음을 통해 모색할 수 있다. 결국, 인류세와 포스트휴머니즘은 인간 중심적 사고를 넘어서려는 공통된 목표를 가지지만, 인간의 역할과 미래에 대한 해석에서 차이를 보인다. 포스트휴머니즘적 관점을 적용하면 인류세 논의를 확장해, 인간과 비인간 존재들이 함께 살아가는 새로운 방식에 대한 상상력을 키울 수 있다."

인간중심주의 비판이라는 공통의 토대 위에서 인류세와 포스트휴머니즘의 관계를 고민했던 필자와는 달리, 챗지피티의 답변은 일관되게 인류세에 남아있는 인간중심주의를 문제 삼으면서도 '포스트휴머니즘적 인류세 해석의 가능성'으로 인간과 비인간이 얽힌 관계망과 재배치의 문제를 언급하고 있다. 마지막에 제시한 챗지피티의 답변은 앞으로도 진지하게 고민해봐야 할 문제로 보인다. 그렇지 않아도 답변 속에 앞으로 물어보려고 했던 '신유물론'에 대한 언급이 나오길래 이와 관련된 질문을 던져보기로 했다.

Q: 인류세와 신유물론의 관계는?

"인류세와 신유물론의 관계: 인류세Anthropocene와 신유물론New Materialism은 인간과 비인간 존재의 관계를 새롭게 이해하려는 공통점을 가진다. 특히, 인간 중심적 사고를 벗어나 지구 시스템을 구성하는 다양한 행위자agent들의 역할을 강조한다는 점에서 연결된다.

1. 공통점: 인간 중심주의 비판과 비인간 행위자 강조
   - 비인간 존재들의 주체성 인정: 인류세 논의에서는 인간만이 아니라 기후, 생태계, 미생물, 플라스틱, 방사능 등의 비인간 존재도 지구 환경 변화의 주요 행위자로 간주된다. 신유물론 역시 인간을 중심이 아니라, 사물과 물질material의 작용을 동등하게 바라본다. 예를 들어, 제인 베넷Jane Bennett의 생기론적 물질성Vibrant Matter은 인간과 비인간 물질이 서로 영향을 주고받는 관계성을 강조한다.
   - 행위성Agency의 확장: 전통적으로 행위성은 인간에게만 부여되었지만, 신유물론은 사물과 환경도 행위성을 가질 수 있다고 본다. 인류세에서도 미세먼지, 이산화탄소, 플라스틱 쓰레기, 방사성 폐기물 같은 비인간 존재들이 인간의 삶을 변화시키는 행위자로 작용함을 보여준다.
   - 자연과 문화의 경계 해체: 신유물론은 자연과 문화를 이분법적으로 나누지 않고, 모든 존재가 상호 연결된 네트워크 속에서 작동한다고 본다. 인류세 또한 자연을 인간의 외부로 두는 것이 아니라, 인간이 자연을 변화시키고, 그 변화가 다시 인간에게 영향을 미친다는 점에서 이 경계를 해체한다.

2. 차이점과 긴장 관계
   - 인류세의 책임 문제: 인류세 개념은 인간이 지구 환경 변화에 결정적인 영향을 미쳤음을 강조하며, 인간의 책임을 묻는다. 반면 신유물론은 인간뿐만 아니라 비인간 존재들도 행위성을 가진다고 보면서, 책

임의 문제를 분산시키는 경향이 있다. 이는 '인간의 책임을 희석시키는 것이 아닌가?'라는 비판을 받을 수도 있다.

- 물질과 정치의 관계: 신유물론은 물질 자체의 역동성과 행위성을 강조하지만, 인류세 논의에서는 정치, 경제, 기술 시스템(예: 자본주의, 식민주의)이 지구 환경 변화에 미친 영향을 더 중요하게 다룬다. 예를 들어, 일부 인류세 논의에서는 산업혁명 이후 서구 중심의 자본주의가 환경 파괴를 주도했다고 보지만, 신유물론은 인간뿐만 아니라 기계, 자원, 기후 등 여러 요소들의 상호작용으로 변화가 발생했다고 해석할 수도 있다.

3. 신유물론적 관점에서 인류세를 바라볼 때 생기는 새로운 시각: 신유물론적 접근을 적용하면 인류세에 대한 해석이 확장될 수 있다.

- 기후 변화의 원인을 단순히 인간의 책임으로만 보지 않고, 인간과 비인간 요소들이 함께 만들어낸 과정으로 분석할 수 있다. 예를 들어, 화석연료의 사용이 단순히 인간의 선택이 아니라, 석탄과 기계, 자본의 상호작용 속에서 필연적으로 발생한 결과로 볼 수도 있다.
- 해결책도 인간 중심적인 정책 변화(탄소 배출 규제 등)에만 의존하는 것이 아니라, 비인간 존재와 협력하는 방식(예: 자연 기반 해결책, 생태적 회복력 강화)으로 접근할 수 있다.
- 비인간 존재들의 역할을 강조함으로써, 기후 변화나 생태계 파괴를 단순한 '환경 문제'가 아니라, 인간과 비인간이 공존하는 방식의 문제로 재구성할 수 있다.

결론: 인류세와 신유물론은 인간 중심적 사고를 벗어나 자연, 사물, 물질

의 행위성을 강조한다는 점에서 유사하다. 그러나 인류세는 인간의 책임을 강조하는 반면, 신유물론은 인간과 비인간의 상호작용을 강조하여 책임을 분산시킨다는 차이가 있다. 신유물론적 시각을 적용하면 인류세에 대한 해석이 확장될 수 있지만, 책임 문제를 어떻게 설정할 것인지에 대한 논의가 필요하다."

여기에서도 인류세와 포스트휴머니즘의 관계에 대한 답변과 유사한 구도를 취하고 있지만, 해결책에 대해 '인간 중심적인 정책 변화에만 의존하는 것이 아니라, 비인간 존재와 협력하는 방식으로… 인간과 비인간이 공존하는 방식의 문제로' 재구성해야 한다고 분명히 밝히는 점에서 한걸음 더 나아가고 있다. 또 '책임'과 관련하여 신유물론의 정치이론이 가지는 문제점을 지적하고 있는 점도 공감을 불러일으킨다. 신유물론은 정치적 대안을 제시하지 못하고 정치의 비정치화를 야기한다는 비판이 연상된다. 그렇지만 신유물론의 정치이론은 인간과 비인간의 공존방식의 재설정이라는 '재배치의 정치'로 접근할 수는 없는가? 인과관계와 귀속의 문제로 접근하는 '책임'의 문제보다 근본적인 '재배치'의 문제로 접근하는 신유물론의 입장이 더 타당하지 않을까? 이 물음은 후속 연구에서 더 고민해봐야 할 듯하다.

인류세, 포스트휴먼, 신유물론의 상호관계

인류세, 포스트휴먼, 신유물론에 대해 기본적으로 궁금한 점은 충분히 해결된 듯하다. 이제 뭘 물어봐야 하나? 인류세, 포스트휴먼, 신유물론의 상호관계는 어떨까? 이번에는 조금 길게 질문을 던져보자.

Q: 인류세, 포스트휴먼, 신유물론은 각각 다른 맥락에서 연구되던 주제인데, 근래에 와서 서로 연결되면서 연구되는 경향을 띠고 있다. 인간중심주의 비판이라는 관점에서 이 셋 중 어느 것이 가장 설득력을 가지는가? 그 근거는 무엇인가?

"인류세, 포스트휴먼, 신유물론 중 인간중심주의 비판에서 가장 설득력 있는 접근법은? 세 가지 개념 모두 인간중심주의anthropocentrism를 비판하는 공통점을 가지고 있지만, 가장 설득력 있는 접근법을 선택한다면 '신유물론New Materialism'이 가장 근본적이고 급진적인 비판을 제시한다고 볼 수 있다.

1. 신유물론이 가장 설득력 있는 이유

- 인간과 비인간의 관계를 가장 근본적으로 재구성함: 인류세는 인간이 지구 환경에 미친 영향을 강조하면서도, 여전히 '인간'을 중심에 두고 논의하는 경향이 있다. 즉, '인류가 지구를 어떻게 변화시켰는가?'라는 질문을 중심으로 논의가 이루어진다. 포스트휴머니즘은 인간과 기술, 동물, 기계 등의 경계를 허물려 하지만, 인간이 사라진 이후의 존재 방식(포스트휴먼)에 대한 논의가 많아, 인간 자체를 완전히 해체하지는 않는다. 반면 신유물론은 아예 인간과 비인간의 구별을 흐리면서, 모든 물질과 존재가 동등한 행위성을 지닌다는 점을 강조한다. 인간은 특별한 존재가 아니라, 다른 물질적 요소들과 함께 상호작용하는 하나의 요소일 뿐이다. 이는 인간 중심적 사고를 가장 근본적으로 뒤흔드는 접근이다.

- 인간 중심적 책임 논리에서 벗어나 더 확장된 논의를 제공: 인류세는 인간이 환경 파괴의 주범이므로 책임을 져야 한다고 주장하지만, 이 논리는 여전히 인간을 행위의 중심에 둔다. 포스트휴머니즘은 인간의 정체성을 재구성하려 하지만, 인간과 기술(예: 인공지능, 사이보그)의 관계에 초점을 맞추는 경우가 많아 환경과 생태 문제까지 확장하는 데 한계가 있다. 반면 신유물론은 인간과 자연, 기술, 사물 모두가 지

구적 네트워크 속에서 작용하며 변화한다는 점을 강조하면서, 책임과 해결책을 인간만이 아니라 다양한 물질적 요소들의 관계 속에서 찾아야 한다고 본다. 예를 들어, 기후변화를 단순히 '인간의 탄소 배출'로만 보는 것이 아니라, 화석연료, 해양, 기후 패턴, 미생물 등과의 관계 속에서 분석한다.

- 물질 자체의 주체성을 인정하여 인간 특권을 철저히 해체: 신유물론은 인간만이 행위성을 가지는 것이 아니라, 비인간 존재들(바위, 강, 공기, 플라스틱, 방사능, 바이러스 등)도 능동적으로 작용할 수 있다고 본다. 예를 들어, 제인 베넷Jane Bennett의 생기론적 물질성Vibrant Matter에서 플라스틱 쓰레기나 전자기파 같은 물질들이 인간 사회에 미치는 영향을 분석하는 방식은 인간 중심적 사고를 해체하는 강력한 방식이다. 인류세와 포스트휴머니즘이 여전히 인간의 위치를 논의하는 방식에서 벗어나지 못하는 반면, 신유물론은 인간과 비인간을 대등한 존재로 놓음으로써, 인간의 특권적 위치를 가장 급진적으로 해체한다.

2. 다른 개념들이 가진 한계

- 인류세의 한계: '인류세'라는 개념 자체가 '인류(Anthropos)'를 하나의 단위로 설정한다는 점에서 인간 중심적 사고를 완전히 벗어나지 못한다. 또한, 책임의 문제에서 '모든 인간이 동등한 책임을 진다'는 식으로 논의될 위험이 있으며, 서구 산업화와 자본주의가 초래한 환경 위기를 모든 인간의 책임으로 일반화할 가능성이 있다.

- 포스트휴머니즘의 한계: 포스트휴머니즘은 주로 기술과 인간의 관계

를 중심으로 논의되는 경향이 있다. 즉, 인공지능, 사이보그, 유전자 조작 등과 같은 기술적 진보가 인간 정체성을 어떻게 변화시키는지에 초점이 맞춰진 경우가 많다. 이는 생태적 문제나 환경 변화에 대한 논의로 확장되기에는 한계가 있다. 인간과 비인간의 경계를 허문다는 점에서는 신유물론과 비슷하지만, 신유물론처럼 물질적 존재들의 작용성을 강조하지 않는다.

3. 결론: 신유물론이 인간 중심주의 비판에서 가장 강력한 접근

인류세는 여전히 인간의 역할을 중심에 두고 논의되며, 포스트휴머니즘은 인간의 정체성을 재구성하는 것에 초점을 맞추는 반면, 신유물론은 인간과 비인간, 자연과 문명의 경계를 철저히 해체하고, 물질 자체의 행위성을 인정하면서 인간 중심적 사고를 가장 근본적으로 비판한다. 따라서, 인간 중심주의를 가장 철저히 해체하고, 인간을 특별한 존재가 아니라 물질적 흐름 속의 하나로 바라보는 신유물론이 가장 급진적이고 설득력 있는 비판을 제공한다고 볼 수 있다."

이 물음에 대한 답변은 뭔가 계속 반복되는 느낌이다. 분량과 구색을 맞추기 위해 형식적으로 답변이 되풀이되는 인상이 짙다. 그래도 최근 논의되는 신유물론의 이론적 입장이 가장 철저하다는 답변은 신뢰할 만하다. 내친김에 신유물론에 대해 짧게 하나만 물어보자.

Q: 신유물론은 단수가 아니라 복수의 형태를 띠고 있다. 어떤 이론적 입장이 있으며, 그중 가장 설득력 있는 이론은 무엇인가?

"신유물론의 다양한 이론적 입장과 가장 설득력 있는 이론: 신유물론New Materialism은 단일한 이론이 아니라, 다양한 학자들과 철학적 전통에서 발전한 다층적 사유 방식이다. 신유물론은 기본적으로 인간 중심적 사고를 해체하고, 비인간 행위자의 중요성을 강조하지만, 그 접근 방식은 학자마다 다르게 나타난다.

1. 신유물론의 주요 이론적 입장

- 생기론적 물질성Vibrant Matter – 제인 베넷Jane Bennett: 물질matter은 단순히 수동적인 존재가 아니라 '생기vibrancy'를 지닌 능동적 존재로 본다. 예를 들어, 전력망, 쓰레기, 금속 등 비인간 존재들도 인간에게 영향을 미치는 행위성을 가질 수 있다. 인간과 사물 사이의 구분을 해체하고, 물질적 존재들이 어떻게 인간 사회에 개입하는지를 분석하는 데 초점을 둔다.

- 초객체Onto-Epistemology와 객체지향 존재론Object-Oriented Ontology, OOO – 그레이엄 하먼Graham Harman & 팀 모턴Timothy Morton: 사물object은 인간과 독립적으로 존재하며, 그 자체로 본질이 있다는 점을 강조한다. 팀 모턴은 기후 변화, 플라스틱, 방사능 같은 비인간 존재들이 인간과 깊이 얽혀 있는 '하이퍼오브젝트Hyperobject' 개념을 제시한다. 인간의 인식과 관계없이 존재하는 사물들의 고유한 존재

방식에 주목하며, 인간의 개입 없이도 비인간 세계를 이해하려는 시도를 한다.

- 신유물론적 페미니즘 – 로지 브라이도티Rosi Braidotti & 캐런 바라드Karen Barad: 브라이도티는 '포스트휴먼 신유물론'을 주장하며, 인간과 비인간, 기계와 유기체의 경계를 해체하는 방식으로 신유물론을 확장한다. 바라드는 '상호작용론적 존재론Intra-action Ontology'을 제시하며, 인간과 사물이 독립적으로 존재하는 것이 아니라 상호작용 속에서 관계를 맺으며 존재가 형성된다고 본다. 물질과 개념, 과학과 철학이 서로 영향을 주고받는 방식에 주목하며, 양자물리학 개념을 철학적으로 활용한다.

- 과정철학Process Philosophy – 알프레드 노스 화이트헤드A.N. Whitehead: 신유물론의 철학적 뿌리 중 하나로, 세계는 고정된 개체들로 이루어진 것이 아니라, 지속적인 과정과 관계 속에서 존재한다고 본다. 물질은 정적인 것이 아니라 끊임없이 변화하는 관계망 속에서 의미를 가진다.

2. 가장 설득력 있는 신유물론적 이론은?

여러 이론 중에서 제인 베넷Jane Bennett의 '생기론적 물질성Vibrant Matter'이 가장 설득력 있는 신유물론적 입장이라고 볼 수 있다.

- 인간 중심주의를 가장 효과적으로 해체: 베넷의 이론은 인간을 중심에 두지 않고, 비인간 물질들도 능동적 행위성을 가진 존재로 바라본다. 플라스틱, 전자기파, 바이러스 같은 존재들이 인간의 삶을 결정적으로 변화시킬 수 있으며, 이는 인간이 모든 것을 통제할 수 없다

는 점을 강조한다.
- 실천적 적용이 용이함: 신유물론의 이론들 중 일부는 너무 추상적이거나 철학적 개념이 강하지만, 베넷의 이론은 환경 문제, 기술 발전, 생태학적 위기 등 현실적인 문제를 분석하는 데 적용할 수 있다. 예를 들어, 기후변화 문제에서 인간의 책임을 논하는 대신, 이산화탄소, 해양순환, 미생물, 방사능 폐기물 같은 비인간 존재들이 어떻게 '행위자'로 작동하는지를 분석하는 데 도움을 줄 수 있다.
- 인간과 비인간의 연결성을 강조하면서도, 인간의 역할을 완전히 배제하지 않음: 일부 신유물론(예: 객체지향 존재론)은 인간을 완전히 배제하려는 경향이 있는데, 이는 현실적으로 실천적 함의가 약할 수 있다. 반면 베넷의 이론은 인간과 비인간의 연결성을 강조하면서도, 인간이 어떤 방식으로 비인간 존재들과 상호작용할 수 있는지에 대한 가능성을 열어둔다. 이는 환경철학, 정치생태학, 기술 연구 등 다양한 분야에서 실질적으로 활용할 수 있는 유용성을 제공한다.

결론: 신유물론은 단일한 이론이 아니라 다양한 접근 방식이 존재하며, 각각 독특한 이론적 강점을 가진다. 그러나 가장 설득력 있는 이론은 제인 베넷의 '생기론적 물질성'Vibrant Matter이다. 이 이론은 인간 중심주의를 효과적으로 해체하면서도, 실천적 적용이 기능하며, 인간과 비인간 존재의 관계를 보다 유기적으로 설명할 수 있다. 따라서 신유물론의 다양한 입장 중에서도, 베넷의 이론이 가장 실질적이고 강력한 인간중심주의 비판을 제공한다고 볼 수 있다."

바라드의 입장을 따르는 '수행적 신유물론'을 가장 나은 이론으로 제시하리라 예상했는데 의외로 베넷의 '생기적 신유물론'의 편을 들고 있다. 그것도 '생기론'이 가지는 한계에 대해서는 아무 언급도 없이 능청스럽게 답변을 하고 있어서 약간 실망스럽기는 하다. 바라드의 intra-action도 inter-action인 상호작용으로 번역하는 것도 아쉽다. 화이트헤드의 과정철학을 신유물론으로 끌고 들어온다면 라투르의 행위자네트워크이론ANT도 언급해야 하지 않을까? 지금까지 제법 친절하고 상세하게 답변한 챗지피티에게 더 실망하기 전에 마지막 궁금한 질문을 던지는 것으로 마무리하자.

인류세 시대
'포스트휴먼 공생 윤리'

Q: 인류세 시대에서 '포스트휴먼 공생 윤리'는 어떻게 확보될 수 있을까?

"인류세Anthropocene 시대에는 인간이 지구 환경과 생태계를 급격히 변화시키는 주요 행위자로 등장했으며, 이로 인해 기후변화, 생물다양성 감소, 환경오염 등의 위기가 발생했다. 이러한 상황에서 '포스트휴먼 공생 윤리Posthuman Ethics of Coexistence'는 인간 중심적 사고를 넘어, 비인간 존재(동물, 식물, 인공지능, 기계, 미생물 등)와의 관계 속에서 새로운 윤리를 모색하는 것을 의미한다. 이를 확보하기 위해서는 다음과 같은 철학적, 실천적 접근이 필요하다.

1. 인간중심주의에서 생명공동체 중심으로 전환

기존 윤리학은 인간의 권리와 도덕적 지위를 중심으로 발전했지만,

포스트휴먼 공생 윤리는 모든 존재가 서로 얽혀 있는 생명공동체 Biocentric Community 속에서 윤리를 재구성하는 것을 목표로 한다.

- 인간과 비인간의 연속성 인정: 로지 브라이도티Rosi Braidotti는 포스트휴먼 윤리에서 인간을 독립적인 존재가 아니라, 비인간과 공생하는 존재로 재정의해야 한다고 주장한다. 예를 들어, 인간의 건강은 미생물 생태계, 대기 중 화학물질, 해양 생태계와 직접적으로 연결되어 있으며, 인간의 삶은 항상 비인간 존재들과의 관계 속에서 이루어진다. 윤리는 더 이상 '인간 대 인간'의 문제가 아니라, '인간-비인간 관계'를 고려하는 방식으로 확장되어야 한다.

- 비인간 존재의 행위성Agency 인정: 제인 베넷Jane Bennett의 생기론적 물질성Vibrant Matter 개념에 따르면, 비인간 존재(예: 플라스틱, 방사능, 강, 공기)도 능동적으로 세계에 영향을 미친다. 따라서 윤리는 인간만이 아니라, 비인간 존재들이 어떻게 상호작용하고, 공존할 수 있는지를 고려해야 한다.

2. 기술과 생태의 조화를 통한 공생 윤리 실천

포스트휴먼 윤리는 기술 발전을 무조건적으로 배척하는 것이 아니라, 기술과 생태를 조화롭게 결합하여 지속가능한 방식으로 활용하는 방향을 모색해야 한다.

- 자연과 기술의 이분법 해체: 기존의 환경 윤리는 종종 '자연 vs. 기술'의 대립 구도로 설정되었지만, 포스트휴먼 공생 윤리는 자연과 기술이 공생하는 방식을 찾아야 한다. 예를 들어, 자연 기반 해결책 Nature-based Solutions을 활용하여 기술을 환경 회복과 공존을 위한

도구로 사용할 수 있다. 사례: 도심 생태 복원 기술(예: 인공지능 기반의 스마트 그린 인프라), 생체모방 기술(예: 식물에서 영감을 받은 친환경 건축 설계).

- 인공지능 및 로봇과의 공생 윤리: 포스트휴먼 시대에는 인공지능(AI), 로봇, 사이보그와 인간이 어떻게 공존할 것인가도 중요한 윤리적 문제다. 기존 인간 중심적 노동 체계에서 벗어나, AI와 인간이 협력하는 방식을 모색하고, 기술 발전이 환경 및 사회적 불평등을 심화시키지 않도록 설계하는 것이 필요하다.

3. 관계 중심적 윤리로의 전환: 상호의존성과 책임의 윤리

인류세 시대의 윤리는 독립적 개체individual 중심에서 관계성relation 중심으로 변화해야 한다.

- 상호의존성Interdependence의 윤리: 캐런 바라드Karen Barad의 '상호작용론적 존재론Intra-action'에 따르면, 존재들은 독립적으로 존재하는 것이 아니라, 관계 속에서 형성된다. 따라서 포스트휴먼 공생 윤리는 '나는 존재한다, 그러므로 연결된다I am, therefore I relate'라는 관계적 사고를 바탕으로 해야 한다. 예를 들어, 한강, 아마존 열대우림, 심해 생태계 같은 자연환경은 인간과 분리된 대상이 아니라, 인간과 깊이 얽혀 있는 관계망 속에 존재하며, 이를 보호하는 것은 단순한 환경 윤리가 아니라 공생을 위한 실천적 윤리로 봐야 한다.

- 행위자의 책임 윤리: 한나 아렌트Hannah Arendt의 행위 개념을 확장하여, 인간뿐만 아니라 비인간 존재(기계, 환경, 동물)도 윤리적 고려 대상이 되어야 한다. 인간은 단순히 '자연을 보호하는 존재'가 아니라, 비인간 존재와 공생할 책임을 지닌 행위자agent로서 윤리를 실천해

야 한다.

4. 법과 제도를 통한 포스트휴먼 공생 윤리의 제도화

개인의 윤리적 인식 변화뿐만 아니라, 공생 윤리가 법과 정책 차원에서 실현될 필요가 있다.

- 자연의 권리Rights of Nature 보장: 에콰도르, 뉴질랜드, 인도 등 일부 국가에서는 강, 숲, 동물들에게 법적 권리를 부여하는 사례가 등장했다. 인류세 시대에는 환경을 단순한 '자원'이 아니라, 법적으로 보호받아야 할 행위자로 인정하는 방향이 필요하다.
- 다종−다행위자 거버넌스Multi-species Governance: 정책 결정 과정에서 비인간 존재(동물, 생태계, AI 등)도 고려되는 방식의 거버넌스 모델이 필요하다. 예를 들어, 도시 설계나 에너지 정책을 만들 때 기후, 생태, 비인간 존재의 입장을 반영할 수 있는 새로운 형태의 정책 프레임워크가 필요하다.

결론: 포스트휴먼 공생 윤리는 어떻게 확보될 수 있는가? 포스트휴먼 공생 윤리는 인간 중심적 사고를 해체하고, 인간과 비인간 존재가 서로 얽혀 있는 관계망 속에서 새로운 윤리를 구축하는 방식으로 확보될 수 있다. 이를 위해서는 ① 인간과 비인간의 연속성을 인정하고, 인간 중심적 윤리에서 벗어나야 하며, ② 기술과 생태의 조화를 모색하여 지속가능한 공존 방안을 마련해야 하며, ③ 관계 중심적 윤리(상호의존성과 책임)를 실천하여 공생의 원리를 적용해야 하며, ④ 법과 정책을 통해 공생 윤리를 제도화하는 노력이 필요하다. 포스트휴먼 공생 윤리는 단순한 철학적 논의가 아니라, 인류세 시대의 실존적 위기를 해결하기 위한 필수적인 패러다

임 전환이며, 인간과 비인간이 함께 살아갈 수 있는 지속가능한 미래를 위한 핵심 윤리적 원칙이 되어야 한다."

마지막 질문인지 이미 눈치라도 챈 듯 거침없는 답변을 쏟아냈다. 챗지피티의 답변은 전체적으로 평소에 이 문제를 고민했던 필자의 생각과 별 차이가 없어서 꽤 만족스럽다. 그런 면에서 앞의 답변과 마찬가지로 베넷의 입장을 강하게 두둔하고 있고, 바라드의 내부작용intra-action은 여전히 학습되지 않은 상태라는 점은 크게 흠이 되지 않을 듯싶다.

이제 챗지피티의 포스트휴먼적 공동작업을 마무리해야겠다. 여기서 활용한 챗지피티는 유료버전이 아니라 누구나 접속할 수 있는 무료버전이다. 챗지피티의 답변은 아무 수정 없이 그대로 옮겼다. 여기에서는 답변 내용을 중심으로 큰 문단으로만 나눠 정리했다. 실제 챗지피티의 답변은 번호와 특수기호로 편별하고 항목마다 구분이 분명하여 가독성이 매우 높다는 점을 지적해둔다. '평평한 존재론'처럼 '작아지기로 작정한 인간을 위하여'라는 부제가 붙은 김선우의 시 「티끌이 티끌에게」를 함께 읽는 것으로 챗지피티와의 짧은 만남과 공작의 협업을 기린다.

내가 티끌 한점인 걸 알게 되면
유랑의 리듬이 생깁니다

나 하나로 꽉 찼던 방에 은하가 흐르고

아주 많은 다른 것들이 보이게 되죠

드넓은 우주에 한점 티끌인 당신과 내가

춤추며 떠돌다 서로를 알아챈 여기,

이토록 근사한 사건을 축복합니다

때로 우리라 불러도 좋은 티끌들이

서로를 발견하며 첫눈처럼 반짝일 때

이번 생이라 불리는 정류장이 화사해집니다

가끔씩 공중 파도를 일으키는 티끌의 스텝,

찰나의 숨결을 불어넣는 다정한 접촉,

영원을 떠올려도 욕되지 않는 역사는

티끌임을 아는 티끌들의 유랑뿐입니다

인류세의
포스트휴먼 공생

초판 1쇄 발행 2025년 7월 30일

지은이 몸문화연구소
발행인 김신희
편　집 김정웅
디자인 김소영

발행처 헤겔의휴일
신고번호 제2024-000259호
주소 (04127) 서울특별시 마포구 숭문길 106, 105동 101호
인쇄 및 제본 재영피앤비
문의 및 투고 post-rock@naver.com

979-11-978344-5-5 (93120)
ⓒ 몸문화연구소, 2025

* 이 저서는 2020년 대한민국 교육부와 한국연구재단의 지원을 받아 수행된 연구(NRF-2020S1A5B8097404)입니다.

- '헤겔의휴일'은 '포스트락' 출판사의 문학·인문 전문 브랜드입니다.
- 이 책은 저작권법에 따라 보호받는 저작물이므로 무단 전재 및 복제를 금합니다.
- 이 책의 전부 혹은 일부를 이용하려면 '저작권자와 포스트락'의 동의를 받아야 합니다.
- 잘못된 책은 구입처에서 교환해드립니다.
- 책값은 뒤표지에 있습니다.